文 化 名 家 暨
"四个一批"人才作品文库

经营管理

熊猫频道与国际传播

汪文斌 著

中華書局

图书在版编目(CIP)数据

熊猫频道与国际传播/汪文斌著. —北京:中华书局,2018.10
(文化名家暨"四个一批"人才作品文库)
ISBN 978-7-101-13521-3

Ⅰ.熊… Ⅱ.汪… Ⅲ.互联网络-应用-中外关系-文化传播
-研究 Ⅳ.G125-39

中国版本图书馆 CIP 数据核字(2018)第 244246 号

书 名	熊猫频道与国际传播
著 者	汪文斌
丛 书 名	文化名家暨"四个一批"人才作品文库
责任编辑	高 天
装帧设计	毛 淳
出版发行	中华书局
	(北京市丰台区太平桥西里38号 100073)
	http://www.zhbc.com.cn
	E-mail:zhbc@zhbc.com.cn
印 刷	北京瑞古冠中印刷厂
版 次	2018 年 10 月北京第 1 版
	2018 年 10 月北京第 1 次印刷
规 格	开本/710×1000 毫米 1/16
	印张 15½ 插页 10 字数 250 千字
国际书号	ISBN 978-7-101-13521-3
定 价	88.00 元

出 版 说 明

实施文化名家暨"四个一批"人才工程,是宣传思想文化领域贯彻落实人才强国战略、提高建设社会主义先进文化能力的一项重大举措。这一工程着眼于对宣传思想文化领域的优秀高层次人才的培养和扶持,积极为他们创新创业和健康成长提供良好条件、营造良好环境,着力培养造就一批造诣高深、成就突出、影响广泛的宣传思想文化领军人才和名家大师。为集中展示文化名家暨"四个一批"人才的优秀成果,发挥其示范引导作用,文化名家暨"四个一批"人才工程领导小组决定编辑出版《文化名家暨"四个一批"人才作品文库》。《文库》主要收集出版文化名家暨"四个一批"人才的代表性作品和有关重要成果。《文库》出版将分期分批进行,采用统一标识、统一版式、统一封面设计陆续出版。

文化名家暨"四个一批"人才

工程领导小组办公室

2018年10月

汪文斌

汪文斌，1965年生于湖北。武汉大学博士。1985年北京大学经济系毕业后进入中央电视台工作。现任中央电视台发展研究中心主任。兼任中国网络视听节目服务协会副会长、秘书长。历任中央电视台经济部记者、编辑、制片人、副主任、主任；中国广播电影电视集团综合办公室副主任、大型活动办公室主任；中央电视台网络传播中心主任，中国国际电视总公司副总裁，央视国际网络有限公司总经理、总编辑、董事长、党委书记，央视索福瑞和央视市场研究公司董事长等。论文《电视经济节目的创新》获中国广播电视论文奖一等奖。著有《世界电视前沿》（上、中、下）（合作），编著《未来媒体丛书》（共五册）（合作）等。2012年被评为全国文化体制改革工作先进个人，2017年被评为全国德艺双馨电视艺术工作者，享受国务院颁发的政府特殊津贴。

《精彩一刻》

节目简介：

    "以卖萌为生"的滚滚每天都会"勤奋"地卖萌，只为给我们的生活增添许多快乐。《精彩一刻》就像一部聚焦精彩花絮的摄影机，为大家储存快乐，锁定滚滚生活的每一个"卖萌"瞬间。

    《精彩一刻》每期节目时长在 60 秒以内，呈现大熊猫日常起居中最精彩的画面和片段。

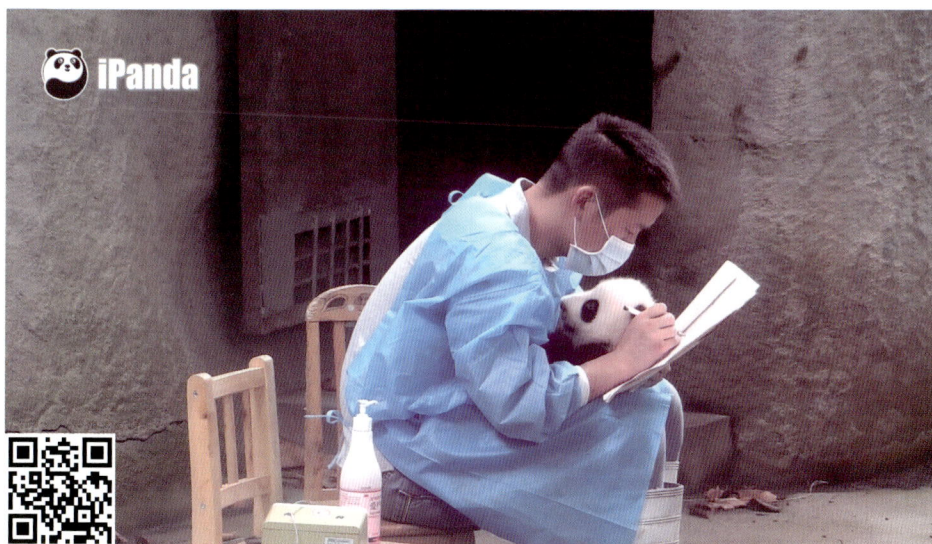

扫二维码看视频

干什么都要亲亲你

扫二维码看视频

滚滚的耙耳朵

扫二维码看视频

宝宝,我发现你不仅腿短

《瞧你内熊样》

节目简介：

"胖乎乎、萌萌哒、懒洋洋……但滚滚真的全是这样的吗？人家可是四脚兽哎。所以，熊猫到底是熊样多呢？还是猫样多呢?《瞧你内熊样》，60秒让你看到一个个灵活的胖子,能跳能闹,能吃能怼,还能黏人呢……"

《瞧你内熊样》是精选相同主题的素材片段精编成的60秒集锦节目,每期一个主题,一次性给网友更强的视觉冲击,再加以诙谐幽默的表现形式让人忍俊不禁、欲罢不能。

扫二维码看视频

熊生有些枯燥，奶爸才是解药！

扫二维码看视频

没别的，就是有点馋

《熊勒个猫》

节目简介：

"我们的口号是：吐槽熊猫，成全自己。吐槽只是一种形式，让大家因为滚滚而快乐才是终极目标，我们要把快乐带给所有快乐的、不快乐的'朋友'。看《熊猫直播》烦恼少；看《熊勒个猫》，十年少。"

《熊勒个猫》是熊猫直播特别推出的精彩搞笑盘点节目。

第一季共 11 集

第二季共 11 集

神马情况！这就赢家了！！

"越狱"喜登达人秀

iPanda.com

静止模式 已开启

张猫被看得 不敢出声了

静止吧！世界！

《熊猫百科全说》

节目简介:

"《熊猫百科全说》是一档以采访为载体的趣味科普类节目,要想知道大熊猫的秘密,那就快来问问'P博士'吧!"

《熊猫百科全说》节目以解答关于大熊猫的相关知识为主。每期由制作组或观众提出一个问题,对这个问题询问游客和网友,得到各种答案,最后由饲养员或是其他专家给出正确专业的答案,加以动画的形式呈现。通过科普结合趣味的方式让科普不乏味,从而让人们正确地认识大熊猫,只有正确地认识大熊猫,才能更好地保护大熊猫,才能更好地保护我们的自然。

扫二维码看视频

造熊 我们是认真的

扫二维码看视频

好想好想谈恋爱

《熊猫档案》

节目简介：

"请你现在开始做到牢记五大"认猫大法"，每周跟着《熊猫档案》潜心学习，留心观察，融会贯通。说不定哪一天，你就能在茫茫熊海中focus 你的心上熊。"

在直播素材的基础上，《熊猫档案》用图文、视频记录的方式，呈现如何分辨大熊猫的特征，了解大熊猫的性格，看到大熊猫的成长历程。让新粉丝更快地了解大熊猫，找到属于他们自己的"心上猫"，并密切关注 iPanda 的每一只熊猫。

失传已久的认猫秘籍

一位靠睡觉就能赢得万千宠爱的网红主播

《熊猫那些事儿》

节目简介：

"尽情演绎，精彩熊生！"

《熊猫那些事儿》将大熊猫与生活热点相结合，在不干涉大熊猫自由活动的前提下，记录它们真实的生活状态，细腻观察大熊猫的行为动作。通过主题与热点事件及人物相结合，以拟人化的方式体现每只大熊猫的不同性格，并且打造明星熊猫。

要大笋得大笋

扫二维码看视频

你猜大熊猫一天的生活费是多少？

扫二维码看视频

他们的熊设智商比你的高

目　录

前　言

以色列的新锐历史学家尤瓦尔·赫拉利在他的《人类简史》中提出了一个著名的观点，人类从智人时代真正从动物界脱离出来的关键是发生了所谓的"认知革命"，出现了新的思维和沟通方式，不仅出现了语言来描述真实的现实，而且可以用语言创造"虚构的故事"，正是这些"虚构的故事"，才可以让相互陌生而充满敌意的人类形成大规模的社会合作。"自从认知革命以来，智人一直生活在一种双重现实之中。一方面，我们有像是河流、树木和狮子这种确实存在的客观现实；而另一方面，我们也有像是神、国家和企业这种想象中的现实。"[1] 随着时间推移，想象现实日益强大，甚至可以决定着客观现实的生死存亡。多年以来，人类已经编织出了一个极其复杂的故事网络，从而也构成了日益复杂的人类世界。

无独有偶，美国的历史学家本尼迪克特·安德森也曾把民族、民族属性和民族主义视为一种"特殊的文化的人造物"，是"想象的共同体"。其实在他这里，民族主义也成为了新的"虚构的故事"。他认为，民族这个概念是人类意识在步入现代性中的一次深刻变化，由于世界宗教共同体、王朝以及神谕式的时间的没落，这三者所构成的"神圣的、层级的、与时间始终同时性"的旧世界观，在丧失了霸权地位之后，人们才有可能开始想象"民族"这种"世俗的、水平的、横向的"共同体。而文字的普及，尤其是 18 世纪出现的小

---

[1] （以）尤瓦尔·赫拉利著，林俊宏译：《人类简史：从动物到上帝》，北京：中信出版社，2014 年，第 33 页。

说与报纸,为重现民族这种想象的共同体提供了技术的手段①。

上述两段引用的说法很有意思。在这里,现实存在、概念的虚构想象与沟通传播方式构成了人类发展的三大要素。智人在具体的现实认知中,通过发明的语言工具,创造了虚构的神灵,从而完成了复杂的社会化系统组织的建构。近代人在传统认知崩塌和新的现实认知中,通过文字语言的工具,构建了民族及民族主义新的"文化人造物""想象的共同体"。

我们发现,熊猫频道也几乎显示着同样的过程:真实的远古遗存的熊猫日常生活,经过当代视听融媒体形式的全方位的视觉传播,被加入了心理学、社会学、文化及跨文化传播、消费文化的接受美学等等个体体验的想象之后,变成了一个非常有意思的文化传播现象。这也就是我们为什么把这本书命名为"熊猫频道与国际传播"的原因。

在这本书中,我们想要解决两层含义的问题:一是熊猫频道"是什么""为什么""怎么样"和"怎么办"的问题;二是从熊猫频道看当代传播全球化及视频国际传播变化规律的问题。换句话说,我们既想解决现实问题,又想解决学术问题,既想对熊猫频道的发展变化及其产生的问题做实践上的总结,又想在更高的学理上有所探索。在这里,熊猫频道成了当代新媒体环境下国际传播乃至一般传播学发展的一个典型案例。

一、应时而生的熊猫频道

2013 年 8 月 6 日,熊猫频道正式上线。通过与成都大熊猫繁育研究基地的积极合作,熊猫频道将国宝大熊猫的日常生活、自然状态带到了全球受众的视野之中。几年来,熊猫频道已经在世界范围内引起广泛关注,吸引了大批来自各国的熊猫粉丝,在国内外形成巨大的影响力。截至 2017 年 6 月,熊猫频道多终端多平台累计总浏览量已经超过了 23 亿次,熊猫频道海外社交账号粉丝数超过 980 万,发布的原创视频被包括美国有线电视新闻网(CNN)、美国全国广播公司(NBC)、英国广播公司(BBC)等在内的 1144 家境外电视媒体机构使用超过 2 万余次。

熊猫频道是央视网创新理念、倾力打造的国际化传播新媒体平台,通过

---

① (美)本尼迪克特·安德森著,吴叡人译:《想象的共同体:民族主义的起源与散布》,上海:上海人民出版社,2005 年,第 8 页。

图 0-1 从真实到想象的文化传播形象——熊猫

新媒体的传播手段,以大熊猫的日常生活和自然生态为核心内容资源,实现集直播、点播和交互传播为一体的跨业态传播。如今,这个引发广泛关注和舆论热议的现象级全新媒体平台,已发展成中央电视台、央视网乃至中国面向国际传播的一个重要窗口。基于这样显著的传播实践,进一步解析这一媒体平台的结构与特点,分析它的传播效果与机制,进而探讨它的未来发展前景,成为一个非常具有必要性的课题,也构成了本研究的根本出发点。

熊猫频道的创办与快速兴起有其偶然性,更有一定的必然性因素。回顾熊猫频道从构思成型到逐步建立的过程,可以从国际传播需求、央视网力主创新和技术发展推动三个方面理解其发展轨迹。

1. 国际传播需求——从大的行业发展背景来看,熊猫频道的出现是顺应国际传播发展的现实需求。

从麦克卢汉的“地球村”到福特纳的“全球都市”,对于全球化在传播领域的表征自 20 世纪 80 年代起就开始成为学界讨论的议题。进入 21 世纪,由于信息技术的快速发展以及技术应用的多变趋势,使得“传播全球化”不再停留在学术讨论层面,已然成为世界各国媒体都必须面对的现实情境。

可以说,传播全球化是国际传播在全球化时代的进一步深化,意味着信息资源的全球化流动与全球化共享。以 2010 年为界,传播全球化也加速深化进入"传播全球化 2.0"时代,呈现出传播业态全媒体化的发展趋势。面对传播全球化的现实,中国的媒体面临着激烈的国际竞争态势,如何在群强环伺的国际媒体业界中有效进入日益多元化的受众市场,如何成功开创国际传播的新局面,成为必须面对并解决难题。

与此同时,传播全球化成为显性现实的一个根本关键词就是技术,新媒体技术为这样一场新旧更替的媒体革新浪潮提供了引擎。在世界范围内,各种新技术、新应用、新业态、新市场层出不穷。媒体产业相应进入一个较长时间的、推陈出新的变革时期,传播市场也呈现出全新的发展态势:其一,数字技术应用日趋深入;其二,新兴业务形态层出不穷;其三,全媒体技术融合方兴未艾;其四,新型服务体系崭露头角。在这样的趋势下,媒体消费正在逐步减小通过传统媒介获取信息,并更多地转向通过新媒体、在线媒体获取内容。加快发展新媒体、新业态,推进传统媒体与新媒体融合发展、传统产业与新兴产业整体升级,成为中国广播电视发展的主要着力点和重点方向[①]。在此过程中,国家出台了一系列支持传统媒体发展新媒体的政策措施,积极推动电台、电视台开办新媒体。在此背景下,熊猫频道应运而生。

2. 央视网力主创新——从能动主体的因素来说,熊猫频道诞生发展的根本动力源于央视网的砥砺创新。

作为中央电视台的新媒体机构,央视网拥有全牌照业务资质,具有"互联网传播、互动和用户连接平台"的功能需求,因而承担着大力推进媒体融合发展的重要任务,实践并体现着中央电视台在"创新"和"技术"等层面的理念设计。在中央电视台提出"以建设国际一流的新型主流媒体为总目标,以视频为重点,以新闻为龙头,以用户为中心,以一批媒体融合工程为抓手"的总体目标基础上,央视网不断拓展视频传播的前沿理念,提出从覆盖优势向用户优势转变,从数字化成果优势向传播力优势转变,从媒体优势向平台优势转变,从内容安全管理优势向全媒体融合管理优势转变,融合创新、一体发展、转型升级,打造"智慧融媒体"。在推进媒体融合的进程中,必须

① 根据中国广播电视年鉴编辑委员会:《中国广播电视年鉴》(2009、2010、2011、2012、2013),北京:中国广播电视年鉴社,当年出版。

视频 1 《熊猫那些事儿》第三季第一期《国际网红——不服来战！》

围绕"内容＋平台＋终端＋用户"，打通全媒体产业链条，并且根据用户需求不断拓展新的内容形态和服务业态。立足于新技术给国际传播带来的新变化，运用新的传播技术，顺应新的传播关系，构建新的用户平台，建设新的传播体系，推动内容、技术、平台、渠道、经营、管理的深度融合，打造形成融合发展的核心竞争力。基于这样的理念，中央电视台的新媒体发展蓄力已久，做好了充分的准备。

3. 技术发展推动——从客观条件来看，新媒体技术的发展，尤其是全媒体技术的应用和视频直播技术的成熟，为熊猫频道的迅速崛起提供了坚实的基础。

著名的未来学家尼葛洛庞帝在《数字化生存》一书中给出了带有预见性的断言："理解未来电视的关键，是不再把电视当电视看。"[1] 随着传播全球化的进一步深入，所有媒体的发展前景都趋向于高度的全媒体化。全媒体是在信息、通讯、网络技术快速发展的条件下，各种新旧媒介形态，包括报刊、广播、电视、网络媒体、手机媒体等，借助文字、图像、动画、音频和视频等各种表

---

[1] （美）尼古拉·尼葛洛庞帝著，胡泳、范海燕译：《数字化生存》，海口：海南出版社，1997年，第63页。

现手段进行深度融合,产生的一种新的、开放的、不断兼容并蓄的媒介传播形态和运营模式。全媒体技术的应用使媒体传播的内涵更为多样化和复杂化,为受众提供了丰富的信息和多元的选择,搭建起全方位、多维度的信息渠道。全媒体时代的"电视",已经全面升级拓展成为以视听内容为核心的交互服务业态,凸显内容传播的视频化、移动化和社交化特点。而熊猫频道从创办伊始,就秉持着"全媒体化、全球传播"的理念,以 24 小时熊猫直播为核心,提供包括视频、图片、文字、语音和信息交互为一体的全媒体传播内容。

在全媒体技术快速发展的过程中,网络视频直播技术的成熟更是为熊猫频道的设想成真提供了直接推动力。一般认为,网络视频直播自 2008 年多人视频聊天室"9518"上线试水网络视频聊天业务为开端,直到 2012 年 YY(欢聚时代)尝试推出多元直播才将视频直播正式带入市场。而视频直播真正广泛进入大众视野是在 2015 年映客等移动直播平台将大批 90 后吸引到直播群体当中,随即迅速引燃移动直播市场的火爆发展和激烈竞争。在此过程中,央视网率全球媒体之先,开启了移动视频直播。熊猫频道于 2013 年8 月上线,面向全球网络用户推出 24 小时的高清视频直播,之后又不断引入最新的视频传播前沿技术,通过虚拟现实(VR)、360° 全景、无人机航拍和延时摄影等技术手段推出《直播中国》,以"最炫的技术"展示最美的中国。

二、收获海内外聚焦关注

总结熊猫频道创办发展的历程,可以说它的诞生是应时顺势,然而却并不是业界发展历程中的一个孤例。更准确地说,熊猫频道是全球传媒市场风起云涌、搏击融合发展大潮中的一员。在 2013 年前后,视频传播的网络化、融合化发展已经基本成为业界共识,同熊猫频道一样试图寻求突破创新,在视频传播行业和国际传播领域打开新局面的媒体同行着实不在少数,期间涌现了大批基于网络视频、移动电视、手机电视、IPTV 等形式的"视听新媒体"。然而,市场繁荣的背后是大量资本投入带来的异常激烈竞争,上述任何一种形式下都有着无数大大小小的传媒机构,真正能够脱颖而出占牢市场基础的寥寥无几。在此背景下,熊猫频道的成功更具有其现实意义。

熊猫频道最具吸引力的特色,是其内容资源的稀缺性、传播平台的专业性和传播运营的市场性有机结合,进而在国际传播的全球市场中撕开一角独具优势的利基市场。以"熊猫"为核心内容资源,围绕大熊猫、野生动物保护、生态和谐理念进而扩展到对自然中国、文化中国和社会中国的全面展示,使得熊猫频道成为一个优势定位突出、价值理念明晰的媒体平台。甫一上线,熊猫频道就获得大量关注,被全球喜爱大熊猫的熊猫粉丝奉为专业的熊猫传播媒体。创办 3 个多月后,便于 2014 年初在全球 24 万名网友票选中脱颖而出,荣获由国际知名大熊猫保护组织 Giant Panda Zoo 颁发的"大熊猫动物园奖"年度精彩瞬间奖。在面向海内外传播的过程中,熊猫频道首先通过熊猫迅速吸引了大量的受众群体,据此形成较为固定的辐射群体后,逐步实现对价值理念的进一步传播。熊猫成为向海外讲好中国故事的新载体,熊猫频道也成为传播中国形象的新平台。

可以说,熊猫频道 24 小时直播镜头下的熊猫,早已成为最早一批直播网红,不仅吃喝玩闹的日常生活广受关注,连同交配、产仔、放归等非常专业的野生动物保护工作也成为镜头聚焦的热点。2015 年 4 月 3 日,熊猫频道把镜头对准了"喜妹"和"林冰",完成了对圈养大熊猫自然交配过程的全球

视频 2 《精彩一刻:抱大腿"我"是认真的》

首次实况直播,通过专业的镜头语言揭秘"熊猫繁育"。这次直播的内容得到超过百家海外媒体的转播报道,覆盖了包括英语、西班牙语、法语等在内的多种语言。此后,熊猫频道又推出了大量融合资讯性、科普性的事件性直播内容,均获得非常高的关注度和较好的效果。

2017 年 2 月 22 日 19:00,熊猫频道通过海外社交平台脸书(Facebook)账号 iPanda 发布了一则时长 57 秒的短视频《熊猫宝宝实力演绎撒娇卖萌抱大腿》,展示了 1 岁的熊猫宝宝"奇一"与饲养员奶爸亲密互动的生动场景。

上线 5 天,这则短视频就收获超过 8.6 亿次浏览量,独立浏览用户 3.9 亿人,而播放量也达到了 1.7 亿次,还得到了 1400 万次粉丝点赞、347 万次分享以及 184 万条评论留言,再次刷新了熊猫频道上线以来海外社交平台互动传播的新纪录。除了普通受众,这条视频也迅速引起了国内外媒体的关注,英国广播公司、墨西哥特莱维萨电视网、美国《华盛顿邮报》、英国《每日邮报》、俄罗斯《共青团真理报》等众多海外媒体都对这则视频予以关注和报道,称之为"神奇的中国视频"。

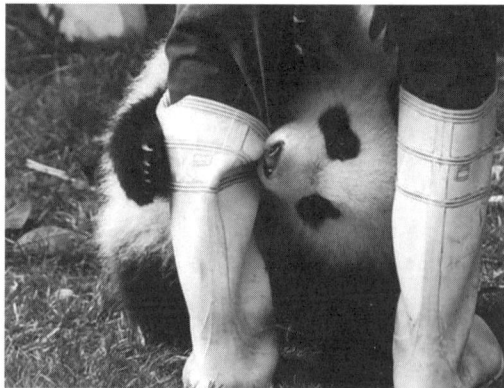

图 0-2　奇一"抱大腿"视频迅速"萌翻全球"

三、国际传播新媒体平台

到目前为止,熊猫频道尤其是熊猫频道海外社交账号在国际受众群体中产生了良好的传播效果,为探索利用多媒体渠道传播中国声音、提升中国形象、讲好中国故事提供了借鉴模本。

在内容上，熊猫频道借"熊猫"出海的成功经验再次表明，发挥中国自然文化的优势资源才能够凸显传播内容的吸引力。熊猫频道的核心传播内容围绕熊猫展开，始终保持对熊猫繁育、动物保护、环境保护、社会公益、生态文明建设等核心议题的关注和跟进。在文化内涵上突出中国的传统文化、价值理念和当代精神，不断以创新的节目形式和前沿的技术手段推出"直播中国""二十四节气""中国节日"等内容，通过自然、人文的美丽中国展现中国魅力、中国活力，提升中国文化的感召力。始终以中国自然、人文、社会的独特文化魅力为核心资源，瞄准海外受众的兴趣所在，实现传播覆盖的"软着陆"。

在技术上，熊猫频道能够一再创下国际传播领域的佳绩，在于始终坚持以强大的技术支持和专业制作来保持传播的新鲜度和活力。熊猫频道依托央视网成熟的直播技术，以及强大的视频处理、全球分发能力，为推进海外传播奠定了坚实基础。通过专业团队和尖端技术设备的配备，熊猫频道才能源源不断地将优质的内容资源输送到各个传播平台。在传播技术日新月异的当下，媒体必须着眼于深度传播、精准传播、交互传播、多维传播等高效能传播和多样化传播的技术前沿建设。

在运营上，熊猫频道的高认识度和良好口碑，在很大程度上得益于专业高效的交互运营。全媒体时代的视频传播行业，已经从单纯的传播转为更为全面的交互服务，要"最大限度实现传播目的"首先必须"为受众带来最佳观感体验"。通过大量的线上交互和线下活动，熊猫频道的运营管理团队对受众群体有了深入的了解和系统的认识，进而能够对传播内容、传播方式进行专业化、规范化、精细化的运营管理。从内容制作、栏目创意、线上线下活动策划等各个环节，熊猫频道的运营管理在发挥各平台特性、保持用户黏性、深化传播效果等方面都能尽可能地实现优化。

第一章
熊猫频道应运而生

可以说,熊猫频道的诞生既有偶然性,也有必然性;既有历史基础,又有现实环境;既有创办的客观条件,也离不开创办者的努力,是天时、地利、人和的完美结合。

第一节　熊猫及其文化影响

大熊猫是世界上现存最为古老和最为珍稀的动物之一,至今已经在地球上生活了超过 800 万年,被称为"活化石"。800 多万年来,作为古老的孑遗动物,大熊猫经历了大自然的沧桑巨变,如今仅存在于中国的四川西部和陕西、甘肃南部的高山林海栖息地,成为濒危物种。

一、熊猫文化的起源

熊猫作为地球上最古老的生物之一,在中国历史上早有记载,中国文化带有熊猫文化的基因。根据《史记》记载,早在 4000 多年前,黄帝在战争中使用了包括熊猫在内的野兽大军,获得胜利。熊猫作为凶猛的野兽,在战场中大显身手。《山海经》中认为当时的熊猫被称为貔貅,相传牙齿能够咬噬铜铁,凶猛无比。

这种观念延续到秦汉,熊猫仍然作为猎物供人们打猎取乐[1]。1700 多年

---

[1]　周晓红:《穿越历史看熊猫》,《绿色家园》,2003（12）。

前的西晋时期,熊猫被称为驺虞。驺虞是中国传统文化中的仁兽,生性仁慈,连青草也不忍心践踏,只食用自然死亡的动物。可见西晋时期,人们才对主食为竹子的熊猫有了重新的认识,熊猫生猛野兽的形象褪去,热爱和平的性格被人们所认知。

唐朝时期,熊猫皮被作为礼物远渡重洋。后期其珍稀性被世人认识,熊猫越来越多地被保护起来,作为中国的名片在世界范围内吸引了大批粉丝。

后人对熊猫的传说进行探索和发挥,认为貔貅王经过菩萨点化,貔貅家族褪去兽性,身上的人性被发掘。貔貅王经过百年的修炼,终于使得貔貅家族成为性格平和的大熊猫家族,奉行"仁为先,义为上,和为贵,善为行",而最终成为和平的象征①。

二、熊猫在世界范围内的影响

（一）中国名片与"外交官"

中国的名片当然不止一张,但熊猫绝对算是其中最具有代表性的一张。中国五千年文化历史源远流长,加上地域广阔,其国家形象难以用单一的事物来概括。龙作为图腾是中国的名片,但在不同的文化语境下,熊猫总是作为无攻击性的、萌萌的、热爱和平的形象而被喜爱和接纳,是除了龙之外对中国形象的很好补充。

孔子、功夫、黑白太极等都是中国特色的名片,但熊猫是最为特殊的。熊猫是生动的、可观可感的、现实存在的、任何文化程度都能够接受和感知的。熊猫在历史上也常常走出国门,充当"外交官",向世界各地传递中国的问候,也受到世界各地人民的喜爱。

熊猫作为国宝,在中国的外交史上作为友好大使,起到了重要作用。其中最著名的一次是 1972 年美国总统尼克松访华,中美 20 多年外交隔绝的局面被打破。访华期间,周恩来总理代表中国政府向美国赠送了两只大熊猫"玲玲"和"兴兴",受到美国政府和人民的热烈欢迎,为中美外交关系的缓和做出重大贡献。当时中美隔绝 20 多年后,美国人民有机会近距离接触代表中国文化的熊猫,对遥远的中国有了直观的认知。这也是 1949 年中华人

---

① 厉无畏:《熊猫王》,北京:九州出版社, 2013 年,序言

民共和国成立后,熊猫第一次被送到西方国家。据报道,当两只国宝于 1972 年 4 月 26 日抵达美国华盛顿动物园时,超过 8000 名群众聚集在街头,冒雨迎接两只国宝的到访,尼克松夫人出席,两只大熊猫的公开亮相一度引起了交通的堵塞。熊猫的流行程度超出了预想,游客蜂拥而来,各种以熊猫为主题的周边产品随之大卖[①]。据统计,到"兴兴"于 1999 年 11 月去世的 27 年间,平均每年有 300 万人涌入华盛顿动物园参观, 27 年间有超过 8000 万人参观[②]。

视频 3 《熊猫百科全说》第五期《白水江野外大熊猫》

　　自"玲玲"和"兴兴"到访美国后,"熊猫外交"打开了中国外交新局面。同年,中国向刚刚邦交正常化的日本赠送两只大熊猫。第二年,法国作为最早与中国邦交正常化的西方国家也得到一对大熊猫。联邦德国紧随其后,在 1974 年获赠一对大熊猫"佳佳"和"晶晶"。可以说,这段时期熊猫作为中国的一张名片,在传播中国文化、缓和对中国的敌意、打开外交局面上发挥了

---

① 人民网:《外交档案解密:"国宝"熊猫那一段往事》, 2014-03-27,检索自人民网:http://history. people.com.cn/n/2014/0327/c372327-24752223.html,检索时间:2017-3-1。

② 新浪新闻:《大熊猫"兴兴"在美安乐死》, 1999-11-30,检索自新浪网:http://news.sina.com.cn/ world/1999-11-30/36468.html,检索时间:2017-3-12。

重要作用。

从 1954 年到 1982 年期间，23 只大熊猫远渡重洋，为 9 个国家带去了古老中国的问候。当时深度参与熊猫出访美国筹备的外交官丁原洪，这样评价熊猫在外交中的作用："在中美关系还没完全打开局面时，两国人民的交流太少了，大熊猫一到美国，就可以在当地人民心中留下一个和平、友善的美好形象。最重要的是，这个形象来自中国。"[①]

由于熊猫的珍稀性，中国政府在上世纪 80 年代起决定不再向外国赠送熊猫。转而采用把大熊猫租借给其他国家展出的模式，据统计，目前我国在外"访问"的大熊猫有近 200 只[②]。

大熊猫可以说是世界范围内认知程度最高的一张中国名片和最为尽职尽责的"民间外交官"。

（二）文化产业

熊猫以其萌态在世界范围内迅速聚集了大批粉丝，在全球商业化的时

图 1-1　电影《功夫熊猫》

---

① 人民网：《外交档案解密："国宝"熊猫那一段往事》，2014-03-27，检索自人民网：http://history.people.com.cn/n/2014/0327/c372327-24752223.html，检索时间：2017-3-12。

② 环球网：《"熊猫使者"今年将再出访促进中外之间友谊》，2017-3-10，检索自中国侨网：http://www.chinaqw.com/zhwh/2017/03-10/130614.shtml，检索时间：2017-3-12。

代,很快成为一种文化产业。

最为人熟知的熊猫形象之一当属电影《功夫熊猫》,以传统的中国熊猫形象加上功夫元素,整部电影充满浓郁的中国风。自 2008 年美国梦工厂推出第一部《功夫熊猫》后,据保守估计,仅仅第一部影片就横扫全球票房超过 6 亿美元,更是获得奥斯卡金像奖的提名。片中最重要的主角大熊猫阿宝据称是以一只客居美国的大熊猫“伦伦”的幼崽为原型而打造的。这种美式的中国风借熊猫的东风而大获成功。阿宝本身具有熊猫萌萌的外表、贪吃的特性,符合人们心中对熊猫的期待;阿宝所住的山谷名为“和平谷”,与熊猫和平使者的形象相契合。在第一部《功夫熊猫》大获成功后,梦工厂又趁势推出第二部和第三部,均在世界范围内产生巨大影响,熊猫形象在电影产业中的位置越发巩固。

除了熊猫电影外,熊猫主题的旅游文化产业也在世界范围内有很大影响。2017 年 4 月,成都大熊猫旅游文化产业促进会等共同主办的首届熊猫国际论坛在成都举行,旨在以熊猫为载体,打造动漫、音乐、旅游等多个文化产业。成都早已因熊猫基地而成为世界知名的旅游胜地,在 2015 年《纽约时报》评选的世界上最值得旅游的 52 个城市中,中国仅有成都和周庄两个城市入榜。而“大熊猫和美食是成都递给世界的一张名片”,这是评选编辑贾斯汀·伯格曼(Justin Bergman)所做的评语[①]。成都也曾制作过《熊猫篇》旅游宣传片,在纽约时代广场的大屏幕上播放。作为旅游的形象大使,大熊猫正在吸引诸多游客到访中国、到访成都,带动旅游文化产业及周边产业的迅速发展。

(三)旗舰物种与伞护物种

正如澳洲袋鼠一样,熊猫也是世界上最具有代表性的旗舰物种(Flagship Species)和伞护物种(Umbrella Species)。

旗舰物种和伞护物种都是指生态学意义上最具有代表性和生态保护意义的物种。其在生态学中不一定具有非常重要的地位,但是在其生存环境中覆盖许多其他的物种,因而能对这一区域内生存的其他物种也产生保护作用。旗舰物种学术上定义为:能作为代表提高人们物种保护意识和行动的非

[①] 《〈纽约时报〉:成都“最值得旅游”》,《成都晚报》,2015-1-28:07 版。

常受欢迎并有魅力的物种①。伞护物种,是指其像雨伞一样,对其庇护下的其他物种也产生保护作用,而这一保护作用往往通过对这一地区的生态保护来达成。即为了给伞护物种的栖息地营造良好环境,必然加强对栖息地空气、土壤、水源等多方面的保护,从而为这一栖息地的所有动植物提供良好的生存环境。

图 1-2　全国热点地区被保护区覆盖率

　　熊猫可以算作最具有代表性的旗舰物种和伞护物种。旗舰物种自不必说,作为伞护物种,熊猫的伞护作用不仅仅体现在四川一地,更体现在其世界影响上。四川作为中国物种最为丰富的地区之一,更因为是熊猫的栖息地,四川盆地得到了更多的国家生态保护方面的基金,有更多的区域得到了保护区的覆盖。据统计报告,西南山地到秦岭地区的热点是中国被自然保护区覆

①　Heywood VH (ed.), *Global Biodiversity Assessment*, United Nations Environment Program, Cambridge, UK: Cambridge University Press, 1995.

盖最好的地区,覆盖率达到 20.6%[①]。著名的生物保护组织世界自然基金会
（WWF）也因此选取熊猫作为标志,希望以可爱的、认知程度极高的熊猫作
为标志。在后期的实践中,证明这一标志已深入人心,为生物多样性的保护
做出贡献。

三、熊猫受欢迎的原因

来自不同文化背景、不同意识形态的各国人民在对熊猫的感情上却出奇
的一致:人们都喜爱这种圆滚滚、萌萌的熊猫。世界自然基金会（WWF）是
在全球享有盛誉的、最大的独立性非政府环境保护组织之一,在 1961 年成立
之时,也选用大熊猫作为自己的标志[②]。其初衷便是希望选择一种"漂亮的而
又濒危的动物,被全世界不同地区人民喜爱的动物,有着非常吸引人的特性
的动物",而在同一年访问英国的大熊猫"姬姬"成了灵感来源,最终成为广
为人知的标志[③]。熊猫无疑是最受世界人民喜爱的动物之一,其原因概而言之
大概有以下几种。

（一）萌态横生

在喜爱大熊猫的诸多原因中,萌和可爱是最常出现的两个词汇。

"熊猫太可爱了,让人忍不住想抱抱,熊猫太棒了,我想不到不喜欢它们
的理由。"一位外国网友这样解释他对熊猫的喜爱[④]。圆滚滚的熊猫给人的
第一感觉就是"萌萌哒"与"可爱",这与熊猫的长相密不可分。大熊猫有
着圆圆的头和身子,黑眼圈无形中放大了熊猫的眼睛。熊猫头身比很大。整
体来看,熊猫与婴儿身体特征类似。科学家研究发现,几千年的进化使得人
类对婴儿有着特殊的喜爱和保护欲。因为婴儿如此脆弱,又需要大量养育成
本,因而婴儿的可爱是自己的"保护伞"。人类在进化中不仅对婴儿产生特
殊的情感,还对具有婴儿特征的动物也具有相似的感情。

---

① 吕植等:《中国自然观察 2014:一份关于中国生物多样性保护的独立报告》,《生物多样性》,
2015（05）:第 570—574 页。

② WWF 网站:WWF 简介,http://www.wwfchina.org/aboutus.php,检索时间:2017-5-8。

③ WWF 网站:50 Years of Environmental Conservation, http://wwf.panda.org/who_we_are/history/,检
索时间:2017-5-8。

④ Quora: Why Does Everyone Love Panda? 2014-11-18, https://www.quora.com/Why-does-
everyone-love-Panda, 检索时间:2017-5-8。

　　按照奥地利动物学家康拉德·洛仑兹 60 年前的假说,大脑袋、大眼睛、短鼻子等具有"幼稚特征"体态的动物,往往容易引发成年动物的护幼行为[1]。大熊猫的"幼稚特征"使得人类对它们的喜爱根植在基因之中,难以摆脱。

　　除了长相上的萌,大熊猫的行为也具有萌的特征。大熊猫日常行动比较缓慢,行为笨拙而可爱,常常使人忍俊不禁。熊猫频道在日常社交平台的更新中,往往是展现大熊猫笨拙行动的图片、动图和短视频赢得最多的点赞和转发。

　　2016 年 9 月,23 只大熊猫幼崽在成都大熊猫繁育研究基地拍集体照。其中一只熊猫幼崽头朝下跌落。一张照片记录了熊猫幼崽不慎跌落的瞬间:大头着地,四脚张开,萌态尽显。这张照片入选了国内外多家媒体评选的 2016 年最佳照片,在媒体上广为传播,熊猫幼崽憨态可掬又笨手笨脚的形象让诸多网友直呼:"萌化了!"[2]

　　虽然大熊猫生性不爱运动,大部分醒着的时间都在安静地咀嚼竹子,但

图 1-3　2016 年路透社年度图片[2]

---

① 新华网:《我们为什么喜爱大熊猫,仅仅因为它萌?》,2015-3-1,http://www.sc.xinhuanet.com/content/2015-03/01/c_1114475348.htm,检索时间:2017-5-8。

② Reuters:Pictures of the Year 2016,2016-12-30,http://www.reuters.com/news/picture/pictures-of-the-year-idUSRTSTAMS,检索时间:2017-4-2。

偶尔的好动往往成就了传播中的经典镜头。例如喜爱顽皮的大熊猫常常从树上或者低矮台面上跌落，其圆滚滚的身躯打着转地"扑通"地跌在地上，还毫不在意地就地继续吃竹子或者翻个身继续笨拙地爬树玩耍，这些关于大熊猫的行为特征也成为吸引大批粉丝围观的"萌点"。

（二）珍稀动物

熊猫长期在濒危动物的名单之上，直到国际自然保护联盟在 2016 年 9 月宣布将熊猫从濒危物种名单上移除，而此时熊猫在世界范围内的估测总数也仅仅有 2060 只。

熊猫的始祖在 800 万年前已经生活在地球上，在漫长的进化中，熊猫保持了相对稳定的结构和形态。与熊猫生活在同一个时代的剑齿虎等物种早已经灭绝，而繁殖能力极低的熊猫却奇迹般地得以存活。熊猫自然环境下受孕困难，即使人工干预促进，成功受孕的概率也很低。当前圈养条件下，具有自然交配能力的雄性大熊猫数量稀少，所占种群数量的比例不到 5%[1]。

一只成年大熊猫在受孕成功的前提下，每年也只能生产 1—2 个熊猫幼崽。刚出生的幼崽仅有 100 克左右，非常脆弱，在野外环境下难以存活，在现代化的保温箱中，熊猫幼崽的成活率才得到提升。

大熊猫的珍稀性还体现在它是我国特有的动物。虽然在 200 多万年以前，大熊猫曾分布在亚洲和中国更为广泛的区域，但是现今大熊猫仅仅分布在中国四川横断山东缘和秦岭南坡西段的特定范围内[2]。中国政府为保护和繁衍大熊猫做了大量的工作，成都大熊猫繁育研究基地早在 20 世纪 80 年代就有了雏形，国家在资金和人员培养上给予支持，即使如此，熊猫的数量也仅有 2000 余只。虽然国际自然保护联盟暂时不再认定其为濒危物种，但其稀缺性不会在短期内得到改变，熊猫依然是世界人民心中那个只生长于中国的、难得一见的可爱动物。

从中国向外国租借大熊猫至今，每一次大熊猫到达新的国家和城市都

---

① 新华网：《大熊猫苏珊"择偶记"："我"的爱情我做主》，2016-4-15，http://www.sc.xinhuanet.com/content/2016-04/15/c_1118628474.htm，检索时间：2017-5-8。

② 中国科学院古脊椎动物与古人类研究所：《剑齿虎和大熊猫》，2009-09-11，http://www.ivpp.ac.cn/kxcb/kpwz/200909/t20090911_2471662.html，检索时间：2017-5-8。

会引来该国民众的热烈欢迎，政要更是常常亲自为大熊猫接机。荷兰与中国早在 2000 年就开始商谈租借大熊猫事项，经过 17 年的运作，两只大熊猫终于于 2017 年 4 月 12 日如约到访，荷兰为了迎接两只大熊猫到访，更是耗资 700 万欧元建立了颇具中国特色的两座宫殿，供大熊猫生活起居。而大熊猫

视频 4　《熊猫百科全说》第七期《胖达的小餐桌》(上集)

视频 5　《熊猫百科全说》第八期《胖达的小餐桌》(下集)

尚未到访时,就已经有按捺不住的游客先行到达熊猫馆参观,熊猫的稀缺性让人们为了能一睹熊猫风采而兴奋不已。

（三）爱好和平的"素食主义者"

圆滚滚的大熊猫以竹子为主食,人们在动物园中看到的往往是懒洋洋地啃着竹子的大熊猫,因而以为大熊猫是个地道的"素食主义者"。大熊猫与世无争的和平形象深入人心,受到人们的喜爱。

其实熊猫也吃肉,只是在漫长的进化过程中,环境的变化让熊猫不得已选择以竹子为生。由于竹子热量低而熊猫体积庞大,因而需要不停地进食以维持生存所需热量。此外它还需要减少活动,因而人们看到的大熊猫通常不是在吃竹子,就是在安静地睡觉。人们对大熊猫的喜爱也来自熊猫长期以来深入人心的爱好和平形象:可爱而不具有侵略性,极少会为了食物而打斗,血腥的进食场面更是不会与大熊猫的形象联系在一起。

在人们长期以来形成的印象中,熊猫几乎不具有攻击性,大熊猫伤人的事件极少发生。在媒体的传播中,大熊猫安逸地啃着竹子的形象深入人心,不少人也正因为喜爱大熊猫与"素食"习性伴随而来的平和而爱上大熊猫。

（四）文化符号

熊猫不仅仅是一种珍稀的动物,更是一种文化符号,与诸多其他文化符号一起代表着古老中国的形象。

中国文化博大精深,从太极图到黑白水墨画,黑白两色贯穿中国文化,而熊猫又恰是黑白两色,有学者认为其"浑然天成地秉承了中国文化的特质",因而是能代表中国文化的动物[①]。熊猫的黑白正代表了中国传统文化经典《易经》中阴阳对立之义,又体现了道家文化中"圆润的、圆融的、圆通的追求中庸的深沉智慧"[②]。

熊猫特殊的地理分布也增添了其代表中国文化的特殊性。中国特有的大熊猫也经常被作为友谊使者被出借给其他国家,是中国软实力建设的重要一环,可以说是尽职尽责的"动物外交官"。

---

① 《大熊猫文化及其开发利用研究》课题组,王均、向自强:《大熊猫文化及其开发利用研究》,《天府新论》, 2010（06）:第124—127页。

② 李挺:《中国熊猫文化发展基金会:重要性、可行性及设立框架》,中国武汉决策信息研究开发中心、决策与信息杂志社、北京大学经济管理学院决策论坛《系统科学在工程决策中的应用学术研讨会论文集》(上),中国武汉决策信息研究开发中心、决策与信息杂志社、北京大学经济管理学院, 2015年。

对于熊猫文化的实质有着不同的理解,但大熊猫本身作为一种和平的代表,体现了中国文化中热爱和平的文化特质,其可爱外表和行为更加增添了其在国际传播中的接受度。

由于以上原因,选择大熊猫作为我国国际传播的符号化对象,是非常精准恰当的。符号化传播的对象具有三大特点:一是强烈的社会认同感,二是符号对象的内容丰富性,三是符号的辐射影响力。这三点,正是熊猫及熊猫文化的特色所在。

四、中央电视台对外传播发展

熊猫频道项目是央视网国际传播能力建设项目的重要组成部分。它是央视网创新理念、倾力打造的国际化传播产品;是借助大熊猫做外宣、提升中国软实力的积极探索。该频道以大熊猫为主题,以传递和平、展现友爱为基点,以多终端、多语种为媒介,以 24 小时高清直播和熊猫实名社交互动功能为特色,借助熊猫向全球互联网用户传播真实的、和平崛起的中国形象。

从中央电视台的对外传播发展历程来看,熊猫频道诞生在中央电视台,水到渠成。在此有必要回顾一下中央电视台对外传播的发展里程,由此了解熊猫频道的发展背景与传播环境。

在 2012 年熊猫频道想法提出以前,中央电视台的对外传播分为五个历史阶段:分别是萌芽期(1958—1966)、停滞期(1966—1978)、初创期(1978—1992)、快速发展期(1992—2002)和繁荣期(2002—2012)。

(一)萌芽期(1958—1966):电视"出国片"与"立足北京,面向世界"方针的提出

1958 年 5 月 1 日,中央电视台的前身——北京电视台开始试播,同年 9 月 2 日正式播出,这标志着我国电视事业的诞生。北京电视台成立之初,担负着对内宣传和对外宣传两项任务。在当时的技术条件下,拍摄电视专题片,以寄送的方式传递到国外,通过他国电视台播放是对外传播的主要方式。1959 年 4 月 21 日,成立不到一年,北京电视台就将一个长约 7 分钟的《第二届全国人大一次会议专题报道》的电视新闻片,通过航寄传给当时的苏联、德意志民主共和国、罗马尼亚、匈牙利、波兰、捷克斯洛伐克等国的电视台,这

是北京电视台第一次向国外寄送自拍的电视片[①]。这一行动也是中国电视对外传播的开始。

此后,北京电视台连续拍摄了许多电视"出国片"[②]。"出国片"的内容,包括一些重大的时事政治新闻、建设成就、文化体育、人民生活和风景名胜。1961 年 4 月,第 26 届世界乒乓球锦标赛在中国举行。北京电视台制作了专题新闻片,通过航寄的方式销售到英国、德国、日本、澳大利亚、苏联、古巴、巴西等近 20 个国家,这是第一次非免费的销售形式传播。1963 年北京电视台还专门成立了出国片组,"出国片"的数量不断增多,内容也更加丰富。从数量上看,"出国片"由 1959 年的 61 条增加到了 1965 年的 473 条。这一时期,北京电视台还开始走出国门拍片。1963 年,第一届新兴力量运动会在印度尼西亚雅加达举行,北京电视台首次派出记者报道国际体育活动。1963 年底至 1964 年 3 月,周恩来总理和陈毅副总理访问非洲、亚洲 14 国,北京电视台派记者随行。1965 年在南斯拉夫开第 28 届世界乒乓球锦标赛,北京电视台派人积极报道。这些新闻除了在国内播出外,还被制成电视片,将节目寄送到了国外电视机构。

这一时期,北京电视台的对外交往也开始增多。自成立之日起,北京电视台就开始积极与国外电视机构合作。到 1959 年,已与苏联、德意志民主共和国、罗马尼亚、匈牙利、波兰等国建立了节目互换关系;1960 年,又与英国和日本的新闻机构建立了节目交换与互购的关系;到 1966 年,北京电视台先后与 36 个国家的电视机构建立了不同层次的节目交换与互购关系[③]。正是在这样的基础上,1964 年,中央广播事业局为北京电视台确定了"立足北京,面向世界"的方针。

这一时期是北京电视台对外传播的萌芽期,电视对外传播的形式还比较单一,数量不是很多,与国外新闻媒体和电视机构的合作也不是很多,有限的合作还主要是与当时的社会主义国家及少数有电视的发展中国家。这与当时我国所处的国际环境有关,也与电视在我国还处于起步阶段有关。尽管在

---

① 唐世鼎主编:《中央电视台的第一与变迁:1958~2003》,北京:东方出版社,2003 年,第 148 页。

② 赵化勇主编:《中央电视台发展史(1958~1997)》,北京:中国广播电视出版社,2008 年,第 47 页。

③ 详见赵化勇主编:《中央电视台发展史(1958~1997)》,北京:中国广播电视出版社,2008 年,第 50 页。

萌芽期,但是发展的势头很好。不过,这一良好的势头很快由于"文化大革命"的到来而被中断。

（二）停滞期（1966—1978）:对外传播的严重削弱与初步调整

"文化大革命"期间,北京电视台的"出国片"与对外交往也受到了严重的冲击。这期间"出国片"题材狭窄、内容空洞,主要是宣传"文化大革命"的电视新闻片,数量急剧下降。1969年北京电视台只给16个国家寄送了86条新闻或专题片。国际交往陷入了停滞,原来有联系的36个国家,到1969年时只剩下了十几个在勉强维持着关系。

1970年以后,毛泽东、周恩来等中央领导人对"四人帮"的极端做法进行了纠正,北京电视台的对外传播开始慢慢调整和恢复。首先,北京电视台成立了"国际组",专门负责对外传播,增加了人员,"出国片"的内容有所调整,数量不断增加。在内容方面,除了新闻时政之外,增加了许多中国武术、马王堆汉墓、先进人物、少儿节目、文化生活等易传播的内容。寄送的效果也开始提升,采用率明显提高了。其次,北京电视台开始恢复一度中断的对外交往,1971年,北京电视台与英国维斯新闻社签订了互购电视节目的协议。随后,与北京电视台签订协议或有其他合作的国家不断增加,到1975年达到80多个。最后,北京电视台开始了卫星对外传播的新方式。1972年我国在北京建立了卫星地面站,配合美国的媒体,向美国传送了美国总统尼克松访华的活动报道,接着向日本传送了日本首相田中角荣访问中国的活动消息。1976年1月8日,周恩来总理逝世,经邓小平同志批准,北京电视台第一次通过国际通信卫星,向世界发送了关于周恩来总理逝世及纪念活动的电视片,这是中国第一次通过卫星向世界发送国内重大事件的电视新闻[①]。这些,既标志着我国媒体对外传播的恢复,也为新时期的对外传播打下了基础。

（三）初创期（1978—1992）:"改革开放"催生中央电视台对外传播专业化

1978年以后,中国开始了改革开放的历史进程。同年,北京电视台正式更名为中国中央电视台（CCTV）,电视对外传播的进程开始加快。

这一时期的对外传播主要表现在以下几个方面。第一,设立专门机构负

---

① 唐世鼎主编《中央电视台的第一与变迁:1958~2003》,北京:东方出版社,2003年,第149页。

责对外传播。1984 年,中央电视台将原来的国际部改为对外部,1991 年,正式成立对外电视中心,加强了对外电视的制作和管理。第二,从寄送节目到开办栏目,传播内容日益丰富。对外部成立后,1984 年就开办了第一个对外中文专题节目《华夏掠影》,1986 年又开办了第一个英语节目《英语新闻》,随后又创办了一批栏目,例如英语时事节目《焦点》(Focus)、专题节目《中国、中国》(China, China)、综合文艺节目《中心舞台》(Center Stage)和《电视剧场》(TV Theater) 等,实现了从节目到栏目的转变。不过,这些节目的主要受众还是在国内的外国人。第三,从航寄到卫星传送,传播方式变革。1991 年 7 月 1 日,中央电视台租用亚洲一号卫星,将中央电视台第一套节目(CCTV-1)送上了卫星,节目信号覆盖东南亚和港澳台地区,正式完成了从寄送到利用通信卫星的转变①。同时,中央电视台对外中心还制作了英语节目,在国外电视台播放;开始制作针对外国人的英语新闻类节目《今日中国》,在美国和欧洲一些国家播出。第四,对外交往进一步扩大,到 1984 年底,中央电视台已经和 69 个国家的 86 个电视机构恢复或建立了业务联系,各种联系不断增多。这一时期,中央电视台开辟了"合拍片"这样的新合作样式。1979 年与日方合作拍摄了大型电视系列片《丝绸之路》《长江》《黄河》,协助美国 NBC 拍摄了《变化中的中国》等十多个大型电视节目。

总体说来,这一时期的中国电视还没有真正进入世界电视市场。不过,这样的局面很快就改变了。1992 年 5 月,中央电视台对外中心召开了如何开辟对外传播新局面的会议,针对当时世界电视发展的趋势,制定了"天上、地下"两手抓的发展战略。所谓"天上",就是通过卫星传送中国电视节目;所谓"地上"就是建立中国电视节目的世界销售网络。中央电视台还制定了对外电视"三步走"的计划,第一步是建立一个中文电视频道,服务五千万海外华人;第二步是建立一个英语频道,打入西方主流社会;第三步是发展多语种的对外频道②。可以说,这一战略直接推进了电视对外传播的快速发展。

---

① 唐世鼎主编:《传承文明 开拓创新——与时俱进的中央电视台》,北京:东方出版社,2003 年,第 236 页。

② 赵化勇主编:《中央电视台发展史(1958～1997)》,北京:中国广播电视出版社,2008 年,第 241—242 页。

（四）快速发展期（1992—2002）：开办国际电视直接参与国际竞争

1992年，中央电视台提出了从国家电视台到世界一流大台的概念，其对外传播在初步专业化的基础上，进入了快速发展期。这主要表现在：建立了电视中文和英语国际频道，完成了电视"上天"三步走中的两步，实现了对海外受众的直接覆盖；节目内容更加丰富多样，电视特征更加明显；对外交往进一步扩大，富有成果的国际合作进一步增多。

在走向世界的过程中，中央电视台首先在组织上进行调整。1993年11月，在对外电视中心的基础上组建海外节目中心，奠定了覆盖全球、走向世界的重要基础。1992年中央电视台创办了中文国际频道（CCTV-4）。CCTV-4的主要目标是被国外媒体包围的海外华人受众，其基本宗旨是"传承中华文化，服务全球华人"[①]。在扩大中文电视对外传播的同时，英语电视对外传播也在不断发展。CCTV-4以中文节目为主，同时也将以前的英语节目纳入CCTV-4，作为其节目的组成部分。1997年9月20日，中央电视台第二个国际卫星电视频道即英语国际频道（CCTV-9）开始试播，每天播出17个小时以新闻节目为主的各类节目。2000年9月25日，英语国际频道正式播出，节目每天24小时不间断播出。这是中国第一个非母语的电视频道，也是中国电视力图实现视听全球化，进入西方主流社会的尝试。

这一时期，对外传播的电视节目也随着两大频道的开播而日益丰富了。中文国际频道推出了一个大型的新闻杂志节目《新闻60分》，开辟了国内60分钟长新闻的先河。除了新闻类的节目外，专题服务类、综艺类节目也是电视对外传播的重要内容，开办了专题类《天涯共此时》《旅行家》《记录中国》《海峡两岸》《华夏掠影》《世界华人》《中华医药》等，综艺类《中国文艺》《欢聚一堂》《神州戏坛》等有影响的栏目。英语国际频道的节目也是以新闻为主，包括专题及文艺节目。在电视节目中，直播是最能体现电视特色的节目类型。在这一时期，1997年香港回归祖国，中文国际频道进行了长达72个小时的直播，英语传送频道进行了41个小时的大型直播，直播显示了中央电视台对外传播的新特点。此后，随着现场直播水平的不断提高，直播也成为对外传播中的新亮点。

[①]　唐世鼎主编：《传承文明　开拓创新——与时俱进的中央电视台》，北京：东方出版社，2003年，第237页。

这一时期,中央电视台在境外消息源建设方面也做出努力。1984年,中央电视台在香港设立了第一个驻外记者站,1992年在美国华盛顿地区设立了第二个记者站,到2002年,先后在比利时、中国澳门、泰国、英国、俄罗斯、澳大利亚、埃及、法国、日本、联合国、印度、中国台湾等国家和地区设立了13个记者站,其中仅1999年一年就设立了7个记者站[①]。

特别值得一提的是,这一时期中央电视台还开始了新媒体对外传播。在中国的传统媒体中,中央电视台是最早试水新媒体的。早在1996年,中国中央电视台网站CCTV.com就开始建立并运行了。那时候,国内重要商业门户网站如搜狐、新浪等还没有开通,《人民日报》《经济日报》等媒体也只有网络版而没有网站。2000年12月,央视网、新华网、人民网等网站获得国务院新闻办批准进行新闻登载业务,成为中央重点新闻网站,央视网那时名为"央视国际网络"。2001年5月,中央电视台成立了总编室网络宣传处,将网站纳入节目宣传部门。

这一时期,中央电视台开始在世界电视市场上崭露头角。随着外宣实践的发展,"对外传播""国际传播"等概念逐步提出,中央电视台的许多具体做法都体现了"传播"的属性和要求,一些电视的特征也开始展露出来。正是这一时期的发展和变化为中央电视台对外传播的繁荣和世界大台建设目标的推进,打下了坚实的基础。

(五)繁荣期(2002—2012):推动"走出去"战略,全面开创电视对外传播新局面

新世纪伊始,以中国进入世界贸易组织和获得2008年奥运会的申办权两大事件为标志,中国电视开始了全面进入世界的时期。2001年,在我国《国民经济和社会发展第十个五年计划纲要》中,以前反复论证过的"走出去战略"上升为国家战略层面,国家广播电影电视总局开始启动广播影视"走出去工程"。在这样的背景下,中央电视台开始全面进入世界电视领域,对外电视传播进入繁荣期。

繁荣期的开端,是以"走出去工程"的推进和两个国际频道在伊拉克战争报道中的异军突起为标志的。

---

① 赵化勇主编:《中央电视台品牌战略》,北京:中国广播电视出版社,2008年,第163—164页。

2004 年之后,中央电视台开始大规模推动"走出去"战略,对外传播的步伐明显加快。首先,已有的两个国际频道 CCTV-4 和 CCTV-9 开始新的改版,针对世界各地观众不同的文化背景,改版从改进对外传播的观念入手,对传播的思路、内容、方法和角度进行了革新。其次,实现了 1992 年制定的对外传播"三步走"计划的第三步。2004 年 10 月,中央电视台针对西班牙语和法语的受众,开办了第三个国际频道 CCTV-西·法频道。该频道是 24 小时播出的新闻综合频道,采用西班牙语和法语,报道发生在中国和世界各地的新闻。最后,作为新的创举,中央电视台开始联合国内地方电视台和境外的中文电视媒体组成"中国卫星电视长城平台",包括中央电视台三个国际频道及戏曲、娱乐、电影共六个频道,以及北京电视台、上海东方卫视台等。2004 年 10 月,长城(北美)平台通过美国第二大卫星电视公司 EchoStar 直播卫星电视网在美国开播,以服务北美的华人华侨,满足他们的收视需求,多角度演绎中华文化,全方位展现当代中国,同时为英语、西班牙语和法语观众打开了一扇了解中国的窗口。

2005 年和 2006 年,中央电视台的电视对外传播开始加速,"大外宣"的格局初步形成,对外发展战略也进一步明确。2005 年 2 月,长城(亚洲)平台开播。

与此同时,新媒体的发展也开始提速。在对台内新媒体资源进行整合的基础上, 2006 年,中央电视台成立网络传播中心及央视国际网络有限公司, 2 月 7 日,作者被任命为中央电视台网络传播中心和央视国际网络有限公司总经理、总编辑,负责筹建中央电视台统一的新媒体平台。中央电视台的新媒体战略开始进入事业和产业并行发展的新阶段。逐步从简单的图文传播发展为以视频为核心的多媒体传播,从单一的媒体网站发展为拥有综合门户、网络电视、IP 电视、手机电视、互联网电视、移动电视、电子政务服务等多业态。从电视台总编室下设的网络宣传部发展为国家网络电视台,围绕党的十八大、全国两会、中国梦、中华优秀传统文化、社会主义核心价值观等重大活动、重大主题,突出网络视频特色,充分发挥了网络媒体国家队和主力军作用。

2007 年和 2008 年,中央电视台开始加速推进"国际一流媒体"的发展战略。2007 年 1 月 1 日,中文国际频道实现了分版(亚洲、美洲和欧洲)播出;

2007 年 10 月，CCTV– 西·法频道实现分频道播出（CCTV–E 和 CCTV–F）；随后，英语国际频道也实现了分版播出。此外，网络媒体 CCTV.com 的外语频道和网络视频迅速发展，其英语、法语和西班牙三个外语全球同步直播频道，覆盖了全球 150 多个国家和地区。对外传播实现了"节目＋网站＋节目外销＋长城平台＋直播卫星＋海外有线电视"的全球化传播格局。在此基础上，中央电视台的对外传播在 2008 年的世界电视舞台上开始崛起。特别是对四川汶川地震、北京奥运会和华尔街金融风暴这三大事件的报道，使中央电视台开始从"引导国内舆论的媒体"向"影响世界舆论的媒体"转变。

2009 年之后，随着国家对提高"国家软实力"的重视，中央电视台的对外传播进入发展的快车道。2009 年，阿拉伯语、俄语国际频道相继开播，形成了联合国 6 种语言整频道播出的对外传播新局面。在海外落地业务方面，6 个国际频道与世界各地的 258 家媒体合作，实施了 336 个整频道或部分时段的落地项目，实现了节目在 140 个国家和地区的播出，海外用户总数达到14000 万户。2009 年底，在央视国际的基础上，中国网络电视台正式启动，这是国家级综合网络视频公共平台，标志着新媒体对外传播的新起点。

2010 年之后，中央电视台的国际传播能力建设进一步发展。2010 年开设了视频发稿平台。2011 年 1 月 1 日，中央电视台纪录频道开播，为对外传播增加了新的平台与品种。到 2012 年底，中央电视台国际频道海外整频道用户数达到 3.14 亿户，信号覆盖 171 个国家和地区。

总之，经过了 50 多年的不懈努力，特别是改革开放后 30 多年跨出的创立、发展、繁荣三大步伐，中央电视台的对外传播取得了巨大的成就，主要表现在：对外传播的机构设置日臻完善，传播技术平台不断优化，传播内容不断丰富，传播方式和渠道不断拓展，传播的时空范围不断扩大，传播效果不断提升。中央电视台对外传播的主要框架基本成型，作为走向世界的"国际大台"，建立"全球传播网"的目标初步实现。

五、央视网

从对外传播的大视野来看，熊猫频道是中央电视台力主推动国际传播能力建设的创新之举。将熊猫的生活用视频直播形式向世界传播，不仅是中央电视台对外传播事业在网络新媒体环境下的新发展，更是央视网致力推进 24 小时视频直播在国际传播领域的全新尝试。可以说,熊猫频道的创办以及发展至今取得的成绩和影响,是基于央视网在新媒体传播方面的砥砺沉淀,技术的打磨和经验的积累为熊猫频道奠定了坚实的基础。

与卫星电视一样,新媒体本身就是传播全球化的重要载体,新媒体传播也是中央电视台对外传播的重要组成部分。中央电视台于 1996 年开办中央电视台网站,2001 年成立了总编室网络宣传部。2006 年 4 月 28 日中央电视台成立网络传播中心和央视国际网络有限公司,"一个机构,两块牌子",运营中央电视台统一的新媒体平台,"央视国际网络"更名为"央视网"。由此开始,央视网的建设发展全面进入"快车道",主要体现在以下几个方面:

一是建设网上宣传舆论主阵地,成为网络媒体的国家队和主力军。央视网依托中央电视台优势资源,以视频互动为特色,构建多语种、多终端、全球化的宣传报道体系,舆论引导力、国际传播力和品牌影响力不断提升。日均发稿量从 2005 年底的 1000 条增长到 2016 年上半年的 2 万条(视频 1 万条,图文 1 万条),从总编室下设的网络宣传部门发展成为网络媒体的国家队和主力军,在重大宣传报道中发挥独特作用,并承担了党和国家交办的任务。

2006 年,全国"两会"宣传报道,针对总理记者招待会设计的"我有问题问总理",通过论坛征集和电视报道,引起网民强烈反响。温家宝总理在记者招待会上专门提到央视国际等网站网民对"两会"的关注。

2007 年 10 月,央视网首次进驻人民大会堂,与人民网、新华网、中国网一起对党的十七大进行现场报道,并由此确立"三台四网"直播重大报道的格局。

2008 年 8 月,央视网作为世界上唯一一个对奥运赛事进行全程直播点播的新媒体机构,创建了奥运史上规模最大的新媒体传播联盟,并实现了全球首次最大规模的奥运会新媒体联合传播。央视网作为网络媒体的唯一代表荣获北京奥运会、残奥会先进集体,受到党中央、国务院的表彰。

2009 年 12 月,中国网络电视台上线开播。2011 年 2 月,首届 CCTV 网络春晚播出,由此逐渐成为网络文艺的知名品牌。

2011 年 7 月,中国打击侵犯知识产权和制售假冒伪劣商品专项行动成果网络展由央视网承办,王岐山同志出席启动仪式,这是中央政府部门首次网上办展。

2012 年 6 月 30 日,央视网承办的共产党员网上线,习近平同志亲自开通,并明确提出:哪里有共产党员,共产党员网就要努力覆盖到哪里。

2013 年 4 月,由中宣部等六部委联合指导成立的全国网络公益广告制作中心在央视网挂牌。"图说我们的价值观"系列公益广告产生了广泛的社会影响,其中的"梦娃"形象得到中央领导同志的高度肯定,获得社会大众的喜爱。

2015 年 9 月,"9·3"大阅兵新媒体多终端观看用户达 7800 万人,直播和点播收视次数为 1.2 亿次,分别是 2009 年阅兵活动当日的 2.2 倍和 4.5 倍;直播最高同时在线人数达到 621.5 万,创下视频直播在线人数历史新高。

2016 年 2 月 25 日,央视网成功改版升级上线,聚焦主题主线宣传,全力打造"首页首屏"工程,让党的声音成为央视新媒体的最强音。在"中国领导人"(即领导人视频集)的基础上,主打"学习平台""治国理政进行时""深改组记事"等内容产品,让习近平总书记重要思想和重要活动 24 小时在线。

二是建成"一云多屏、全球传播"新媒体传播体系。央视网依托中央电视台的资源优势,以视频为核心,建成国内独一无二的"一云多屏、全球传播"体系。"一云"指国家网络视频数据库,"多屏"指建设中央 IPTV 集成播控总平台及互联网电视、手机电视、户外车载等国家级新媒体集成播控平台,构建起以手机央视网、"央视新闻""央视影音"为核心的移动互联网产品群,传播覆盖桌面电脑、手机、平板电脑、智能电视、户外电视等多屏多终端,并建成全球网络视频分发体系,覆盖 210 多个国家和地区,助力中央电视台实现"无处不在"的传播效应:用户在哪里,央视的服务就在哪里,央视的覆盖就在哪里。

2015 年,央视网月度独立访问用户数达到 5 亿。"央视影音"客户端用户下载总量 4.9 亿次,是中央主流媒体中下载量最大的新媒体产品。2015 年,手机电视全年用户达 1.6 亿人,IP 电视业务总用户数超过 3800 万户,互联网电视业务用户数为 5730 万户,规模均居行业首位。

同时,央视网还积极拓展海外社交平台。截至 2016 年 6 月 30 日,央视网海外社交平台账号总粉丝数超过 3812 万,成为国内主流媒体中海外社交平台粉丝数最多、影响力最大的媒体。其中,国内首个与脸书(Facebook)

合作整合形成全球页的 CCTV（全球页）账号,粉丝数已超过 2750.7 万,位居国内主流媒体第一位,国际主流媒体第二位（仅次于 BBC News）。

央视网提升视频支撑能力,支持 2000 万用户同时在线观看视频直播。在视频处理、播放等领域展开技术攻关,研发独有的 P2P 直播技术和基于 H.265 的视频压缩处理技术。目前具有技术发明专利 13 件,软件著作权 20 余件,"北京 2008 奥运会新媒体转播技术平台""网络电视台多码率多终端统一播控关键技术研究"分获"王选新闻科学技术奖"特等奖和一等奖。

三是提升台网融合支撑和服务能力,建设新媒体运营支撑服务平台。从 2006 年开始,央视网已为中央电视台 24 个开路频道建设了官网,为 332 个中央电视台在播栏目建设了官网。能够为用户提供视频直播、点播、回看、时移、上传、搜索、分享等"一站式"视频服务和社区、博客、微博、邮箱、论坛等方便快捷的"全功能"服务。截至 2016 年 7 月,相关视频直点播月度收视次数超过 2.5 亿次,最高单月收视次数达到 4.7 亿次,从 2012 年至今,平均年度涨幅超过 50%。

在重大活动报道中,央视网充分运用台网联动模式,全面服务、延伸、拓展电视的节目资源和品牌影响力。"春晚"全球化、多语种、多终端立体化传播多年被列为国家文化出口重点项目。2016 年春节期间,通过新媒体观看"春晚"直播的用户达 1.38 亿人,较 2015 年同期增长 41%,同期通过央视网新媒体收看"春晚"的人数最高达到 2081 万人。同时,央视网首次在 YouTube、Facebook 等多个海外社交平台实施高清信号直播,开创直播收视新纪录。Facebook 平台"春晚"相关帖文总曝光量超过 2.89 亿次,独立浏览用户超过 1.83 亿人,总互动人次 1193 万。

央视网与新闻中心、综合频道、综艺频道、中文国际频道、科教频道、少儿频道、戏曲频道等多个频道对接,探索一体化的运行机制。为重点部门、重点节目,提供专属化服务。比如,央视网向《央视新闻》和《中国舆论场》栏目组派出由内容、技术、推广等骨干人员组成的专属服务团队,一体化办公,全程无缝对接。探索多样化融合互动创新,推动新媒体与电视关联互补。如针对直播节目《中国谜语大会》,探索了直播节目双屏互动模式。运用新技术、新手段创新互动体验模式,产生新的互动体验和互动效果,为六一晚会定制 VR 全景漫游产品"玩偶嘉年华"。

第二节　熊猫频道的诞生

随着全球化趋势在各领域进一步深化,国家形象在对外交流和文化传播方面的价值越来越突出,中国的对外宣传和对外文化交流迫切需要一个标志性的品牌来代表中国的国家形象,对外传播中国的理念和声音,从整体上提升对外传播效果。在视听新媒体快速发展的背景下,中央电视台的对外传播需要新的突破。

可以说,熊猫频道是应运而生,它产生在中央电视台对外传播发展和视频新媒体发展两大结合点上,利用熊猫文化的独特基础,占据了传播的制高点,非常有利于传播,是多种因素契合的产物。熊猫频道是中国通过视频直播进入世界文化市场的全新尝试。

一、熊猫频道创意

说起熊猫频道的创意,不能不从成都大熊猫繁育研究基地和号称“熊猫爸爸”的基地张志和主任说起。成都大熊猫繁育研究基地建立于 1987 年,

视频 6　《瞧你内熊样》第二期《小小的屏幕挤不下这满满的爱》

位于成都北郊斧头山侧的浅丘上,以造园手法模拟大熊猫野外生态环境,占地 1000 亩,距市区 10 公里。基地集大熊猫科研繁育、保护教育、教育旅游、熊猫文化建设为一体,是全国乃至全球知名的大熊猫等珍稀濒危野生动物保护研究机构。园内建有科研大楼、开放研究实验室、兽医院、兽舍和熊猫活动场、天鹅湖、大熊猫博物馆、大熊猫医院、大熊猫厨房等。这里常年养着 80 余只大熊猫以及熊猫幼崽、黑颈鹤、白鹤和白天鹅、黑天鹅、雁、鸳鸯、孔雀等动物。绿竹青青,碧水漪漪,在被誉为"国宝的自然天堂,我们的世外桃源"的成都大熊猫繁育研究基地的园区里,总是会有一个并不伟岸却十分坚定的身影,不分寒暑地出没于兽舍之间,细心检查每一只大熊猫的身体状态与健康状况,指导着饲养员如何观察大熊猫的成长变化,甚至如何抚慰大熊猫突发的小情绪。闲暇之余,他也会用纯熟地道的英文或者椒盐味十足的普通话与来自全球各地的游客们热情地交流。这样的坚守,至今已是 20 年,他就是"熊猫爸爸"张志和博士。

　　大熊猫本身所承载的文化曾经走过了一段无序的发展阶段。大熊猫文化,如何才能真正走出"摆几个展板""举办几场座谈会""做几个熊猫工艺品""拍几个短片"的粗放的尴尬困局?成都大熊猫繁育研究基地一直在积

视频 7　《熊猫那些事儿》第三季第二期《孩子 TA 爸,快来管管你家娃》

极探索将大熊猫本身所承载的文化推广到世界。基地的领军人物张志和博士带领着基地年轻的文化建设团队,虚心学习与借鉴国内外文化传播的先锋理念。基地曾先后和联合国开发计划署、世界自然基金会、世界野生救援协会等知名机构开展过合作。

　　机缘巧合之下,张志和博士逐渐加深了对互联网技术发展前景的了解,意识到"互联网络实时直播"才是让全球各地的民众足不出户实时观看大熊猫,并能最终将这些热爱熊猫的人吸引到基地来看大熊猫、了解大熊猫的行之有效的途径,并为此创意起了个名字"熊猫全球眼"。

　　2011 年,张志和博士赴日访问,与张云晖女士见面交流。张云晖女士是中央电视台原日本总代理、电影制作人,她向张志和博士介绍了国际上流行的"网络直播"与高速发展的互联网技术,并指出这种直播有别于电影、电视等艺术形式,不受"时间限制",能向观看者生动地展示被直播对象的真实生活点滴。自此,张志和博士心中进一步萌生了"大熊猫互联网直播"的宏图。无独有偶,当时央视网已经建立起全球网络视频传播体系,如何创新制作国际传播内容正是当务之急。经过众多调研表明,大熊猫在海外有着较强的受众基础。2012 年 12 月发布的《中国国家形象调查报告 2012》中提到,

视频 8　《特别节目:熊猫走世界·美丽中国·活动篇》

大熊猫超越长城、故宫、中国功夫,位列海外民众最喜爱的中国元素之首。因此,央视网认为通过大熊猫传递中国文化,无疑是一个绝佳的创意,并得到了中央电视台前台长杨伟光、前副台长张长明的鼎力支持,在作者与张志和主任见面沟通后,双方达成共识。2013 年 4 月,央视网与成都大熊猫繁育研究基地就合作打造熊猫频道,在京签署合作协议,作者与张志和主任代表双方签字。

　　合作的另一方是汉雅星空文化科技有限公司(以下简称汉雅星空)。提到汉雅星空,就不能不提到作者在中央电视台的老领导杨伟光和张长明。杨伟光曾经任中央电视台台长,张长明曾任中央电视台副台长,退休后他们加盟汉雅星空。截至 2011 年底,汉雅星空创办的"魅力中国网络电视台"已拥有 50 套电视节目的授权,包括 CCTV-4、CCTV 纪录、CCTV-NEWS、凤凰资讯和北京、上海等全国和省级外宣频道,节目覆盖北美、欧洲、大洋洲和东南亚等地。凭借在中国电视对外传播深耕多年的经验和敏感,两位老领导一眼就看到"熊猫频道"创意的价值。他们认为,熊猫代表中国形象,是一种中国特有的文化符号,直播熊猫秀是将中国文化传播到海外的最佳渠道。而 24 小时直播,是电视与通讯技术发展的完美结合,是电视下一步发展的一

视频 9　《特别节目:熊猫走世界·美丽中国·熊猫篇》

个崭新方向。让人感动的是,两位老领导一致认为,熊猫频道应该属于央视网,因为熊猫频道是为国家做的一件事,央视网是国家级的平台,最有条件做好这件事,汉雅星空可以为熊猫频道提供相关服务,与央视网和成都大熊猫繁育研究基地一起合作建设好熊猫频道。在这种赤子之心的感动下,熊猫频道三方合作很快有了初步蓝图,开始极富成效地工作。

　　熊猫频道正式开播前,央视网团队在基地进行实地勘察与线路布控、点位选取、器材选定等方案的制定,经过不断论证,双方达成了一致的设计理念:"直播,不是'监视',而应是'了解'。"经过为期半年多的踩点、方案制定、论证等周密而翔实的准备工作,2013 年熊猫频道正式面向全球开播,全球用户可以足不出户地 24 小时捕捉最美、最真实的大熊猫实况,享受品质最好的大熊猫直播服务,还有大量原创点播节目和大量中央电视台出品的大熊猫纪录片、专题片。

　　从 2012 年 5 月 8 日提交建设熊猫频道的请示到 2013 年 8 月 6 日正式播出,经历了立项启动、项目准备、试播和正式播出四个阶段。2013 年 1 月 4 日上午,讨论了合办熊猫频道节目方案,计划于 2013 年 5 月 1 日试播。为了加快频道建设进程,由国际传播事业部牵头负责,从项目办、技术中心、互动

视频 10 《熊猫档案》认猫插件第一期《"成实"变黑了,我们不怕认不出!》

运营中心抽调专人参加项目规划和频道建设。2013 年 1 月 25 日,经过央视网办公会议讨论同意,作者批准成立这一项目组。当时国际传播事业部成立不久,工作人员大部分都是懂外语的年轻人,其中不少有海外留学背景,参加熊猫频道筹备工作的,就是这批具有国际视野和语言优势的年轻人。

二、内容规划:全面立体

熊猫频道的内容规划是在成都大熊猫繁育研究基地不同区域全方位地架设摄像头,以互动直播、点播,结合纪录片、专题片、图文、微博、社区等多种形式,全方位、立体地展现大熊猫日常生活、成长状况,创建大熊猫主题专业网站及相应新媒体集群,利用全球化、多终端、多语种的网络视频分发平台在全世界范围内进行传播的优势,将大熊猫的可爱与价值展现给世界人民,增加一个世界了解中国的窗口。

在网站内容上,熊猫频道设计了"熊猫直播""熊猫明星""熊猫星球"和"熊猫小镇"4 个大的板块。"熊猫直播"以提供 24 小时基地指定地点的熊猫直播为主,包括 1 路精选和 10 路自选;"熊猫明星"以明星熊猫的成长经历和感人故事为主线,收集明星熊猫的详细资料、谱系、相册、纪实等,重点

视频 11 《七夕特别节目》

展示高清图片和视频资料;"熊猫星球"立足于旅外熊猫和成都大熊猫繁育研究基地熊猫的基本资料和生活情况,内容包括动物园介绍、熊猫档案、熊猫动态等相关信息;"熊猫小镇"旨在建立熊猫爱好者、动物园和机构之间交流的互动社区,发布熊猫相关的资源和信息。实际备播内容中,具体以各种不同内容形式呈现在以上4个板块中:

《内容导视》:梳理当天所有视频内容,选取网友最可能关注的热点看点,集中在一个视频里。计划每天更新1条1分钟节目。

《精彩一刻》:精选每日直播中最吸引人的2—3个镜头组合在一起,配以简单文字描述,不添加剧情或配音,视频效果和质量与直播相同,让观众了解"我在熊猫直播里会看到些什么""我错过了之前什么精彩画面",并对直播内容有所期待。每天更新1条1分钟节目。

《大熊猫新鲜事》:主要报道基地发生的新闻、趣事,包括熊猫成长记录、基地活动等,与熊猫生活同步,让人们更加了解熊猫,可添加旁白和字幕,策划制作成有剧情的短视频,亦可通过新闻的形式展示。紧跟熊猫动态,注重时效性,当天发生的事情最迟第二天更新。每天更新5条1分钟节目。

《熊猫拟人》:构思故事情节,通过第一人称配音的方式,将熊猫生活中

视频12 《精彩一刻:普通的痒痒,要妖娆地挠》

的趣事制作成短视频,将熊猫最可爱的一面展现出来。每天更新 3 条 1 分钟节目。

《短篇 MV》:是整合连续性的故事视频和娱乐性的资料,制作有冲击性的短篇 MV,颠覆人们对于熊猫"总是睡觉,不怎么动"的印象,使更多人喜欢上熊猫。例如将各种熊猫宝宝从树上掉下来的瞬间配上音效串联起来,或把熊猫宝宝打哈欠时嘴部的动作搭配上歌词,制作出好像在唱歌一样的 MV等。每周更新 2 条 3.5 分钟节目。

《知识性短视频》:可通过第一人称配音的方式,制作介绍熊猫历史和生态的短视频,让人们更加了解熊猫,增加人们的好奇心和自然保护意识,比如《大熊猫为什么是黑白相间的》《大熊猫的便便臭吗》《大熊猫为什么吃竹子》等。须先提供预备制作的选题(可一次性批量提交 50 个)。每天更新 1 条1.5 分钟节目。

《人物视频》:主要介绍野生动物保护专家、熊猫守护使、到访基地的名人、基地活动参与者等,制作短篇报道或访谈,提高网站影响力,并配合在世界上其他国家的熊猫的新闻制作。每周更新 2 条 7.5 分钟节目。

点播制作主要由内容编辑负责搜集,类别有纪实长视频、网络搜集下载纪录片、中央电视台栏目中的视频资料。计划每月发布 3—4 部并引导网友讨论。内容编辑在空闲时开展搜集,每周五汇总归档,点播内容还包括趣味短视频,从视频网站、社交平台等搜集下载,每日发布 2—3 条,并就热门单条发起话题。编辑们还需搜集制作高清主题图集,所有图片均需取得基地、动物园授权,亦可由其自行发布,编辑推至显著位置。计划每周发布 1 套,每套10—20 张,要求配以简单的文字说明,或策划剧情场景,清楚标注来源,

内容编辑发布内容包括可爱视频、配音作品、搞笑萌图、趣味漫画等,主要由编辑从网络搜集,亦可向基地和动物园索取,或联系部分制作者。还需GIF 图、QQ 表情、壁纸、屏保、系统主题等,主要由编辑自行制作,亦可从网络搜集或联系部分制作者。从动物园和制作组提供的内容单独归档整理,发布后重点推广。

另外,推广团队根据网站内容,对社交平台进行了规划。其中包括脸书(Facebook)专页,计划每日发布 10 张以上图片、2—3 个视频,更新国内外大熊猫动态,搜集 Facebook 上吸引人的内容,在取得原作者同意后转发

视频 13　《熊猫百科全说》第十期《我们需要你的守护》

至平台；每月发起 2—3 个线上活动，可参考熊猫小镇板块的互动话题，对专题、活动等进行推荐，引导互动话题，回复网友评论和留言，通过网页 App 在 Facebook 页面实现直播，网友可在此发布评论。在优兔（YouTube）频道，计划每日上传 5 个以上视频，包括尽量多的形式，例如搞笑类和纪实类，将视频分别放入不同播放列表进行归类，方便网友查看。对于微博等国内社交平台，计划每日发布 5 张以上图片、5 个以上视频，搜集各社交平台上吸引人的内容，在取得原作者同意后转发至平台；每月发起 2—3 个线上活动，可参考熊猫小镇板块的互动话题，对专题、活动等进行推荐，引导互动话题，回复网友评论和留言，并通过开放平台制作网页 App。在微信平台建设方面，要每日发送大熊猫动态、冷知识等内容，查看并回复网友留言。

三、设计施工：安全第一

关于直播，计划直播信号数量为白天 12 小时有 10 路直播信号，晚上有 2 路直播信号。晚上可以重播白天的内容。直播所需要的摄像机类型、导播器材、输出格式等，将导播室设在成都。在产房等涉及大熊猫繁育研究基地机密的地方，直播时不直播声音，这样不会影响到基地工作人员和饲养员的工作。制作其他有声视频时,由基地方负责人确认能否公开,如有需要再进行后期编辑加工。

关于摄像机放置地点问题,为了随时能拍摄到明星熊猫,最少需要有 5 台摄像机。可以使用 Wi-Fi 的区域由大熊猫基地负责指定。最终摄像机的位置,由大熊猫繁育研究基地、央视网和制作方共同协商决定。另外,如遇停电情况,要确保现场和导播室有充足的备用电源。在大熊猫繁育研究基地施工时间大致为 30 天左右。因为要进行 24 小时直播,所以要合理安排工作人员的数量和工作时间。大熊猫繁育研究基地里直播可能会拍到游客的区域,要在现场标示清楚,尽量把摄像机安放在拍摄不到游客的地方。

直播流程设计把庞大的熊猫基地分为"产房·幼儿园区"和"幼年熊猫·明星熊猫区"两大部分,在这两大区域内分别建立转播室。把 Wi-Fi 和有线摄像信号汇总到转播室并进行编码录制后,用有线传送到导播室。所有区域的信号汇集到导播室之后,按照节目内容选择拍下来的大熊猫和精彩看点,汇总出 10 路直播信号。覆盖范围较大的摄像机,在转播室进行远距离操控。覆盖面较小的摄像机,根据大熊猫的情况每日手动调整位置。10 路直播信号,在直播延迟的 60 秒内确认后,传送到央视网的服务器。万一直播内容出现问题,则想办法在 60 秒内处理解决,把传送到服务器的 10 路直播信号录制下来,并在晚上重播。

点播视频制作流程设计,要求各区域的转播室以高像素格式录下摄像机拍到的内容。为了长时间录制并快速复制,使用可直接插拔大容量 SSD 的器材。另外, Wi-Fi 摄像机用内置 SD 卡储存摄像资料。在没有建立导播室的"月亮产房"等距离较远的区域建立"录像室"。所有的录像以拍摄时间格式设置时间码,并将 SSD 和 SD 卡的资料是哪台摄像机拍下来的区分清楚。将各区域、个体没有拍到大熊猫的部分删除,以减少数据量。减少后的数据整理到文件名,包括"日期·时间·地点·熊猫名字"的文件夹内。整理后的数据作为基地的视频资料由大熊猫繁育研究基地保管,把数据的拷贝发送到北京。在北京方面,制作团队将发送来的数据更加详细地分类(文件名添加熊猫状态和看点),制作成视频新闻。以视频新闻为出发点,制作成纪录片、MV 等点播视频内容。

建设施工需要考虑的因素很多,既不能影响熊猫日常生活,也不能影响到游客,所以留给施工的时间窗口非常窄。成都大熊猫繁育研究基地的国际游客比较多,环保意识和动物保护意识都比较强,基地要同时保证开放参观,还要保持工程进度,又要兼顾大熊猫的生理需求等,所以在施工中要求工人不能制造噪音。4—5月是大熊猫交配期,更加不能被打扰。施工时间只能安排在每天的5:30—6:30。摄像机的机位最后定为28个,根据大熊猫的年龄段和活动区域、习性和地形地貌等因素确定。大熊猫分不同的年龄段,根据不同的季节、是否发情或繁殖,活动区域各有区别。其中幼年群比较活跃,属于亚成年,一般2岁到5岁之间。除了考虑大熊猫的年龄之外,还要考虑大熊猫的生活习性和繁殖活动年龄段。有的大熊猫喜欢爬树上,有的大熊猫喜欢睡觉,所以镜头要拍地面及树上等。可以说,镜头分布既要关照大熊猫本身情况,又要考虑大熊猫生存环境。另外,还要结合地形地貌的分布特色,要照顾到镜头那边的游客的感受,让观众在观看中能有身临其境的感觉。

安全第一是大熊猫繁育研究基地对熊猫频道的首要要求。整个平台建设、营运、维护、管理都要保证安全,不能对大熊猫产生影响。运动场周边、室内的镜头设置要考虑到顾客需求,要有景观上的考虑。比如想要在树干中设置摄像头,尽可能实现野外拍摄。声音、陌生的东西都会给大熊猫带来影响,

视频14 《精彩一刻:"妃妃":跟我一起摇摆》

所以环境上尽可能不给大熊猫带来压力,造成影响。

熊猫频道根据施工现场情况对设计方案进行了相应调整,在基地的母子园、幼稚园、幼年园、成年园和大熊猫 1 号别墅 5 个区域,布设 28 路高清摄像头,多机位多角度、全天候 24 小时视频直播大熊猫日常起居、娱乐、繁育等活动,展示大熊猫不同生长阶段的状态,用户可自行切换。为保证直播中的画面可控,导播人员 24 小时值班,技术上自动延迟 60 秒,出现意外情况可及时进行处理。

熊猫频道的工作人员来到基地开始拍摄熊猫时,基地对他们进行了专门的培训,给工作人员专业的书学习熊猫知识。只有了解基础知识,传播中才可以将传播语言进行转化,以人们可以理解的语言来传播,从而提高传播效果。另外,针对一些有关大熊猫的行为表现,比如将大熊猫动作转化为拟人化的故事,更加深了人们的印象。

四、试播运营:一鸣惊人

2013 年 7 月 29 日,熊猫频道开始试播运转。熊猫频道的节目内容主要分为大熊猫日常生活视频直播、大熊猫主题原创节目点播,大熊猫相关资讯、专题片和纪录片,以及大熊猫实名社交互动社区四部分,包括"熊猫直播""熊猫剧场""熊猫星球"和"熊猫小镇"4 个板块。

直播节目:直播节目全天候 24 小时视频直播大熊猫日常起居、娱乐、繁育等活动,展示大熊猫不同生长阶段的状态,用户可自行切换。同时导播人员进行实时观测和切换,并挑选其中大熊猫状态较好的 10 路高清信号做 24 小时网络直播,再从中优选 1 路,配备实时的文字解说,丰富直播节目信息量。同时针对注册用户开放边看边聊功能,文字直播员与观众实时互动,提高观众参与感,提升互动体验。

原创点播节目:结合知识性和趣味性,一方面,从每日直播视频中进行精选和再加工,打造成轻松活泼的短视频节目,每日更新;另一方面,以摄制组拍摄为主,辅以直播信号素材,精心策划、设计熊猫百科、人物访谈、精彩一刻、熊猫大事记、熊猫故事、熊猫 MV 等一系列大熊猫主题高清点播节目,每日更新 30 分钟。所有原创点播节目文稿均经三审三校,并请大熊猫相关学术界专家审稿,确保节目的权威性和学术上的严谨。

　　版权节目:主要是专题片和纪录片,及时发布相关新闻、资讯,介绍我国大力推进生态文明建设、努力建设美丽中国的理念和行动,我国野生动物保护的政策、立场,以及对生物多样性保护做出的贡献。同时,以世界地图的形式汇总全球大熊猫的分布情况,提供每只大熊猫的详细资料和最新资讯,还为大熊猫相关工作者开辟专栏,讲述他们与大熊猫之间不为人知的故事。所有新闻和资料均由专家审定,确保内容的权威性和准确性。此外,以中央电视台资料库中大量与大熊猫相关的纪录片、专题片、专题栏目为主,辅以购买质量高、具有国际声誉的大熊猫相关纪录片网络版权,不定期在网站推出。网站具有一定影响力之后,会通过各种渠道征集一些质量高、内容精彩的与大熊猫及中国其他野生动物保护相关的纪录片、专题片,集中通过熊猫频道进行展示。

　　社交互动社区:熊猫频道融合当时炙手可热的社交元素,深度开发社交功能,使传播更加立体、更接地气。一是设置100多个虚拟大熊猫明星账号,安排专人维护,以第一人称引导用户与大熊猫明星互动,增强用户体验趣味性;利用熊猫明星粉丝圈、用户群组等功能,促进用户间的实时互动。二是鼓励用户以熊猫频道所有节目为基础,以加配音、加字幕、拼贴剪切等多种方式进行再创作,策划有奖转发、直播图片秀评比、壁纸征集等线上活动,将用户上传的优秀节目在网站、社区重要位置进行展示。同时,和环保、公益组织"熊猫会"合作,在大熊猫繁育研究基地开展线下活动。三是在各个终端通过宣传引导、组织活动等方式,充分调动用户积极性,鼓励用户上传分享自己拍摄制作的与大熊猫相关的视频、图片和文字,以轻博客的样式进行呈现,还可以参与群组讨论,发起投票和活动,并通过关注其他账号发现精彩内容。所有用户发布的信息均经过后台审核,避免出现任何敏感或违法内容。

　　为更好地扩大熊猫频道影响,吸引用户,熊猫频道项目除主题网站和社区外,还在脸书(Facebook)、优兔(YouTube)、推特(Twitter)、中央电视台微博、新浪微博、腾讯微博、微信和人人网等一系列国内外主要社交媒体打造iPanda社交媒体群,精选频道原创内容,根据不同平台的特点进行有针对性的再度包装,统筹发布,合力传播。

　　脸书(Facebook):运营团队在脸书上开设多语种的熊猫频道专属页面,嵌入最精彩的一路高清直播,同时开设了《熊猫新闻》《熊猫趣图》《熊猫视

视频 15 《特别节目:像这样的全家桶 real 可以来一打！》

频《熊猫产品》和《熊猫教你学汉语》等栏目,每日更新发布适合境外受众
的大熊猫相关资讯和点播节目。同时,熊猫频道还加入 7 个全球大熊猫爱好
者群,与 3 位成都大熊猫守护使建立了联系,关注了全球拥有大熊猫的动物
园、野生动物保护组织和爱熊猫团体近 50 个,并积极与大熊猫粉丝们互动。

　　微博:在新浪微博、腾讯微博、央视微博上开设熊猫频道官方微博账号,
每日发布熊猫早安、熊猫新闻、熊猫趣图、熊猫视频、熊猫百科、熊猫 GIF 等话
题,并积极参与网友互动,同时保持腾讯微博、新浪微博、央视微博内容的同
步更新。

　　微信:开通了熊猫频道微信账号,每日为粉丝推送一辑大熊猫多媒体新
闻,并在新浪微博有奖转发活动期间积极与粉丝互动。

　　优兔（YouTube）:在优兔上开设熊猫频道专属页面,每日上传熊猫直播
频道精彩剪辑视频,并针对境外用户精选原创点播视频,将其打造成为优兔
上最具特色和吸引力的熊猫视频频道。

　　除了搭载社交媒体群,熊猫频道还开发了移动客户端。项目结合节目内
容特色和移动体验的特点,有针对性地在 iOS、安卓和 Windows 8 平台上开
发 iPanda 移动客户端,以提升熊猫频道用户的移动互联网体验。熊猫频道移

视频 16 《熊猫那些事儿》第三季第十二期《你猜大熊猫一天的生活费是多少？》

动客户端的 iOS 和 Android 版本已分别在苹果应用商店和安卓应用市场正式上架，该客户端以频道最具吸引力的 24 小时网络直播大熊猫为主要功能，同时辅以精彩直播镜头回放和点播节目精粹，功能简单，使用方便，是全球首创的、可以随时随地观看大熊猫的应用。

五、频道上线：好评如潮

2013 年 8 月 6 日，熊猫频道在北京梅地亚中心举办发布会，会后立刻获得社会各界人士的肯定，海内外媒体重点报道，全球网民广泛响应，取得开门红。时任国家新闻出版广电总局副局长聂辰席、中央电视台台长胡占凡、林业局局长赵树丛共同开启熊猫频道。中共中央宣传部、国务院新闻办公室、国家互联网信息办公室、国家新闻出版广电总局、国家林业局、中央电视台等部门的领导及 40 多家中外媒体记者和多国驻华使馆、国际组织的外国嘉宾、代表近 400 人参加发布会，中央电视台、新华社、英国广播公司（BBC）、美国有线新闻网（CNN）等上百家境内外主流媒体针对熊猫频道发布会进行了专门的报道和介绍。2013 年 7 月 29 日至 8 月 6 日试运行期间，熊猫频道日独立访问用户数累计突破 100 万人次，覆盖面包括五大洲共计 167 个国家和地区,影响语种包括中、英、俄、西、荷、日等 10 余种。同时,熊猫频道在新浪微博、人人网、脸书(Facebook)、推特(Twitter)等国内外共计 36 家社交网站上形成热议,特别是成为新浪微博平台上的热门话题,网友讨论数近 60 万;熊猫频道在脸书(Facebook)上的直播页面有逾 10 万人次浏览,覆盖观众规模达 34 万;短短几天,优兔(YouTube)上熊猫频道点播节目观看人次也超过 5000。

未上线先走红让主创人员兴奋不已。开播首月,熊猫频道月独立访问用户数(UV)累计突破 160 万人次,覆盖五大洲共计 195 个国家和地区。首月熊猫频道社区注册用户数超过 10000,用户发布内容 3200 多篇,直播页评论超过 76000 条。同时,熊猫频道在国内外 36 家社交网站上形成热议,获绝大多数网友好评。

世界自然基金会(WWF)全球总干事詹姆士·利普(James P. Leape)说:"祝贺央视网成功创办熊猫频道。我们都知道熊猫是唤醒人们保护自然最有力的大使,中央电视台专门开通新媒体平台来展示熊猫这种神奇的生物,实在是太棒了。我希望熊猫频道的开通能够激发人们保护大熊猫和保护美好大自然的热情。"世界著名动物学家、国际野生动物保护学会(WCS)科学与探险部副主席夏勒博士表示:"需要有一个频道向人们讲述大自然的情况,并且提醒人们,大自然与人类息息相关,人类应该有所行动。很高兴看到你们有这样的想法,我很期待熊猫频道的精彩内容。"2012 年成都熊猫守护使 Melissa Katz 说:"我希望中国的朋友们以及全世界的朋友们都来关注熊猫频道,了解大熊猫,喜爱大熊猫,并且行动起来,一起保护大熊猫。"世界著名钢琴家李云迪在拥有 1200 多万粉丝的微博上表示:"很高兴担任熊猫频道公益推广大使,希望大家都来关注熊猫频道,爱熊猫,爱生活,爱自然。"

美国有线电视新闻网、英国广播公司、《华尔街日报》《时代周刊》《今日美国》《国际财经时报》《印度时报》等境外主流媒体纷纷报道中国推出熊猫直播频道,称 28 路高清摄像头让熊猫爱好者可以在任何时间、任何地点通过网络近距离观看大熊猫。海外网友热烈反响,积极互动,评论主要集中在以下三方面:一是表达对大熊猫的喜爱,"迷上了大熊猫直播,每天都要来看看有没有新故事";二是肯定熊猫频道高清直播、社区互动和资讯平台等功能,"非常喜欢熊猫频道,谢谢你们通过高清摄像头展示了地球上另一区域的熊猫天使","提供了很多熊猫资讯,意义重大";三是表示更加关注中国,"这个频道让我对中国更感兴趣"。

可以说,熊猫频道不仅让全球观众了解大熊猫的生存状况,感知人与自然和谐共处的美丽中国,同时在探索中国文化"走出去"、积聚网络正能量等方面取得了积极的经验。

六、从 24 小时直播开始

（一）24 小时直播定位开启"慢直播"先河

2012 年 10 月,时任央视网新组建的国际传播事业部总监的朱启良,接到了创办熊猫频道的重任。

2013 年 1 月,熊猫频道项目正式立项,到 8 月 6 日,短短半年时间熊猫频道正式上线。回顾项目刚刚立项时,朱启良对"时不我待"有了迫切的感受。新组建的团队是一支非常年轻的队伍,绝大多数成员都是 20 多岁的 80 后,由于时间紧、任务重,熊猫项目组的成员每天几乎都是顶着星星月亮走出公司大门,有人开玩笑说,加入熊猫项目组,就意味着你一定会长出和熊猫一样的黑眼圈。

2013 年 1 月 23 日,项目组核心成员赴成都大熊猫繁育研究基地实地调研,考察中与基地团队进行了深入沟通,在很多关键问题上达成一致,最终制定了高标准的 24 小时 28 路摄像头、10 路直播信号加 1 路高清精编频道的直播方案。

新的直播方案充分体现了电视直播与网络新媒体技术相结合后产生的创新优势。以往电视直播节目的特点主要是经过编排和导播的画面,精彩程度高、画质好,但是由于讯道和成本的限制,在播出渠道和时间上受到很大制约,互动性方面体验差。网络直播的特点是播出时间空间上限制少、互动性强,但节目缺少编排和再制作,精彩程度和清晰度不够好。熊猫频道的直播节目生产平台从规划到实施,一直试图将二者优势结合起来。

首先,打破以往电视直播单讯道、无法回看的限制,进行真正的 24 小时不间断多路直播。不管什么时候,只要进入熊猫频道,都可以通过屏幕和大熊猫"亲密接触"。这种 24 小时不间断直播的方式不仅仅延长了直播时间,还大大改变了用户对实况直播的习惯性认识。很多媒体和用户在刚刚知道

视频 17　《熊猫那些事儿》第三季第十八期《为什么大熊猫能以卖萌为生？》

直播节目是 24 小时直播时,都觉得非常新颖,认为这不仅仅是一档直播节目,更是真正的"熊猫秀"。在讯道上,熊猫频道同时提供 11 路直播节目,用户可以自行选择,想看哪路就看哪路。这就大大拓展了直播在时间和空间维度的限制,让用户收视自由度大大提升,体验有质的提升。

其次,大熊猫是受全世界人们喜爱的动物,各种天生的"萌态"让人忍俊不禁。熊猫频道在搭建平台时,吸收了传统电视直播的很多理念来提升节目精彩度。比如在摄像设备的选择上,全部采用带遥控云台和变焦功能的高清摄像头,这样从技术上保证能通过人工干预,拍摄到熊猫高清的特写画面,提升收视体验。这些摄像机的安装也颇费苦心,工作人员深入园区,选择拍摄的最佳角度和位置,施工图改了无数遍,还专门设计了埋地摄像机,可以以仰拍的奇观视角捕捉大熊猫实况。为了提升直播精彩程度,工作人员在基地搭建了导播室,利用人工遥控和切换镜头,给用户呈现更接近电视直播、更具影视语言的直播节目。这些举措都充分继承了传统电视直播的技术优势,在实际运用中也获得了非常好的效果。

最后,充分利用网络和新媒体优势,加强直播节目的互动性。网络相比电视一个天然的优势就是方便与用户的互动,熊猫频道首先加入了 24 小时文字直播解说功能,实时对直播节目进行解说,回答用户当前最关心的问题,引导用户发言。另外开放边看边聊功能,注册用户可以随时在直播页面发表评论,也可以和同时正在看直播的其他用户很方便地交流。

在产品形态上,突出社交和互动属性也是熊猫频道的重要创新。

一方面,将熊猫频道的核心产品 iPanda.com 网站打造成一个以社区为底层、具备较完备的社交功能的网站。官方资讯、视频节目的发布也都底层化,使用专门的用户账号进行发布,缩小与用户的心理距离。被命名为“熊猫小镇”的熊猫频道社区是以大熊猫为主题的网络社交、分享平台,是为全球大熊猫迷量身定制的垂直社交媒体,用户可以在“熊猫小镇”实现发布、关注、转发、评论等一系列网络社交行为。

另一方面,频道还没有正式发布时就已经在新浪微博、腾讯微博、人人网、脸书(Facebook)、推特(Twitter)、优兔(YouTube)等主流社交网站上建立官方账号或专属页面,同步发布精彩内容,与粉丝互动。从频道构架的角度,这些社交媒体上的账号或专属页面和频道官方网站、社区一样,是新媒体产品矩阵中不可或缺的一部分。这种突出社交的特点还渗透到节目制作环节。如根据不同社交网站的特点,对原创点播节目进行定制化包装。在特

视频 18　《特别节目:熊猫走世界·美丽中国·美食篇》

视频 19　《精彩一刻:"奇一"骑马吓掉奶妈手中苹果》

定的时候,会根据社交平台的特点专门制作节目,以 UGC 的形式在网站和社区进行同步发布,也会根据社交媒体的特点精心设计官方网站和社区活动,尽可能打通官方网站、社区和社交媒体之间的壁垒,最大化频道整体影响力。

弹指一挥间, 4 年过去了。朱启良回忆创建熊猫频道调研时,在优兔(YouTube)上看到一段十几秒钟的视频,一个刚出生的熊猫宝宝打了一个巨响无比的喷嚏,将它的妈妈吓得手脚僵直。那画面能把人"萌翻",点击次数高达 1.6 亿次。"一个十几秒钟的视频能火成那样,这也给了我们底气。"朱启良说:"我们有如此好的资源,总有一天我们会超过它。"2017 年初,新浪微博"iPanda 熊猫频道"发布的《"奇一"黏人破天际,不爱竹子爱大腿》的短视频红遍全网。朱启良的预言变成了现实。

(二)社交平台使熊猫频道影响力逐步增加

从 2014 年 4 月起,由央视网国际传播事业群总经理衣炜任央视网国际传播事业部总监。她带领团队直播大熊猫,讲述大熊猫故事,通过海外社交平台,通过海外网友,逐步将更多中国的文化、中国的故事向全球传播。

2014 年冬,她和不满 6 岁的女儿第一次观看了张云晖女士拍摄的《大熊猫 51 的故事》。这部片子主要讲述一只出生在成都大熊猫繁育研究基地的大熊猫的成长历程。它以出生时的体重51克命名,估计是出生时体重最轻的大熊猫。为了让女儿清楚体会51出生时的大小,她用家用电子秤和女儿一起称鸡蛋。当她们找到一颗正好51克重的鸡蛋时,她告诉女儿,51出生时就只有这颗51克重的鸡蛋这么大时,女儿瞪大了眼睛,眼光中闪烁着好奇、惊讶和不可思议,对她说:"怎么可能,动物园里的大熊猫竟然出生时会只有这么大。"她将这颗51克的鸡蛋放在手中,不停唠叨:这就是一只刚出生的大熊猫,心中充满爱意。她那几天每天睡觉前都催着妈妈,要继续看51的故事,了解51的成长过程。衣炜觉得,大熊猫的世界、大熊猫太多太多的故事,需要让更多人知道,特别是需要让更多的年轻人知道。作为央视网国际传播业务的负责人,她一直在想,如果全世界的小朋友都了解知道大熊猫,都知道大熊猫的故乡是中国,都会想到中国来看一看,那不也正是我们润物细无声的传播起了效果吗!让更多的网友参与了解大熊猫,让更多像51一样的大熊猫故事传遍全球,也正是他们要做的。

熊猫频道2013年上线以来,通过央视网自有网站和客户端平台对外传播,已经使越来越多的国际电视台、网络杂志等关注到熊猫频道。但是,熊猫频道内容与全球网友之间还缺少渠道进行连接。2014年开始,衣炜牵头国际传播业务,以海外社交平台为主要的推广平台,逐步在脸书、优兔等海外社交平台开展账号运营工作,让更多的海外网友通过其自身的社交平台了解到更多频道的内容。

2015年,央视网整合熊猫频道,统一了熊猫频道海外传播的社交平台,加强了国内微信、微博平台内容的策划编排,将优质的内容通过海外社交平台进行发布,也根据海外社交平台的特征,制作专门适合海外传播的微视频,效果显著。央视网还通过社交平台举办的各种线上线下活动,陆续得到海外网友的关注和认可。2016年的"熊猫走世界·美丽中国"熊猫粉丝线上征集活动,有来自10多个国家的25名网友到成都大熊猫繁育研究基地开展现场活动。通过这一社交平台,有效扩大了熊猫频道的影响力。

(三)熊猫频道逐步成为中国对外传播的文化名片

经过多年的国际传播工作,衣炜坚信,可以市场化的国际传播才是长久有效的国际传播,才更容易为当地受众所欢迎和关注。熊猫频道作为有巨大市场潜力的传播平台和品牌,作为央视网对外传播的一张文化名片,可以做到润物细无声的传播,通过大熊猫将世界联系在一起。

2017 年 2 月,随着《奇一与饲养员亲密互动》视频风靡社交平台,引发全球网友热烈评论。衣炜带领同事研究了相关评论内容,发现其中几乎没有负面新闻,评论主要基于三个方面:一是说中国针对珍稀动物的保护工作做得好,二是说大熊饲养员这样的工作即使免费网友也愿意参加,三是表达要来中国的意愿,要到中国看大熊猫。在视频发布的一个星期内,熊猫频道账号粉丝数量增长超过 150 万。这正是由于优质内容引起网友关注、网友的相互转发、评论进而带动了整个社交账号的互动,这也正是中国国际传播中所需要的。衣炜总结说,如果我们的国际传播多多发布类似的连锁效应好的内容,我们想要的传播效果也就达到了。基于原生态 24 小时直播大熊猫,熊猫频道将进一步通过熊猫动漫、动画等产品,将熊猫和中国文化融合在一起,将通过大熊猫衍生品,通过熊猫频道社交平台开展的线上线下互动活动逐步探索商业化的方向,将进一步把熊猫频道打造成能够在海外本土引起网友参与、可以市场化经营的品牌。2017 年,熊猫频道与成都大熊猫繁育研究基地联合,开展全球大熊猫奶爸奶妈招募活动,希望可以通过这个活动,引起更多海外网友的关注,同时也希望通过此次活动以及与基地等机构的合作,可以

视频 20 《特别节目:奇一与饲养员亲密接触》

开发出商业化项目持久经营。相信在不久的将来,熊猫频道将走出一条自己的国际传播道路,成为中国对外传播的一张闪亮的文化名片。

第三节　发展历程

在恰到好处的天时地利中,经过央视网和成都大熊猫繁育研究基地的养护者的共同努力所诞生的熊猫频道,很快就成为我国国际传播的一个特殊现象。那么,熊猫频道诞生以来,经历了哪些发展阶段? 都设计了哪些传播内容? 其最主要的传播特色又体现在哪些方面? 这也是我们需要进一步总结和研究的。

概而言之,熊猫频道在诞生之后,一年一个台阶,先后经历了 2012 到 2013 年的酝酿和初期建设阶段, 2014 年的初步发展阶段, 2015 年的频道升级阶段, 2016 年以后的全新改版阶段,至今发展势头良好。

一、酝酿初建阶段

前文已经论述了熊猫频道的创立,但是由于这一阶段非常重要,还是值得我们进一步的研究和论述。

如前所述,随着全球化趋势在各个领域的进一步深化,国家形象在对外交流和文化传播方面的价值越来越突出,中国的对外宣传和对外文化交流迫切需要一个标志性的品牌来代表中国的国家形象,对外传播中国的理念和声音,从整体上提升对外传播效果。中国独有、世界知名的珍稀物种——大熊猫,成了最适合中国国家形象的代表和符合对外传播要求的品牌。大熊猫是中国的国宝,它们具有憨态可掬的外表和与生俱来的亲和力,天然代表快乐、可爱的正面形象,多次出国担任友谊使者,成为中国和世界人民发展友好外交关系的纽带,是代表中国形象的重要名片。

研究表明,大熊猫在海外有着较强的受众基础。2012 年 12 月发布的《中国国家形象调查报告 2012》中表明,大熊猫超越长城、故宫、中国功夫,位列海外民众最喜爱的中国元素之首。在互联网上,大熊猫也有超乎寻常的吸引力。在全球最大的视频分享网站优兔(YouTube)上,一段时长 14 秒的大熊猫视频,浏览人次达到 1.6 亿,评论数接近 14 万次。世界各地人民一看到

视频 21 《精彩一刻：宝宝，我发现你不仅腿短》

大熊猫，就能联想到大熊猫的家乡——中国。同时，大熊猫的黑白体征，也体现出中国太极式的平衡哲学内涵与中国传统价值观，其亲和、友善、无国界的形象，几乎成为全球性的生态文化图腾，并成为海外民众了解中国的最重要元素之一。多年以来，大熊猫多次出国担任友好使者，为发展中外友好关系做出了不可磨灭的贡献。这充分说明，以大熊猫作为对外传播的文化标识，能够有效减少意识形态等因素的干扰，成为国家对外传播的品牌形象。

　　但是，全球民众对大熊猫的了解需求与大熊猫的对外传播现状之间，存在着较大矛盾。尽管大熊猫已经为全世界所知，但其作为一个真实的物种，对绝大多数人来说还相当陌生，对它的了解也偏于粗浅和零散。从平台上看，互联网上大熊猫的相关资讯和信息，主要零星分布在国内一些大熊猫保护机构、公益组织的网站上，并且大部分只有中文版，缺少一个综合性、权威性的大熊猫主题展示窗口；从内容上看，这些资讯和信息仅以文字和图片为主，表达角度也偏于科研、环保，缺少视频化、针对性、趣味性内容，境外受众存在着接受困难。综合来看，这种大熊猫主题的对外传播状况与大熊猫作为中国形象品牌的地位不相称，与全球对大熊猫这一可爱物种的喜爱程度不相称。通过互联网打造一个综合、权威的大熊猫主题平台，提升大熊猫作为中国国家形象的品牌价值、对外"传播中国"具有非常大的必要性。

二、初步发展阶段

熊猫频道经过诞生阶段的发展步入正轨后,点播节目的制作也步入正轨,比如内容导视部分,将梳理当天所有点播节目的视频内容,选取网友最可能关注的热点和看点,集中在一个视频里,每日1条,每条1分钟。《精彩一刻》则把握精彩内容较多的机位,关注人气较高的熊猫个体,精选每日直播中最吸引人的2—3个镜头组合在一起,配以简单的文字描述,不添加剧情或配音,视频效果和质量与直播相同。短篇版每日2条,每条1分钟;长篇版每日1条,每条3分钟。

熊猫频道上线后发展非常顺利,到2013年随着硬件软件的日益成熟,熊猫频道在多次主题直播中表现突出。2013年10月底和2014年8月初,熊猫频道针对中国保护大熊猫研究中心大熊猫"张想"以及"雪雪"野化放归活动分别进行全程全媒体直播,圆满地完成了对放归活动及时、全面的报道,充分体现了央视网新媒体优势,受到网民普遍关注和好评。2013年11月6日,熊猫频道针对中国保护大熊猫研究中心第三次大熊猫野化放归活动,首次采用最新的3G无线直播技术进行全程直播,并通过连线、短视频等多种报道手段,完成对放归活动第一时间的全面报道,充分展现了视频直播、图文快讯、网友互动、多终端收看等新媒体优势,实现了网络新闻播出方式的突破。2014年2月9日,郑州市动物园大熊猫"锦意"病亡的消息引起国内外各大媒体广泛关注,熊猫频道第一时间关注事件进程,对此进行了独家跟踪报道。熊猫频道记者积极联系相关单位和媒体,确保报道公正客观,同时发挥社交媒体扩散面广、互动性强的优势,与全球网友充分交流,引导网友理性发言,让舆论环境向好的方向发展。除直播节目和新闻活动报道之外,熊猫频道还依托于大量直播视频素材,加上实地的拍摄,制作了总长度约为150小时的大熊猫相关点播节目,涵盖了大熊猫的方方面面,以满足熊猫频道网友的观看需求。

出色的播出效果为熊猫频道赢得了荣誉。2013年11月29日,在被业界誉为中国网络视听行业年度"风向标"的"首届中国网络视听大会"上,熊猫频道荣获"2013网络视听创新典范"奖。2014年12月,熊猫频道直播节目在全球最大的视频实况直播网站 Earth Cam Network 进行的"十大视频直播"评选中成功上榜,成为中国唯一上榜的网站,并获评:"在高分辨率的高清摄像头下一天 24 小时展示播出了一个家族的大熊猫。"

2014 年 2 月 4 日,由熊猫频道和中央电视台新闻中心联合制作的《熊猫拜年》节目在中央电视台《新闻联播》播出后,被观众誉为《新闻联播》史上"最萌报尾",成为春节期间中央电视台新闻官方微博转发最多的一期节目,累计转发数约 16000 次。同时,熊猫频道还与中文国际频道《走遍中国》栏目合作推出一期《明星熊猫的幸福生活》节目,报道明星熊猫的生活以及熊猫频道主创团队的情况,节目播出后,频道在首页、直播页以及微博上推广,获得观众和用户好评。

截至 2014 年 6 月 30 日,熊猫频道网站独立访问用户数(UV)累计突破 2000 万人次,覆盖 210 多个国家和地区。社区注册用户数超过 2 万,其中来自海外的访问量占 40%,直播评论超过 40 万条,社交媒体总粉丝数超过 17 万,其中,脸书(Facebook)粉丝约 2 万人、Livestream 粉丝约 2.2 万人。

视频 22 《新闻联播最萌结尾:大熊猫宝宝拜年啦!》

熊猫频道在动物直播领域取得的成绩,引起海外动物保护组织的热切关注。2014年8月16日,由央视网和国际著名动物保护类公益组织GPFIN(大熊猫国际友人)合作创办的熊猫频道德语版正式上线,熊猫频道开始对德语国家和地区提供有针对性的服务。此次合作标志着熊猫频道真正成为境外主流受众喜爱并愿意主动接受的产品,成为中央电视台国际传播在渠道拓展方面的模式创新之举,它标志着熊猫频道的内容从"送出去"发展到被"要出去",从推送给受众到受众主动获取,说明产品真正满足了受众的需求。在此次合作中,央视网方面始终掌握网站的最终审核权,在网站各重要位置均放置熊猫频道LOGO,占据了合作中的优势位置。熊猫频道德语版的受众主要针对德国、奥地利、瑞士等欧洲发达地区的主流人群,与当地机构合作能大大利用其现有的影响力,在推广方面也可充分利用本地化优势。以此为契机,熊猫频道在大熊猫"星徽""好好"启程飞赴比利时等涉外报道方面充分发挥自身优势,营造良好的舆论环境,收到非常好的传播效果。

为熊猫频道点赞的还有多家国内外媒体。2015年1月中旬,熊猫频道原创视频《熊猫宝宝与饲养员躲猫猫》在优兔(YouTube)发布,受到网友广泛关注。美国广播公司(ABC)《早安美国》栏目将其制作成新闻播出,

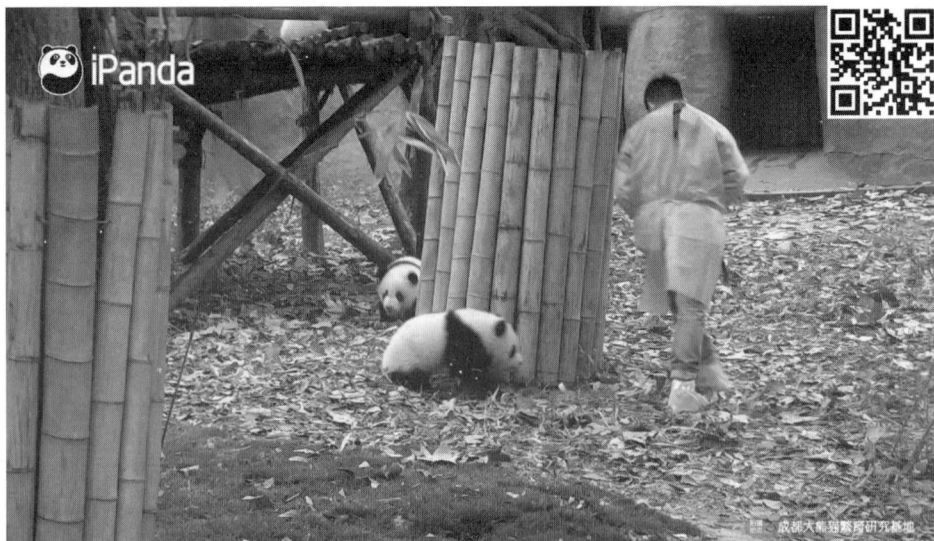

视频23 《特别节目:熊猫宝宝与饲养员躲猫猫》

登上当日流行新闻排行榜第一名,并被雅虎新闻、微软 MSN、美国在线、赫芬顿邮报等多家欧美媒体、视频网站相继转播,极大地促进了熊猫频道在海外的传播与推广。2015 年 1 月 24 日,《新闻联播》报道了熊猫频道视频节目在美国网络走红的消息,新华网、腾讯网等大篇幅报道了这一新闻,并称熊猫频道"一条视频点击超过 2000 万""熊猫靠卖萌征服了全世界""美国网友对熊猫毫无抵抗力"。海外华人媒体加拿大家园的新闻栏目《家园新闻》转载了新闻,并称熊猫频道的视频萌倒了大批网友,是大熊猫爱好者的福利。

　　在熊猫内容深受广大用户好评的同时,熊猫频道也在探索扩展直播内容。2014 年下半年,除熊猫直播之外,"直播中国"上线运行,针对长城、泰山、黄山等 20 多处世界自然遗产和文化遗产景区紧锣密鼓地搭建 7×24 小时持续式直播平台。该平台能够在短时间内提供来自 20 多个地点的 60 多路直播信号,通过互联网打造实时在线的"美丽中国",原创性播出了以长城、泰山等为主题的多部航拍和延时摄影形象片。此外,"直播中国"运营中心

图 1-4　熊猫频道成都基地的导播室

还尝试对川金丝猴、朱鹮等中国独有的珍稀保护动物的直播,不仅丰富了熊猫频道的直播内容,更增添了频道内容的活力与生气。

三、频道升级阶段

2015 年 2 月 9 日,熊猫频道开始从内容、结构再到技术设备全面升级,从"熊猫直播"24 小时直播频道进一步延展成为以熊猫直播为核心,以大量原创视频内容为支撑,同时展示中国优秀传统文化的综合性网络频道。

内容升级仍然紧紧围绕熊猫展开。熊猫直播内容进一步扩容,新增卧龙大熊猫直播。在中国保护大熊猫研究中心都江堰基地、核桃坪基地及卧龙自然保护区野外监测点布设 60 余路摄像头,并从中精选 11 路进行网络直播。至此,熊猫频道与成都、卧龙两大熊猫保育机构合作,通过近百路摄像头,为全球网友提供 22 路熊猫直播,随时随地分享国宝的生活点滴[①]。

图 1-5　核桃坪野化培训圈的熊猫幼仔

① 陈平丽:《熊猫频道全新升级近百路摄像头直播大熊猫》,央视网, http://news.cntv.cn/2015/02/09/ARTI1423445356248708.shtml,检索时间:2017-4-1。

　　此次新增的直播由熊猫频道与全球最大的大熊猫保育机构——中国保护大熊猫研究中心，以及全球最早建立的大熊猫自然保护区——四川卧龙国家级自然保护区管理局合作推出，主要呈现两大特色：一是首次将大熊猫栖息地生态环境和圈养大熊猫整体进行直播，二是将镜头对准熊猫界赫赫有名的大明星。

　　这是生活在卧龙核桃坪基地半野化区域的大熊猫首次通过直播镜头出现在公众的视野中。该基地的大熊猫主要以参与野化培训项目为主，其日常生活与野生大熊猫无异，能感受到大熊猫更加野性、自然的一面。与此同时，熊猫频道在卧龙自然保护区海拔约 2000 米的红路和臭水两地安装了 4 路直播摄像头，网友足不出户就能看到大熊猫栖息地的真实状况，还能看到各种野生动物出没的画面，更有机会亲眼看见野生大熊猫活动。

　　此次新增直播的另一大亮点是一大批"明星熊猫"的加入，如生活在都江堰基地的海归大熊猫"泰山"、英雄熊猫爷爷"盼盼"、身残志坚的大熊猫"戴丽"等。都江堰基地与其他圈养区不同的是，大熊猫可自由进

图 1-6　都江堰基地的熊猫泰山

出圈舍,因此夜间的直播有着别样的看点。此外, 2015 年 11 月 28 日,熊猫频道还重点直播报道了亚运会吉祥物熊猫盼盼的原型——"巴斯" 35 周岁生日庆典。

　　除了熊猫日常生活直播外,更多的事件性直播内容加入了熊猫频道的播出计划。2015 年 4 月 3 日,熊猫频道全球首次播出罕见的圈养大熊猫"喜妹"和"林冰"自然交配的实况,揭秘"熊猫繁育",超过 100 家海外媒体使用英语、西班牙语、法语等多语言对该事件进行传播。美国有线电视新闻网主持人安德森·库柏(Anderson Cooper)播报了该节目内容,并呼吁:"大熊猫作为一个珍稀物种值得我们关注,人类更应该从生态视角来看待他们的繁育交配,这一切都是以大自然为名。"

图 1-7　圈养大熊猫"喜妹"和"林冰"自然交配

　　2015 年 6 月 30 日,熊猫频道第一次直播了中国保护大熊猫研究中心碧峰峡基地 17 岁的雌性大熊猫"茜茜"的分娩过程。发情难、受孕难、育幼成活难一直是困扰着大熊猫繁育的三大难题。此次熊猫频道播出大熊猫产房全记录,全程直播了大熊猫"茜茜"产仔过程。这次直播以隐形摄像头的视角记录了大熊猫幼崽的出生与成长,同时完全杜绝人为干预,毫不影响大熊猫的正常生活[①]。

　　大熊猫野外放归是熊猫基地工作的重头戏,熊猫频道格外关注。2015年11月19日,熊猫频道在前两年的基础上第三次派出报道组前往四川直播人工繁育的大熊猫"华姣"正式放归野外。放归活动跟踪报道持续了3天,一系列报道内容受到网友广泛关注。

　　原创视频内容继续精彩纷呈,影响范围也更加广泛。2015年5月5日,熊猫频道优兔(YouTube)官方账号发布了一则3只熊猫抢吃竹子的视频,《纽约时报》网站随后于5月6日播出了该视频。《精彩一刻》栏目于5月6日发布的单条视频《森森的"青团雨"》被微软门户网站(MSN)、赫芬顿邮报、雅虎等外媒引用。《男熊:思一、成对的斗争》被美国在线(AOL)、赫芬顿邮报、雅虎新闻、微软门户网站(MSN)等转播推荐。原创视频《奶爸给熊猫宝宝喂营养液》被日本富士电视台选用,于当地时间2015年5月21

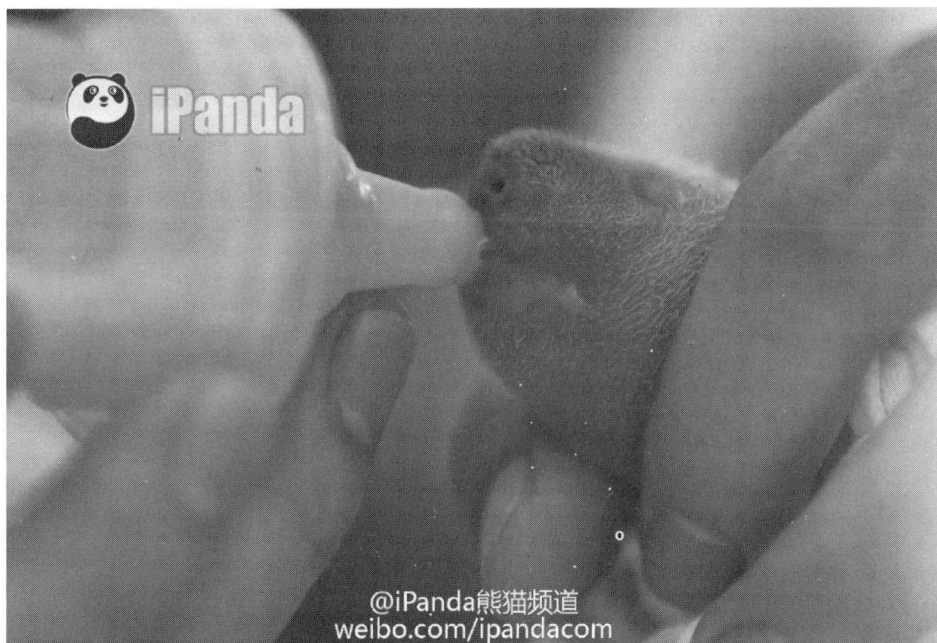

图1-8　雌性大熊猫"茜茜"的分娩

---

　　① 汤晓亮:《熊猫频道全球首播大熊猫产仔 宝宝50%是交配直播主角后代》,中华网财经:http://finance.china.com/fin/sxy/201507/02/9018353.html,检索时间:2017-4-1。

日在其王牌栏目《奇迹体验》中播出约 2 分钟的内容,累计播放数超过 2000
万次,获得了积极的海外宣传效果。

　　2015 年 7 月 29 日,熊猫频道对广州长隆大熊猫三胞胎日常生活及三
胞胎周岁生日会进行网络直播,并将精彩内容制作成短视频,引发英国广播
公司(BBC)、美国全国广播公司(NBC)、日本电视台、韩国首尔广播公
司(SBS)等 213 家境外电视频道转载,共计被播出使用 411 次。8 月,
英国广播公司(BBC)还在其脸书(Facebook)平台"BBC NEWS"账
号发布了由熊猫频道制作的《全球唯一熊猫三胞胎》主题原创视频,单
条浏览数超 95 万次,参与互动网友人数 5 万余名,获赞近 3 万次。"BBC
NEWS"作为 BBC 新媒体的运营主阵地,拥有 2381 万活跃粉丝,在社交
网络上拥有强大影响力,该视频一经发布便引发广大网友关注和热议。
英国网友 Erin Crockett 评论称:"熊猫宝宝的萌态让我的心都融化了,它
们点亮了我的生活。"

　　2015 年 8 月 21 日,熊猫频道将中国保护大熊猫研究中心雅安基地 2015
级的 10 只熊猫宝宝摆在一起拍集体照,这是 2015 年新生大熊猫宝宝首次亮
相,熊猫频道还制作了《晒一晒 2015 级小团子》的点播视频。

视频 24 《特别节目:晒一晒 2015 级小团子》

这一时期的原创内容呈现出大型化的特点。2015年12月31日晚,熊猫频道策划推出《2016萌哒哒——熊猫直播跨年庆典》主题晚会的直播活动。晚会以大熊猫为主角,在超过4个小时的直播时长里为网民奉上《2015熊猫大事件》《北京动物园熊猫探班》《萌团子成长记》《熊猫直播常规节目·贺岁篇》等原创节目,并精选2015年度熊猫频道的热播视频、萌动熊猫音乐视频等内容穿插于直播中,使晚会精彩纷呈、妙趣横生。直播期间,熊猫频道充分运用新媒体平台优势,通过微博微信与网民积极互动,发布有奖问答活动,对晚会进行全方位、立体化宣推。据统计,晚会直播时总共发出官方微博15条,总阅读量突破400万次,创下了最高同时段3万网民在线观看的纪录[1]。随后的2016年春节期间,熊猫频道又策划推出《2016熊猫团圆年》春节主题贺岁报道,进行了"2016熊猫团圆年"直播活动。此次报道将"大熊猫"和"春节"这两个中国特有的文化符号相结合,以"熊猫宝宝拜年"为主线,深入中国大熊猫保护研究中心雅安碧峰峡基地,采编拍摄2015年新生的熊猫宝宝喜气洋洋过新年的精彩画面[2]。《2016熊猫团圆年》视频被包括日本富士电视台、西班牙电视五台、巴西环球电视台在内的10个国家和地区的33家媒体使用了62次。

2015年4月28日,俄罗斯国宝级功勋歌唱家瓦列莉娅来华,受央视网邀请参加了包括赴成都大熊猫繁育研究基地感受熊猫文化在内的数项中国文化体验活动。她被授予"熊猫大使"称号,是首位在大熊猫繁育研究基地获此殊荣的欧洲人。作为俄罗斯功勋歌唱家、俄总统下属文化委员会的成员,瓦列莉雅在俄罗斯拥有良好的公众形象和影响力,有利于促进熊猫文化在"一带一路"沿线国家和地区的推广,带动更多的人投身于大熊猫保护和熊猫文化的传播工作。此次活动在海外社交平台脸书(Facebook)及俄罗斯最大的社交网络平台VK上进行现场图文直播,并与CCTV俄语国际频道配合推送现场报道,推动了中国文化在"一带一路"沿线国家的推广,独立浏览人数近80万,获赞5万多人次。

---

① 央视网:《熊猫主题跨年晚会受到海内外广泛关注》,2016-01-07, http://www.cctv.com/2016/01/07/ARTI05EfX33RvGaGCUSIzg5s160107.shtml,检索时间:2017-04-01。

② 央视网:《央视网"2016熊猫团圆年"贺岁报道受海内外关注》, http://www.cctv.cn/2016/02/19/ARTIkFaSz8L9UUYMb1BIiEnt160219.shtml,检索时间:2017-04-01。

　　大熊猫作为国家形象的代表，"熊猫外交"渐渐为人熟知，熊猫频道也有效地配合了这些活动。例如，2015年9月22日至25日，熊猫频道在习近平主席访美期间，精心策划并报道了"熊猫见证中美友谊"主题内容。9月25日，出访美国的彭丽媛和米歇尔·奥巴马参观了美国国家动物园大熊猫馆，给旅美大熊猫"美香"8月刚出生的幼崽取名"贝贝"。熊猫频道推出了网络专题《中美第一夫人为新生大熊猫起名"贝贝"》，第一时间报道最新资讯，并整合海内外资源发布多条视频及图文，让网友更加了解这位熊猫明星。同时以"旅美"大熊猫为切入点，制作发布原创视频《大熊猫在美国》（上下集），共计10分钟，讲述旅美大熊猫"泰山""宝宝""小礼物""美轮""美奂"的成长故事片段，从中体现出熊猫外交对于促进中美关系的重要特殊意义。同时，发挥网络媒体优势，利用海内外社交平台积极传播，覆盖用户数超过40万人，转评赞超过15000人次。

　　为增强媒体知名度，扩大传播效果，熊猫频道还多次"借势宣传"，制作了一批时事类主题节目。2015年全国"两会"期间，熊猫频道的《熊猫观察》节目推出专题《Panview看两会》，整合深化体制改革系列、"两会"聚焦系列、政府工作解读等多篇独家原创评论文章，多角度、深入地为

视频25　《精彩一刻：在线等，哪里能买到小灰灰这样的毛绒玩具？》

海外网友解读"两会"。同年10月,熊猫频道开始筹备《智慧丝路》栏目,致力于建设"智慧丝路"传播新渠道,打造网络权威"一带一路"智慧宣传平台,将其建设成为集图文、视频直播、点播为一体的网络宣传阵地和实时数据库,对"一带一路"相关地区、省市和国家的经济发展和优质文化进行及时、集中、全面、准确的报道和宣传。特别是通过对"丝绸之路经济带"和"21世纪海上丝绸之路"的相关旅游资源和旅游产业的宣传,将旅游产业作为纽带,把"一带一路"沿线境内各省和境外各国紧密地联系起来。

作为国家对外传播的重要窗口,熊猫频道还对大熊猫之外的视频内容进行了系统性升级。熊猫频道的镜头下呈现出越来越多的中国自然风景和人文文化内涵。熊猫频道将"长城频道"的八达岭长城、山海关老龙头长城、黄花城水长城、嘉峪关长城等16路直播信号全部接入央视网播放器,实现了中国长城最东端至最西端同步的互联网直播。同时,已与20余个世界自然文化遗产地和国家5A级景区或珍稀动物保护机构达成合作意向,开展直播合作并陆续将视频信号流回传到熊猫频道的服务器,制作了10余集具有国际一流水平、展示中国最美风景的航拍和延时摄影视频作品,并与中央电视台财经频道《第一时间》栏目合作,在节目中穿插播放"精选景区直播"画面。

事件性直播同样穿插在《直播中国》的节目中。2015年4月22日、23日,熊猫频道连续两天对我国鸭绿江口候鸟迁徙的自然奇观进行了网络事件性直播,真实记录了鸭绿江口候鸟迁徙的壮观景象。本次直播首次尝试了单场6个小时不间断直播,直播总时长达18小时。同年6月4日,青海湖鸟岛直播上线发布。熊猫频道与中央电视台新闻频道合作推出《探秘青海湖湟鱼洄游季》大型事件式直播。该直播于6月22日至6月26日连续5天网络直播了青海湖布哈河口湟鱼溯流而上的奇观、湟鱼人工繁育过程、青海湖海心山、蛋岛等多处景观,全面展现了青海湖的生态系统。这次直播采用了4G、弹幕等互联网新技术,突出了直播和互动的特色。

除了内容升级外,传播渠道和技术层面也同时进行了相应升级。熊猫频道新版英文网站(http://en.iPanda.com/)及新版中文互动社区于2015年初正式发布^①,为海内外网友提供了更为便捷的社交、分享服务。至此,熊猫频道已成为全球最大的野生动物直播网站,其网友遍布全球 200 多个国家和地区。2015 年 3 月初,熊猫频道与国际著名公益机构 WWF 德国 (世界自然基金会德国方) 积极合作,在其官网熊猫专题页 (http://www.wwf.de/pandas-in-berlin/) 上推出 24 小时直播节目。此次合作由 WWF 德国主动提出,希望将熊猫频道推荐给欧洲观众,通过生动形象的方式面向欧洲地区宣传大熊猫保护工作。这次合作不仅是中国对外传播开展国际合作的升级,还进一步巩固和扩大了熊猫频道德语版的传播效果,熊猫频道走出中国,实现了境外落地。

2015 年底,熊猫频道对优兔 (YouTube) 原有账号进行重新整合,以现有 iPanda (英文) 账号为基础,升级改版为 iPanda 官方账号 (英文版);并以原有直播中国 (中文) 账号为基础,升级改版为熊猫频道官方账号 (中文版),形成中英双语传播合力。其中,熊猫直播、直播中国等精品原创内容以专栏 (播放列表) 形式呈现;同时增加了如中国传统节日、非物

视频 26　《熊猫那些事儿》第三季第六期《MC 雅莉走红秘籍》

---

①　陈平丽:《熊猫频道全新升级 近百路摄像头直播大熊猫》,央视网:http://news.cntv.cn/2015/02/09/ARTI1423445356248708.shtml,检索时间:2017-04-01。

质文化遗产、中华医药等展示中国优秀传统文化以及其他现代艺术的精品内容。

总而言之，升级之后熊猫频道的国际影响力日益增长，原创节目陆续被海外媒体使用，在欧美地区传播效果尤为突出，对反映我国生态文明建设、塑造和平友善的国家形象，进一步起到了积极作用。

四、全新改版阶段

2016 年 1 月 15 日，熊猫频道 PC 端全新改版，以原有的 24 小时熊猫直播为基础延展为传播中国声音、介绍中国优秀文化、展示中国新形象的中国频道。

全新改版后的熊猫频道的内容业务在以下几方面实现拓展：一是推出新闻类产品"熊猫观察"，涉及全球时事热点、重大突发事件报道，国际时事评论解析以及文化领域动态消息，旨在开拓国际视野，阐述独家观点，传播中国声音；二是"直播中国"平台地位进一步提升，并入熊猫频道，成为其二级频道，在原有直播内容基础上提供网络点播节目；三是整合中央电视台海外传播节目资源，提供中央电视台中文国际（亚、欧、北美）、中央电视台阿拉伯语、中央电视台俄语等 10 路直播信号，以及《走遍中国》《中国文艺》《华人世界》等 10 个中央电视台栏目，充分满足海外华人以及喜爱中国文化的实际需求。

这次改版重点丰富了熊猫频道的文化内涵。"直播中国"成为提升文化内涵的主要着力点。2016 年 3 月底，熊猫频道启动拍摄制作原创栏目《飞越中国　醉美春色》，通过无人机航拍、VR 全景拍摄等先进拍摄技术，分赴云南红河、福建武夷山、浙江杭州、江苏无锡等 15 个春意盎然的南方省市开展第一阶段拍摄工作，从不同的高度和不同的角度记录中国由南及北各地的醉人春色和人民群众春耕劳作、游玩踏青的场景，通过新媒体平台向全世界讲述中国春天的故事。

中国传统节日、民风民俗依旧是直播中国的重头戏。2016 年 4 月 4 日清明节期间，熊猫频道 PC 端和 App 客户端直播中央电视台中文国际频道推出的特别节目《传奇中国节·清明》，并重点对每年一度的清明公祭轩辕黄帝典礼进行全程直播。两个月后，熊猫频道 PC 端和 App 客户端再次直播中央电视台中文国际频道推出的《丙申年世界华人炎帝故里寻根节开幕式暨拜

图 1-9 《飞越中国 醉美春色》专题《云南红河梯田 VR 全景》图集封面

谒炎帝神农大典》。此外,西双版纳泼水节、潍坊国际风筝会、贵州侗族"喊
天节"、四川凉山彝族火把节、北京七夕文化节、鄂尔多斯那达慕大会、北京长
阳音乐节、泰山国际登山节、乌镇中秋"祭月"活动和"汤显祖逝世 400 周
年纪念暨汤显祖艺术节"等直播活动同样吸引了广大用户的密切关注。

2016 年 6 月 9 日,熊猫频道直播报道了湖南汨罗端午节特别节目《传
奇中国节·端午》,央视网海外社交 CCTV 中文账号也首次利用脸书旗下的
直播产品 Facebook Live 进行直播报道。他们还将该直播报道在主页时间线
上处于显要位置,方便用户实时搜索和发表实时评论,提升用户互动率,取得
了良好的效果。直播期间,约有超过 9.1 万海外用户观看了特别节目。

为进一步提升频道文化品位,打造中国文化传播品牌,2016 年 8 月 3
日,一级栏目《熊猫文化》上线。《熊猫文化》栏目开设有《艺术中国》《品
味中国》《美丽中国》《中国节日 & 节气》主题板块,以图文图集、微视频、
H5 等多种表现形式,通过 PC 端、客户端以及海外社交平台集中展示中国
传统节日、二十四节气、中国艺术、中国旅游、中国美食等内容,通过对中国
名胜、风物、物质遗产和非物质文化遗产等内容的推荐,集中展示中国优秀
历史文化和当代风貌。熊猫频道脸书(Facebook)平台全球页账号也结合
二十四节气开设互动专区等。《熊猫文化》栏目整合频道中相对零散的文化

图 1-10　丙申年世界华人炎帝故里寻根节开幕式暨拜谒炎帝神农大典

节目,形成了文化传播的聚合效应,对熊猫频道这一中国对外传播品牌的打
造起到积极作用。

2016 年"十一"期间,"直播中国"平台推出可视化、实用性直播产品
《祖国那么大,我想去看看》,采用 H5 专题形式,精选"直播中国"27 路不间
断直播信号,并适时更新景区实用资讯信息,为网民提供全面的即视性出游
指南。本网自有平台和合作平台参与互动的用户数突破 1800 万人次,脸书
(Facebook)相关帖文总浏览量超过 3837 万次,这也是"直播中国"第一次
大规模的推广。

全新改版后不到一年,"直播中国"完成了 12 场直播活动,直播和点播
精切视频相关内容贴文在脸谱平台上总浏览量超过 892 万,独立浏览用户
数超过 502 万。截至 2016 年 9 月底,海外社交平台共发布中国文化帖文近
10000 条,其中脸书平台相关帖文总浏览量达 8.7 亿次,独立浏览用户超过
5.5 亿,总互动人次超过 3582 万,视频浏览总次数超过 7910 万。

以熊猫为主题的原创视频节目进一步常态化、多样化,形成了由《精彩
一刻》《熊猫那些事儿》《瞧你内熊样》《熊猫百科全说》《百问百答》等节目
组成的原创视频节目矩阵。丰富多样的节目类型集搞笑幽默、知识科普多种

功能为一体,满足了不同需求受众的收视体验。

全新改版后,熊猫频道加大了借势传播的力度,并对节目内容进行了优化。除了文化类节目,在时政节目方面也有突破。2016 年"两会"期间,熊猫频道及客户端从海外视角出发,在国内各类媒体中独家推出《海外看两会》专栏,深度整合海外专家学者、海外网民以及媒体资源,共发布原创稿件90 篇,被国内外媒体广泛转载,深受好评。熊猫频道还利用航拍和 VR 视频技术为"两会"报道增添新意,引入 VR 全景视频以及无人机航拍技术,分赴湖南省十八洞村、矮寨大桥,湖北神农架等,以精准扶贫、"一带一路"、生态保护为主题制作系列节目《两会新视角》,给"两会"关注者带来更加震撼的视觉体验与独特感受。在不到 3 天的时间内,脸书(Facebook)平台发布的 24 条航拍视频总浏览量已超过 1145 万次,独立浏览用户超 830 万人,点赞、评论、分享总互动量超过 11.1 万次。

在重大政策推广方面,2016 年 3 月,"智慧丝路"平台建设项目正式启动。平台入口以"智慧地图"形式呈现,通过完整的"一带一路"线路地图,用最直观的视觉信息为用户宏观展示"一带一路"倡议全貌,用户通过清晰的地图区域划分、便捷的搜索引导,第一时间获取所需信息,实现平台入口与

视频 27 《瞧你内熊样》第十八期《幸福拥抱》

数据库无缝对接。此外,在该平台内还启用了 VR、360 全景、直播、无人机等最前沿技术,将沿线风光全方位多角度、最大程度地还原呈现,给用户以最震撼视觉享受、最强烈的空间带入感,使用户如身临其境般领略"一带一路"沿线绝美的自然风貌。

全新的改版还为品牌推广带来了新的动力。线下推广活动进一步得到落实。熊猫频道策划了"熊猫走世界·美丽中国"海外粉丝招募活动,在海外社交平台征集海外粉丝作品以及开展投票活动,在美国、英国、墨西哥、马来西亚、泰国、韩国、中国香港、中国台湾等 10 个国家和地区陆续启动,赢得网友热烈响应。活动共征集到包括手绘、创意川菜料理和视频影像等形式的数百件熊猫主题艺术作品。最终通过公开投票,选出 25 件优秀作品。2016 年 12 月 15 日,全球 10 个国家和地区的 25 名熊猫粉丝齐聚中国成都,同熊猫频道一起开启了为期 5 天的成都之旅。通过本次熊猫粉丝四川行活动,让更多海外网友了解大熊猫保护工作,同时借由大熊猫这一中国符号,传递绿色环保理念,传播中国文化,弘扬中国精神。

在海外合作推广方面,值得一提的是,熊猫频道在非洲大陆的推广传播也进入了新阶段。央视网与肯尼亚主流媒体 Capital FM 广播公司开展新媒体业务合作,

视频 28 《特别节目:熊猫走世界·美丽中国·活动篇》

与该公司合作推广熊猫频道的"直播中国"系列产品,切实提高了熊猫频道在非本土的关注度。

2016 年 3 月 3 日,熊猫频道的移动客户端全新上线,中文版客户端正式登陆苹果和安卓等 14 个手机应用市场上线发布,海外品牌影响力持续提升。在第一季度改版上线的基础上,熊猫频道继续推进功能建设,对 PC 端和移动客户端进行了全新优化。熊猫频道客户端在功能上以直播为主要特色,同时具有点播、边看边聊直播频道个性化定制及海外分享等功能。

熊猫频道一直在对其脸书、优兔和 Instagram 等海外社交平台的账号开展整合工作,2016 年已成功将 iPanda 系列的脸书和优兔账号打造为全球页,效果突出,受到海外网民关注。截至 2016 年 9 月 30 日,熊猫频道各个海外社交账号总粉丝数超过 788 万人,发布帖文总浏览次数达到 19.08 亿次。脸书平台熊猫频道全球页中英文账号粉丝数达 575 万,2016 年总帖文浏览量达 12.73 亿。

截至 2016 年底,熊猫频道多终端多平台累计总浏览量超过 23 亿人次,熊猫频道海外社交账号粉丝数超过 800 万,是 2016 年初的 4 倍。至今发布原创视频被英国广播公司(BBC)、美国有线电视新闻网(CNN)等在内的 1144 家境外电视频道使用超过 1 万次,最热门的一条视频点击数超过 7000 万次。

第四节　内容设置

熊猫频道是全球唯一的 24 小时多路直播大熊猫平台,目前已有 140 多路独家大熊猫直播信号,包含《直播秀场》《滚滚视频》《熊猫播报》《高清趣图》《熊猫专题》《直播中国》等特色栏目,通过网络直播讲述中国故事,利用熊猫这一跨越政治边界、文化差异的中国元素,传播中国传统文化,被国际主流媒体所接受,成为央视网海外传播的一张文化名片。央视网熊猫频道提供的内容分为网络直播、原创点播节目、新闻类产品以及对海量内容进行二次加工后的原创内容衍生品等。

目前,熊猫频道主要有 6 个一级栏目,分别是《直播秀场》《滚滚视频》《熊猫播报》《高清趣图》《熊猫专题》《直播中国》。其中《直播中国》下边还有《实景中国》《全景中国》《飞越中国》《今日中国》《光影中国》《魅力中国》等6个二级栏目。

熊猫频道提供的视频节目主要分为直播节目和原创节目两种,其中直播节目分为大熊猫日常生活视频直播、原创视频节目点播、大熊猫相关资讯、专题片和纪录片,以及大熊猫实名社交互动社区四部分,包括"熊猫直播""熊猫剧场"等几个板块,比如,熊猫搞笑拟人栏目、熊猫知识普及栏目《熊猫百科》和熊猫幽默集锦栏目。

一、内容框架

(一)《直播秀场》

1.栏目总体定位

大熊猫在地球上已经生活了近800万年,因而被誉为"动物活化石"。它不仅仅是一个动物,它还承载着太多的文化意义与价值,因此已经成为当下中国的一个文化符号,被我们誉为"国宝"。它憨态可掬的外貌、和平内敛的性格在世界范围内也深受推崇与喜爱。《熊猫瞬间》以多点接入、多种方式与受众互动,生动体现此时此刻全球大熊猫的鲜活生存状态,以及由各种艺术与文学手段创造的全新形象,通过虚拟的网络,向全球受众展现它们的生活现状、点滴记录与文化扩展。

《直播秀场》栏目希望以新媒体手段,全天候、多角度网络直播大熊猫为特色,与拥有全球最大的人工饲养大熊猫种群的四川大熊猫繁育研究基地,以及都江堰熊猫繁育研究基地等大熊猫保护基地合作,以24小时全方位直播、拟人式时段叙述等手法全方位、立体展现大熊猫的成长历程,通过现代化的拍摄、传输手法来营销和塑造最终为人们熟知的熊猫明星。最终预想将全国的大熊猫繁育研究机构纵联,形成一个完整的体系结构,将大熊猫的可爱与价值,全方面地展现给世界。

2.栏目形态

《直播秀场》以直播熊猫日常生活为主要形态,以高清精选直播视频为特色形态。央视网与成都大熊猫繁育研究基地等熊猫基地合作,架设多路高清摄像头,多机位多角度、全天候24小时视频直播大熊猫日常起居、娱乐、繁育等活动,展示大熊猫不同生长阶段的状态,用户可自行切换。同时针对注册用户开放边看边聊功能,文字直播员与观众实时互动,提高观众参与感,提升互动体验。

　　熊猫频道的视频节目分为直播节目和原创节目两种类型。目前,《直播秀场》呈现的直播节目中,除了对各个园区熊猫的直播内容外,还有1路高清精选直播节目。该节目包含直播节目和原创节目两种节目类型。高清精选直播节目不仅将每日各个园区内比较活跃的熊猫园区直播场景以高清信号直播出去,还在晚间大熊猫休息时将以往精彩视频直播内容通过剪辑后循环播放出去。

　　3. 栏目内容

　　《直播秀场》主要呈现熊猫基地各个不同园区的大熊猫的直播内容。该栏目独占熊猫直播资源,向用户提供大熊猫日常起居、繁育、娱乐等情况的全天候、近距离视频直播和点播直播路数。直播内容分为对日常大熊猫活动的直播和熊猫交配生产等重大事件的直播。其中精选高清直播节目,是将每天各个园区围绕熊猫发生的比较精彩的直播内容精选播放,并在熊猫休息期间轮播以往精彩视频。

　　《直播秀场》的直播节目不仅包括对大熊猫日常活动的直播,还包括策划直播,即对一些比较有代表性的事件进行特别播出,利用新技术手段全球独家进行大熊猫事件式直播。

　　《直播秀场》通过直播大熊猫日常活动,满足用户对于"熊猫正在干什么"的好奇心。

　　此外,熊猫频道因为直播镜头数量有限,不可能面面俱到拍摄所有的大熊猫日常活动,因此在《直播秀场》中,工作人员会根据大熊猫的培育过程,选取各环节的看点重点进行传播。

　　在基地的母子园、幼稚园、幼年园、成年园和大熊猫1号别墅5个区域,布设28路高清摄像头,多机位多角度、全天候24小时视频直播大熊猫日常起居、娱乐、繁育等活动,展示大熊猫不同生长阶段的状态。

　　由于一般人无法看到熊猫妈妈所在的产房内场景,熊猫频道通过视频目击到像电视剧一样的熊猫妈妈育儿记,而且可以看到熊猫幼仔从产房出生到自立的哺育全过程。这是个适合追踪早产儿等特定熊猫幼仔成长过程的地方。熊猫幼仔在出生两周左右后身体变成黑白相间,4个月的时候学会走路,产房内的摄像头将重点传播从出生时到能够自立这一时期的视频。在保育室内也布置镜头,可以使观众充分玩味当年出生的幼崽欢聚一起共同成长的情形。观众可以看到熊猫幼崽来往于保育室和熊猫妈妈所在的产房之间,并被慢慢抚养长大的情形。同时,观众还可以目击到刚学会走路的大熊猫幼崽在饲养员的眼皮下偷偷溜出婴儿床等成长过程中发生的趣事。

视频 29 《精彩一刻:不好意思,妈妈刚刚断片了》

　　观众可以看到,会走路的熊猫幼崽可以在室外的"熊猫幼儿园"尽情奔跑玩耍,熊猫频道的直播镜头可以捕捉到各种难以预测的大熊猫幼崽行为。例如大熊猫幼崽你追我赶的样子、吃饭的样子等,有时还可以观看到它们打架的样子。

　　每年夏天出生的熊猫幼崽会在当年 12 月前后进入幼儿园,为了和当年出生的熊猫幼崽分开,前一年出生的熊猫幼崽会被从幼儿园转移到"幼年熊猫园"。虽然幼年熊猫体格上与成年熊猫相当,但仍是很贪玩的孩子。幼年熊猫站起身子争夺窝窝头的喂食场面也是熊猫基地仅次于幼儿园的有趣的地方。这些有意思的场景都会被熊猫频道的直播镜头捕捉到,并呈现在观众面前。

　　在熊猫频道成都基地办公室的墙上,有一张大熊猫一年四季活动的制作时间表,图表上根据全年各月份大熊猫活动分类,做了一个直播内容一年间拍摄计划说明——

（1）1月到3月期间是熊猫频道最活跃的时期,项目组在进行节目剪辑及素材选取方面的策划侧重于选取大熊猫宝宝相关镜头。

（2）4月到6月期间是成年大熊猫交配季,对于成年大熊猫的拍摄将分为对大熊猫日常行为拍摄以及对大熊猫交配期间的事件式直播过程。对于事件式直播节目,熊猫频道会选取时间,提前向观众预告直播大熊猫交配时间并进行专门直播,同时配以解说及互动。

（3）7月到9月是大熊猫预产期,这一时间段内,熊猫频道在直播过程中主要以日常直播为主。10月到12月是大熊猫生产季,这一时间段内,熊猫频道会进行日常直播与大熊猫生产的事件式直播。

（4）10月到12月是大熊猫宝宝出生的时间段,在这一时间段内,熊猫频道将以大熊猫生产的事件式直播形式辅助日常的直播内容。

2015年,熊猫频道经过积极策划,在熊猫频道主网站和包括Livestream、微博等在内的社交网络平台同步开展,进行了"全球首次熊猫交配直播""熊猫分娩过程直播""长隆熊猫三胞胎周岁庆典""卧龙熊猫2015新生宝宝集体亮相""熊猫华姣野化放归""熊猫巴斯35岁庆典""熊猫直播2016跨年庆典"等多场大型网络视频直播活动及互动,极大提升了熊猫频道的原创能力和媒体影响力。

大熊猫作为中国具有代表性的珍稀宝贵动物,其一举一动都受到海内外网友的关注。2016年1月至7月,熊猫频道针对国内大熊猫交配、繁育以及国际交流活动进行了多场次直播。3月,对大熊猫"园欣""华妮"启程赴韩进行了相关专题报道。详细报道了此次大熊猫赴韩参加科研合作的基本情况,并对启程仪式进行了现场直播,同时与韩国三星爱宝乐园紧密合作,第一时间图文报道了大熊猫到达韩国的实况。除图文和直播报道以外,熊猫频道还提前策划推出了《最美好的时光》原创系列视频点播节目,全方位展现了大熊猫作为中韩两国人民的"爱心使者"所传递的绿色、和平、友谊的重要意义。

截至2016年11月1日,熊猫频道共报道新闻220条,制作发布视频1076条,完成5场大型事件式直播及互动,总计播出约32小时的实况直播节目。

《直播秀场》是熊猫频道对大熊猫最真实的、原生态的呈现,也是对网络新媒体传播特色的最直接的运用。

视频 30　《瞧你内熊样》第四期《成长记之生日趴》

（二）《滚滚视频》

除了对大熊猫进行直播,熊猫频道还会将以往的直播素材进行甄选、加工、改编等二次创作,打造成符合新媒体传播特点的内容,为 OTT 轮播频道、海外社交媒体等平台提供内容充实的视频点播节目,并在新媒体上做重点推介,实现台网联动。《滚滚视频》栏目下的诸多原创点播节目,就是对直播素材进行二次创作的产品。

1. 栏目总体定位

一个人不间歇地观看监视镜 365 天里 24 小时拍摄的所有实时影像是不可能的。为了使观众不错过大熊猫成长的每一个精彩瞬间,也为了更好利用已有的直播素材,熊猫频道特别选取既有精彩片段及一个个大熊猫的小故事,进行二次剪辑,制作成为个性鲜明、趣味十足的原创视频点播节目,包括《精彩一刻》《熊猫看今天》《熊猫物语》《熊猫百科》等。这些原创点播节目中包含对明星大熊猫们的成长记录以及观众漏看的大熊猫各种阶段的"熊猫时间"。

《滚滚视频》提供的诸多原创节目主要通过选取直播节目中的精彩片段，并配以摄制组拍摄内容的相关素材，通过剪辑并辅以拟人化或专业解读的方式，对直播视频进行深度加工，通过讲故事、学知识等方式，通过多语种、多终端平台向全球互联网用户展现真实、可爱的大熊猫及其保护情况，传递和平、友爱、公益的理念，并同时通过直观展示和充分互动让全球观众感受人与自然和谐共处的美丽中国。

视频31　《瞧你内熊样》第二十期《白天我要休息好，因为我晚上要睡觉》

除了丰富的视频内容以外，《滚滚视频》栏目还将建立一个基于熊猫粉丝的用户主动检索系统。只要用户输入大熊猫的名字，就可以检索获得并跟踪关注自己喜爱的大熊猫的所有节目内容。通过鼓励用户的主动关注行为，可以使用户更易实现对个体熊猫的感情移入，关注特定一只熊猫的成长、生活历程，为它们的婚配繁衍而喜悦，在它们的子辈甚至孙辈中发掘一脉相承的个性而找到乐趣。甚至在多年之后，当人工饲养的大熊猫回归自然时，它们的个体经历和家族故事都可以在栏目的记述下完整呈现，届时受众不仅能够看到熊猫放归的实时直播，同时还可以体味每个大熊猫背后的故事。

2. 栏目形态

《滚滚视频》作为原创视频剪辑与制作栏目，主要通过对直播视频素材进行深度加工，结合知识性和趣味性，以趣味性视频节目为主要形态，以科普类视频节目作为《滚滚视频》的特色形态。

其中在趣味性视频节目的制作中，熊猫频道项目组把详细分类后的视频内容抽出故事成分，以拟人化的方式制作成中短篇有连续性的短视频。

点播内容作为熊猫频道直播节目之外的另一重要产品，一直重视能够有效吸引更多熊猫粉丝的高品质优质作品的制作。2016年，熊猫直播专项项目组制作了不同定位、面向不同人群的差异化栏目，包括轻松搞笑的常规节目、系统的科普性节目、熊猫及环保相关的新闻性节目。

视频 32　《精彩一刻：一个蓝筐竟然可以装下两个小胖子》

3. 栏目内容

熊猫频道项目组在对视频节目进行制作的过程中，一方面，从每日直播视频中进行精选和再加工，通过将直播过程中的拟人化直播场景片段进行精彩剪辑，并配以语音、文字、音乐等形式，制作为一段段拟人化的故事，打造成轻松活泼的短视频节目，每日更新；另一方面，以摄制组拍摄为主，辅以直播信号素材，精心策划、设计熊猫百科、人物访谈、精彩一刻、熊猫大事记、熊猫故事、熊猫 MV 等一系列大熊猫主题高清点播节目，每日更新 30 分钟。所有原创点播节目文稿均经三审三校，并请大熊猫相关学术界专家审稿，确保节目的权威性和学术上的严谨。

这些视频节目主要分为集锦、科普、趣味和资讯类原创节目，包括《超萌滚滚秀》《熊猫档案》《当熊不让》《熊猫百科全说》《瞧你内熊样》《熊猫 TOP 榜》《萌团幼儿园》《熊猫频道·原创新闻（高清）》《熊猫那些事儿》《熊猫频道·精彩一刻》《熊猫频道·特别节目》《77 滚滚秀》《熊猫大萌星》《喵呀咪呀》《熊猫频道·我的童年》《熊猫频道·我是熊猫（高清）》《熊猫频道·熊猫物语（高清）》《熊猫你知道吗》《熊猫冷笑话》《熊猫频道·熊猫日记（高清）》《熊勒个猫第一季》《熊猫频道·窝头电台》《熊勒个猫第二季》《早安熊猫》《最美好的时光》《熊猫来了》《熊猫放映室》等节目。

截至 2016 年 10 月 31 日，熊猫频道成都团队共制作 930 条《精彩一刻》、35 期《熊猫那些事儿》、14 期《瞧你内熊样》、5 期《熊猫百科全说》以及 3 期《百问百答》。所制作的视频会生产海内外两个版本在国内外平台同步推送。其中，2016 年 9 月 18 日，微博平台推送《精彩一刻》单条视频，阅读量高达 1462 万；脸书（Facebook）单条视频内容最高阅读量为 7342 万次。视频内容被包括英国广播公司、美国有线电视新闻网、美国广播公司、英国天空新闻电视台、俄罗斯一台、德国之声、半岛英语新闻台、日本富士电视台等在内的 1144 家境外电视频道使用超过 1 万次。

《熊猫百科全说》通过第一人称配音的方式，制作介绍大熊猫历史和生态的短视频，让人们更加了解大熊猫，增强人们的好奇心和自然保护意识。比如《大熊猫为什么是黑白相间的》《大熊猫的便便臭吗》《大熊猫为什么吃竹子》等。

《精彩一刻》把焦点放在精彩内容较多的机位，关注人气较高的大熊猫个体，精选每日直播最吸引人的几个镜头组合一起，配以简单文字描述，不添加剧情，视频效果和质量与直播相同。短篇版每日 2 条，每条 1 分钟。

以《当熊不让》《超萌滚滚秀》等节目为例的短视频，主要用来报道基地发生的新闻、趣事，包括熊猫的成长记录、基地活动等，与大熊猫生活同步，会添加旁白与字幕，策划制作成有剧情的短视频，展现大熊猫可爱的一面，用

视频 33　《熊猫百科全说》第一期《造熊　我们是认真的》

多角度的影像颠覆"熊猫不过是个懒家伙而已"的这种成见。

以《熊猫档案》为例的视频节目，主要是以直播中频繁出现的大熊猫明星为起点，深度挖掘明星大熊猫的成长经历和感人故事，将每只大熊猫最为独特的一面集中展现，以拟人的方式，第一人称发布动态，吸引特定粉丝并吸引用户为自己所喜爱的熊猫明星补充资料和动态。

《滚滚视频》既有网络新媒体的特征，也有传统电视的特征；既有原生态的呈现，又有策划和剪辑，也受到了受众的欢迎。

（三）《熊猫播报》

1. 总体定位

仅仅是网络视频的诠释，并不足以立体呈现大熊猫的魅力，借助传统媒体和新媒体配合的力量才能多方位、更全面地推动熊猫频道的发展。

《熊猫播报》是新闻资讯类的栏目，希望通过对全球大熊猫最新动态，包括国内大熊猫最新动态、大熊猫相关的科研研究、大熊猫出国交流、海外大熊猫回国等最新鲜、最前线的消息，第一时间进行发布，传递最新的与大熊猫相关的信息资讯，在增强大熊猫新闻传播的互动性及时效性的同时，向关注大熊猫的全球用户普及大熊猫及大熊猫保护的相关知识，传递人与自然和谐相处的深层理念。

2. 栏目形态及栏目内容

《熊猫播报》是熊猫频道将与全球各个有大熊猫的动物园和相关机构开展合作的相关情况,以及旅外大熊猫的资料和近况进行全面展示,同时实时更新全球大熊猫资讯动态,建设权威、专业的大熊猫新闻资讯门户。

该栏目希望通过及时发布相关新闻、资讯,介绍我国大力推进生态文明建设、努力建设美丽中国的理念和行动,我国野生动物保护的政策、立场,以及对生物多样性保护做出的贡献。同时,以世界地图的形式汇总全球大熊猫的分布情况,提供每只大熊猫的详细资料和最新资讯,还为大熊猫相关工作者开辟专栏,讲述他们与大熊猫之间不为人知的故事。所有新闻和资料均由专家审定,确保内容的权威性和准确性。此外,熊猫频道以中央电视台资料库中大量与大熊猫相关的纪录片、专题片、专题栏目为主,辅以购买质量高、具有国际声誉的大熊猫相关纪录片网络版权,不定期在网站推出。网站具有一定影响力之后,还会通过各种渠道征集一些质量高、内容精彩的与大熊猫及中国其他野生动物保护相关的纪录片、专题片,集中通过熊猫频道进行展示。

视频 34　《熊猫那些事儿》第三季第四期《成家班正式诞生艺术家》

《熊猫播报》上线后,不断提升原创节目品质,拓展内容来源和渠道,实现突破。全面收集并及时报道国内外大熊猫相关消息,特别关注用户感兴趣的各地大熊猫产仔信息,并主动与台北动物园取得联系,大篇幅报道该园新出生大熊猫"圆仔"的情况,共发布相关新闻、资讯上百条。

（四）《高清趣图》

1. 总体定位

为用户提供高清精彩图片,与熊猫频道直播和点播视频节目,以及新闻播报等内容互为补充,使熊猫频道成为集视频、文字、图片于一身的大熊猫全媒体信息资讯呈现平台。

2. 栏目形态与栏目内容

《熊猫图集》主要精挑一些大熊猫日常的图片,并辅以简单文字介绍,向观众分享一些有关熊猫的资讯。偶尔也放一些关于其他动物的图片,比如2017 年 3 月 21 日,《熊猫图集》就放了一组题为《唐家河:一场大自然的"舞台剧"》的一个摄影师拍的有关黄喉貂、灰头鸲鼠和鹰雕的图集。

《高清趣图》栏目的图片一部分来源于直播中截取的高清趣图,另一部分来自网友,他们或将视频中抓取的趣图进行截屏,美化后提供给熊猫频道,或对一些趣图进行看图说话,编成有意思的拟人化故事上传分享。

"一张图片等于 1000 个文字",新闻摄影也是传统的媒体报道方式,但在今天的传播环境中,依然有着很强的生命力。《高清趣图》中的这些图片内容和《熊猫播报》中的新闻相辅相成,满足用户对于大熊猫资讯的需求,也完善了熊猫频道的整体内容与服务。

（五）熊猫专题

1. 总体定位

熊猫频道在呈现以大熊猫为主的直播视频、图文资讯的过程中,还涉及与大熊猫相关的大事件方面的记录。《熊猫专题》作为熊猫频道的重要组成部分,较之于直播以及单幅图片新闻,其内容更丰富、意义更深刻。如果说《熊猫播报》和《高清趣图》相当于短消息和快速报道,《熊猫专题》就相当于深度和专题报道。

《熊猫专题》将大熊猫大事件完整记录下来,为用户提供全面的信息资讯的同时,也从不同的层面进一步深化大熊猫大事件报道主题。

2. 栏目内容

《熊猫专题》是将围绕着熊猫发生的诸多大事件记录下来,做成专题,既有文字的新闻,也有视频内容。与此同时,也策划专题,打造原创事件式直播节目,如"熊猫野化放归""2016年熊猫直播大盘点""熊猫盼盼去世专题——'盼盼爷爷'走好"等。

报道的内容也是围绕着大熊猫发生的一系列新闻,与《熊猫专题》所不同的是,《熊猫新闻》是最新的有关大熊猫的动态,和《熊猫新鲜事》其实是同一个节目,但是会在熊猫直播页面上呈现。比如刚从美国回来的熊猫"宝宝",就专门有新闻报道最新动态。2017年3月24日当天,该板块以《海归大熊猫"宝宝"快乐入住新家与公众见面》为题进行专题报道,介绍了旅美熊猫"宝宝"回来之后的相关情况,并将旅美大熊猫回国后的状态进行播报,一方面满足了大熊猫粉丝对旅美大熊猫回国后动态的需求,另一方面也丰富了熊猫频道播出的内容。

视频 35 《精彩一刻:不看不知道! 熊猫睡觉竟然这样打呼! 》

二、内容拓展

（一）《直播中国》

熊猫频道先以 24 小时的"熊猫直播"为突破口，随着受众的增加，也在增添各种频道功能和应用，延展到中国景色和文化上来，试图将"直播中国"打造为与"熊猫直播"一样的全球独家"现象级"视听产品。

2014 年 12 月 16 日，在成都召开的第二届中国网络视听大会现场，《直播中国》上线，时任中宣部副部长、国家新闻出版广电总局局长蔡赴朝点击开通，时任国家新闻出版广电总局副局长田进，四川省委常委、常务副省长钟勉，四川省委常委、宣传部部长吴靖平，中国网络视听节目服务协会会长杨波等出席活动。《直播中国》选取金丝猴、朱鹮等其他中国珍稀物种，以及泰山、张家界、青海湖、乌镇等中国最具代表性的世界自然遗产和人文景观直播、云南傣族泼水节等事件性直播，向世界第一时间展现真实的中国。

《直播中国》属于熊猫频道的一级栏目，以中国为主题，直播为核心。《直播中国》已成为目前国内规模最大、画面清晰度最高、合作景区级别最高的风景类直播网站。该栏目现有《实景中国》《全景中国》《飞越中国》《今日中国》《光影中国》《魅力中国》6 个节目。《直播中国》的首页每天都会发布6 张精选照片，滚动播放，每张照片点击进去就是与此相关的专题，专题会配上文字、图片和视频解说。

《实景中国》节目主要是中国各个景区的持续性直播，直播内容分为自然景观、人文景观和珍稀动物。自然景观的直播点有：泰山、黄山、峨眉山、张家界、恒山、黄果树、黄龙、乐山大佛、武夷山、新疆天山天池、龙虎山、丹霞山、哈尼梯田（海南）天涯海角、都江堰、婺源江岭、敦煌月牙泉。人文景观的直播点有：凤凰古城、中央电视塔、东北雪乡、黟县西递宏村、承德避暑山庄、乌镇、嵩山少林寺。珍稀动物选取的是神农架金丝猴和朱鹮。在实景直播旁边，还有用户互动专区，观众可以注册中央电视台账号，边看边聊，随时分享自己的收看心情。每处景点和珍稀动物保护基地都设置了多路直播信号，据统计，截至 2016 年 9 月已上线 31 处 123 路持续性高清直播。这些直播点基本覆盖了中国最具代表性的世界自然遗产和人文景观的各大角落，使用户通过信号切换从多个角度感受不同景观的独特韵味。

《全景中国》分为全景视频和全景图片两部分,全景视频里面是 VR 全景视频,现有 75 个视频,拍摄的都是中国各大景区的美景或者独特的人文景观。使用的全景播放器是一款支持 360 度空间全景视频或者图片播放的播放器。观看者通过与播放器的交互,可以体验到身临其境的视觉效果。全景照片是 15 个系列的高清全景图片,每个系列有 6—9 张,也是全国各地的美丽景观,比如蓬莱阁、山西汾河和河南洛阳牡丹等。如果还看不过瘾,可以点开右侧的《飞越中国 醉美春色》专题,欣赏全国每个地区独特的代表景点,更好地传播中国文化,展现魅力中国。

《飞越中国》分为航拍视频和航拍图集两部分。航拍视频是无人机航拍的视频,现有 87 个航拍高清视频,拍摄的是以全国的特色景色和人文景观为主,比如有贵州绥阳的双河洞奇景、鄂尔多斯国际那达慕大会、湘西十八洞等。航拍图集是航拍全国景点的图片,现有 55 个系列的航拍图册,每个系列都有 5—11 张照片,比如有青海门源油菜花海、丝绸要路甘肃等。

《今日中国》收集的是熊猫频道的事件式直播栏目《今天》,现有 10 个视频,都已成为点播视频,时长不定。这些视频运用的都是最新的互联网移动事件式直播活动模式。直播过程采用高清摄像机与手机相结合的方式,保证直播画面的品质;采用中英文双语主持,在脸书(Facebook)平台和熊猫频道等自有平台同步播出。这些事件式直播包括了乌镇中秋"祭月"活动、汤显祖逝世 400 周年纪念活动等在内的中国传统节日、传统民俗的直播,也包括了《筑梦——港人内地创业记》等反映现代中国人奋斗历史的内容。网页右侧还有专题推荐和图集推荐,可以吸引受众点击更多感兴趣的内容。

《光影中国》放置的是延时摄影的视频,沿用拍摄《实景中国》节目使用的镜头,衍生出延时视频,总共制作了 77 个 ①。网页右侧还有与之相关的航拍视频、延时视频、VR 全景视频、纪录片、航拍图集和高清图集,让喜欢新技术的受众大饱眼福。

《魅力中国》收录的是中央电视台纪录频道的纪录片。主要有纪录片《秘境广西》《大山的精灵》《第三极》《茶叶之路》《大黄山》《天山走廊》《秘密的大佛》《美丽中国》《美丽乡村》《京剧》《海之南》《敦煌伎乐天》《天河》《美丽

---

① 熊猫频道网站:http://livechina.iPanda.com/guangyingzhongguo/index.shtml,检索时间:2017-03-25。

江西》等84个视频。与《光影中国》一样的是,网页右侧也有航拍视频、延时视频、VR全景视频、纪录片、航拍图集和高清图集等链接,不让受众迷失方向。

2016年改版之后,《直播中国》还积极开展媒介事件式互联网移动直播。以《直播中国》现场直播云南西双版纳泼水节为例。泼水节即傣历新年节,是傣族最隆重的节日,已被列入国家级非物质文化遗产名录。2016年4月14日至4月15日,《直播中国》就在现场进行了两场直播活动。这些直播颇具创新特性:一是以手机直播、第一视角拍摄等方式,利用无人机航拍、360°VR全景拍摄等移动互联网技术进行直播报道。直播结束之后将直播过程中拍摄的360°VR视频、Gopro第一视角视频等制作成航拍视频、VR视频、VR图集等作品。二是搭建直播专题进行宣传报道。直播结束后第一时间形成图文报道、视频回放,直播期间共制作图文2篇、图集3个、视频3条,以专题形式呈现。三是在内容上报道民俗活动的同时也进行了大象保护的科普知识传播,直播内容兼具可看性与知识性。四是央视网海外社交平台中央电视台系列账号,在脸书(Facebook)平台以中英双语模式对西双版纳泼水节进行直播推荐,并通过优兔(YouTube)平台进行点播视频内容推荐。熊猫频道积极组织开展主题活动,利用多平台、多种形式进行直点播报道,以直播镜头带领用户体验傣族独特风土人情与节日气氛,使更多海外网友感受并爱上中国的传统节日。

(二)《长城直播》

《长城直播》其实是《直播中国》的重要组成部分。长城是中华民族的象征,是中国的文化符号,是世界文化遗产。长城和熊猫同为中国的文化符号,继熊猫频道后,《直播中国》拟全力打造长城频道。经调查,长城是国外民众对中国关注度最高的元素之一。大多数国外民众来到中国以后,第一个愿望就是去爬长城,他们认为长城不仅是中华民族的象征,更是世界人类文明的象征。"不到长城非好汉"的符号化传播也可以增加他们的个人体验。长城可以作为中国的形象符号代表来进行对外宣传,向世界传播美丽中国、文化中国、历史中国和现代中国。

《长城直播》是以长城为主要载体,以直播、点播、纪录片、图片等节目为主要内容,集网站、社区、社交媒体等多种形式的主题新媒体频道。《长城直播》能够更全面地介绍中国的山川和优秀文化,传播中国声音,讲述中国故事,让世界从了解美丽可爱的大熊猫开始,逐步感知更多真实、美丽的中国,进而促进"中国梦"的全球传播。

《长城直播》于2014年底正式上线。栏目主要是以长城的实景直播为主,配上精彩视频、长城故事以及与长城相关的新闻。实景直播选取的是八达岭、嘉峪关、山海关老龙头和水长城四处代表长城形象的著名景点。

精彩视频板块主要呈现了关于长城的纪录片或航拍视频。这一部分有的是特意收集的视频,还有的采用的是频道其他栏目拍摄的与此相关的视频,如《航拍河北 承德春色》是取材于专题《飞越中国 醉美春色》。

《长城故事》板块讲述了《两个威廉的长城》的故事。这是熊猫频道为了围绕长城背后的文化和历史价值,特地邀请著名的国际长城专家威廉·林赛再次重走长城,制作完成的精品纪录片。通过跨越百年的两个威廉对长城的探险和研究,演绎出长城作为中国象征之一所经历的历史变迁。

2017年6月18日,熊猫频道对《长城直播》栏目做出调整,不再将其列为一级栏目,而是融入《直播中国》的《实景中国》当中。

(三)《熊猫文化》

《熊猫文化》是熊猫频道整合央视网旅游频道、书画频道优质资源集中打造的节目群,以突出熊猫频道传播中国优秀文化、打造特色中国频道的主旨。它以图文图集、微视频、H5等多种表现形式,通过PC端、移动客户端以及海外社交平台集中展示中国传统节日、二十四节气、中国艺术、中国旅游、中国美食等内容,通过对中国名胜、风物、物质遗产和非物质文化遗产等内容的推荐,集中展示中国优秀历史文化和当代风貌。

2016年8月3日,熊猫频道上线发布一级栏目《熊猫文化》,主要分为《艺术中国》《品味中国》《美丽中国》《中国节日 & 节气》4个节目。

目前《熊猫文化》不再作为熊猫频道一级栏目出现,相关内容融入《直播中国》栏目当中。

(四)《熊猫观察》

在设置之初,《熊猫观察》主要以央视网原创图文评论和直接转载中文国际频道视频节目为主,在文章选取上结合国际国内时事热点,表达中国观点。由于主要以转载为主,因此在节目内容的原创性上有所欠缺。

视频 36　《熊猫那些事儿》第三季第八期《首届斧头山运动会开赛啦》

　　2016 年,《熊猫观察》地位得以提高,熊猫频道将其纳为一级栏目,分为《全球热点》《时事评论》《文化资讯》3 个节目,并有意将《熊猫观察》(*Panview*)打造成为央视网第一个国际传播的原创评论栏目。2016 年上半年,《熊猫观察》先后策划制作推出《海外看两会》(中英双语)《南海问题观察》《不一样的中共》《论道 G20》等评论专题。其中《论道 G20》专题立足国际视野,从外国人视角点评 G20 杭州峰会,介绍中国方案,多篇中文原创评论被国内中央媒体和主流商业网站转载,包括中国网、国际在线、环球网、中国西藏网、中青在线、凤凰网、中经网、搜狐网、网易等。截至2016 年 9 月,已经发布原创中英文评论 1400 余篇,其中超过 100 篇被中央网信办采纳并推荐到全国重点新闻网站转发,另有多篇英文评论获境外媒体转载。

第五节　频道特点

　　经过 4 年多的发展,熊猫频道作为一个视听新媒体的传播平台,逐步形成了自己的传播特色。概而言之,主要体现在定位、传播内容、传播方式、内容推广和效果影响等方面,形成全产业链的媒介融合与新媒体化。

一、明确定位,立足直播

随着网络新媒体的爆发式发展,当前传统媒体受众,特别是电视观众与网民快速呈现出"分化"态势,网民上网行为一定程度上挤兑了电视收视时间。2014年世界网民数首次超过了30亿人,全球互联网普及率达到40%。而且互联网用户还在高速发展之中,最近3年内,到2017年又增加了近7亿人,网络普及率接近50%。在这样的环境中,需要新的传播形式和传播内容的创新。

央视网熊猫频道,有效发挥自身原有的综合性大台的国际优势,通过品牌树立、新闻传播、海内外市场整合,结合新媒体技术和平台优势的特色,以联结全球熊猫爱好者和中华文化建设者为途径,以展示中央电视台新的国际舆论影响力为使命,使电视与网络产生互联,电视受众与网民产生互动,实现了媒体内涵、技术的整体性的创新,并采用特有的中国符号——大熊猫作为CI视觉识别,在其所表达的文化内涵中强化了中国的精神要素、语言和象征符号,使自身以形象、简约、极具中国特色的方式从形式多样的传播平台中突显出来,实现了全媒体时代新闻传播和舆论引导的新形式。

熊猫频道作为央视网创新理念、倾力打造的、通过新媒体手段诠释我国"熊猫外交"的国际化新媒体产品,定位清晰准确。熊猫频道是国际首个以24小时大熊猫直播、点播为主要特色,多语种的最具权威性、规模最大的以大熊猫为主题的新媒体集群。频道以大熊猫为主题,以传递和平、展现关爱为基点,以多终端、多语种为媒介,以24小时高清直播和大熊猫实名社交互动功能为特色,向全球互联网用户传播真实的、和平崛起的大熊猫形象,进而展现中国形象。

熊猫频道主要通过在全世界最大的熊猫繁育科研场所——成都大熊猫繁育研究基地内不同区域架设摄像头,向用户提供大熊猫日常起居、繁育、娱乐等情况的全天候近距离视频直播、点播,并通过网络社区、社交媒体、移动终端等,实现多语种的新媒体传播,让全世界喜欢大熊猫的人们仅仅轻点鼠标或打开手机、iPad等移动终端,就能身临其境地看到可爱的大熊猫并与其实现互动。

熊猫频道以视频直播、点播为主要表现形式,结合纪录片、专题片、档案影片、演播室、图文、微博、社区、台网联动等多种形式,全方位、立体地、实时地展现大熊猫的方方面面,将大熊猫这个在全球范围内喜闻乐见的公众形象,打造成央视网走向国际的新品牌。

自成立之初,熊猫频道就本着"平等、互利、公益、环保"的理念,注重社会效果和对外宣传效应,遵循"风险共担,利益共享"的原则,希望利用大熊猫的中国本土资源优势,通过搭建以中国本土大熊猫为主的新闻资讯传播平台,宣传中国大熊猫生物多样性和生态环境保护,并借助新媒体的广泛应用,辅以全球大熊猫的相关信息,从而打造全球大熊猫信息与资讯平台,为海内外观众献上精彩的视觉盛宴,积极促进中外人民间的沟通与交流。

熊猫频道以直播中频繁出现的大熊猫明星为起点,深度挖掘明星熊猫的成长经历和感人故事,将每只大熊猫最为独特的一面集中展现,树立明星的形象,呼吁人们关注大熊猫的现状和未来。在社区为每只明星大熊猫建立单独的账号,以拟人的方式,第一人称发布动态,吸引特定粉丝。定期发布以大熊猫特点为主题的投票,由用户选择自己最喜爱的大熊猫,并吸引用户为自己所喜爱的大熊猫明星补充资料和动态内容。

在技术上,熊猫频道试图"以最酷的技术展现最美的中国"。首先,通

视频 37　《熊勒个猫》第一季第一期《静止吧!世界!》

过28路高清摄像头面向全球互联网用户提供全天候、多终端的涉及大熊猫内容的直播服务,多机位向全球互联网用户提供大熊猫日常起居、繁育、娱乐等情况的全天候、近距离视频直播,展现真实、可爱的大熊猫及其保护情况。其次,熊猫频道通过图文、视频的方式,积极推广频道独家视频资料,持续运用网络联盟等平台进行推介,实现多平台多媒体融合合作,最终实现以大熊猫为原点,以熊猫频道发展模式为方向,不断扩展传播内容,在传播中国珍稀野生动物、中国山水和旅游、中国历史文物和中国文化风俗等极具中国特色和吸引力的内容方面,开辟了更加广阔的传播空间,让世界亲近美丽可爱的大熊猫,同时进一步感知真实美丽又可爱的中国。

在平台构建上,与成都大熊猫繁育研究基地合作,以国宝大熊猫为主要视频资源,以互动直播、点播、纪录片、图片等节目为特色内容,成为集网站、社区、社交媒体等多种传播手段的主题新媒体集群,包含中英双语,以全球唯一的大熊猫主题社区网络频道为载体,肩负了发展中央电视台在新媒体领域国际形象的历史使命。

央视网熊猫频道一上线就产生了强大的新闻效应。2013年7月29日,在试播期间直播页的访问量超过17万人次,上万名网友在熊猫频道同时观看直播,有网友甚至盯着摸爬滚打的大熊猫看了一天。视频直播中,成都大熊猫的一举一动牵动着网友们的心:"他们要去哪?""为什么趴着睡,会不会对心脏不好?""躺着吃竹子,会不会影响消化?"等评论如雪片般飞来,当日累计网络留言超过2万条。当前,熊猫频道通过协调央视网与新浪、腾讯微博账号转发频道相关信息,加大微博、微信推广力度,实现与受众的实时互动以及观众之间的社交沟通,该频道为CNN《华尔街日报》《印度时报》等境外主流媒体所热评。

熊猫频道以24小时直播为原点,紧跟媒体融合的趋势,不断拓展频道内容与服务,深耕粉丝群建设以及价值传播,以熊猫为媒介实现跨文化传播,从技术上达成呈现真实而美丽的中国这一国际传播目的。

二、内容制作:注重独创与二次传播

大熊猫是中国的国宝,它们具有憨态可掬的外表和与生俱来的亲和力,多次出国担任友谊使者,成为中国和世界人民发展友好外交关系的纽带,可以说大熊猫是代表中国形象的重要名片。经过央视网前期调研,发现互联网上至今还没有一个专业、权威和内容丰富的大熊猫主题门户网站,更没有一个整合大熊猫主题视频的窗口。正是瞄准这一契机,央视网创新传播思路,建设了一个多语种、全球化、多终端的熊猫频道,以打造一个高品质、全媒体的对外传播新品牌。

首先,熊猫频道的内容优势在于其独创性。熊猫频道的直播产品与以往的网络24小时直播最大的不同,在于其融入了人性化的视角。熊猫频道在成都专门打造了10多人的团队,24小时控制摄像头进行拍摄,进行实时直播解说,与网友互动。这种将传统电视直播和网络直播相结合的产品形式,既遵循了电视直播规律,运用了符合观众心理的镜头语言,又将网络直播无限制的信道、互动优势发挥得淋漓尽致,这种独创的直播节目实实在在带来了全新的观赏体验,成为熊猫频道最受欢迎的内容产品。

其次,熊猫频道内容的特色还在于其二次传播。熊猫频道不仅提供原创精品的新媒体内容,还利用"熊猫直播"的相关内容资源,打造了一个大熊猫领域的内容驱动型垂直平台。熊猫频道着重策划与大熊猫相关的符合新时代网络传播特性的节目,并通过策划及制作熊猫粉丝圈,以视频、图文、小

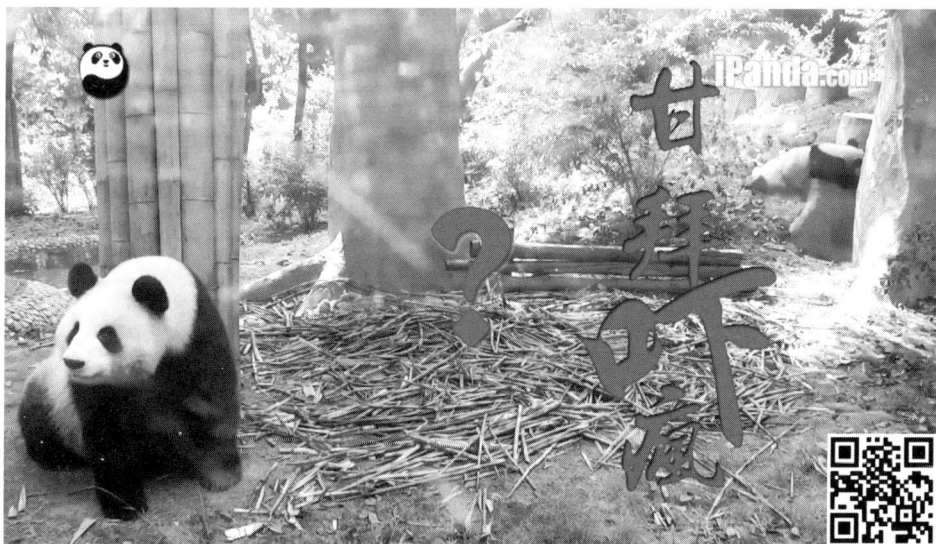

视频38 《熊勒个猫》第一季第八期《甘拜吓疯》

游戏等方式,吸引粉丝互动。此外,他们还积极整合优质电视等视频内容,进行二次传播。

熊猫频道迎合时代趋势,大力发展微视频制作,是以其"短、快、精、随时随地"的特点,便于在网络、社交平台快速传播和二次传播,使之成为中国在海外传播的一张名片。熊猫频道对直播视频素材进行深度加工,通过讲故事、学知识等方式,推出了优质有趣的原创视频点播栏目,包括精彩短视频回看栏目《精彩一刻》、每日导视《熊猫看今天》、熊猫搞笑拟人栏目《熊猫物语》、熊猫知识普及栏目《熊猫百科》和熊猫幽默集锦栏目《熊勒个猫》等;在访谈类栏目《熊猫人物志》中,发布对夏勒等大熊猫研究和保护领域专家学者的人物专访。截至 2017 年共计发布中英文点播视频超过 1500 条,海内外传播效果显著。

上线以来,熊猫频道还制作了不少事件式直播节目,包括《大熊猫野化放归之路》《造熊季》《辞旧迎新年终盘点》等。比如,2013 年 11 月的《大熊猫野化放归之路》专题,熊猫频道提前一个月开始策划筹备,全程直播大熊猫"张想"进行野化放归的活动,第一时间传回现场图片视频,获得广泛好评,树立了频道的专业形象。

除直播外,熊猫频道自上线以来,发布官方资讯 500 余条,除及时报道国内外大熊猫受孕、产仔的消息外,还对引起热议的大熊猫不实新闻进行辟谣,对网友关心的问题进行解答。熊猫频道与全球一些有熊猫的动物园和相关机构开展合作,全面展示旅外大熊猫的详细资料,实时更新全球大熊猫动态资讯,建设权威、专业的大熊猫新闻资讯门户。

不仅如此,熊猫频道非常注重进行不同领域的跨界传播,尤其是与中央电视台的台网互动和台网融合。一方面,将自身优秀的节目进行编辑、加工,投放到电视媒体当中进行传播;另一方面,在网络新媒体平台上播出传统电视的节目,这种双向传播的效果非常明显。

在向传统电视提供节目方面,如旅美熊猫回国、大熊猫栖息地科考、大熊猫"张想"野化放归等新闻事件中,熊猫频道与中央电视台新闻中心紧密合作报道,线上线下都取得了非常好的效果。还有,熊猫频道联合中央电视台财经频道《第一时间》栏目在 2015 年国庆黄金周期间推出的《中国景观》板块,播出了《直播中国》实时景观视频和延时摄影视频共 33 部,引起了强烈反响。目前新版《第一时间》栏目中已加入《直播中国》90秒延时视频作为每日固定节目。与《第一时间》的成功合作使央视网熊猫频道的原创节目成功反哺电视台,在台网融合过程中做出了新意。这样,不仅有效整合了熊猫频道制作拍摄的节目,中央电视台等精品电视内容也会被运用到《熊猫观察》《熊猫文化》等栏目当中。

不仅熊猫频道的节目可以在电视上播出,电视节目也可以在新媒体上播出。《熊猫观察》也会转载中央电视台中文国际频道视频节目,如《今日关注》《中国新闻》等,梳理中央电视台评论性栏目和新闻节目中评论环节的内容,摘编精彩评论和专家言论,在栏目中进行二次传播;《直播中国》的《魅力中国》收录的是中央电视台纪录频道的纪录片;《熊猫文化》与中央电视台中文国际频道《传奇中国节》栏目开展深入融合,熊猫频道PC端和App客户端直播他们的传统节日、特别节目等。

除了对中央电视台中文国际和各外语频道等海量视频节目进行甄选、加工、改编等二次创作,打造成符合新媒体传播特点的内容,熊猫频道还实现了对优质的中央电视台节目进行译制,为OTT轮播频道、海外社交媒体等平台提供内容充实的视频点播节目,并在新媒体上重点推介,实现台网联动。

三、用户至上:多维推广,深化品牌效应

作为面向海内外受众的国际新媒体平台,熊猫频道定位为大熊猫主题的互联网平台,本身既是内容生产者,又是分发渠道。而从熊猫频道自身特点和受众群体来看,目前频道用户的垂直属性特别明显,已经吸引了国内最资深的熊猫迷和铁杆粉丝,这部分用户黏着程度高,甚至可以贡献质量不错的UGC。在这样的情况下,熊猫频道根据频道核心用户黏着性强、反馈积极的特点,一方面围绕核心用户需求和特点打造"熊猫粉丝"社区生态,另一方面尽可能与公众社交媒体平台结合,发动核心用户协助传播。因此,熊猫频道在推广过程中,除了充分调动用户积极性,用服务留住核心用户,用功能吸引新用户,利用核心用户在社交媒体的辐射吸引更多流量,还注重在传播中加入关注动物保护及环保公益的内容,从而再调动动物爱好者以及环保公益拥护者的关注,从而逐步扩大熊猫频道外延。

　　从内容来源上来讲,熊猫频道除了以成都大熊猫繁育研究基地为直播节目和原创点播节目的主要素材来源外,积极与更多内容提供方(中国保护大熊猫研究中心、长隆野生动物园、杭州动物园等)进行有效合作,扩展内容渠道。同时,熊猫频道还积极采取各种方式激发网友兴趣,增加 UGC 占比,调整内容产出方式,从而通过突出粉丝社群,进一步拓展熊猫频道的外延。

　　在节目质量上,熊猫频道从初创并发展至今,先后经历一系列改版升级,力图优化节目内容制作的设计、实施等各个环节,确保为用户提供满意的内容服务。其中以点播节目制作为例,熊猫频道一方面以实地拍摄为主,围绕重大活动主题进行专题策划,拓宽节目种类和样式,增加灵活性;另一方面针对不同渠道(电视、网站、社区、IPTV、社交媒体)的需求定制后期制作质量高、有重复使用可能性的节目。精彩直播片段的播出平台方面,熊猫频道将精彩视频片段投放到网站本身及社交媒体两个平台进行播出。由于客观原因,目前社交媒体主要重心放在国内的新浪微博和国外的脸书(Facebook)运营上。

　　熊猫频道通过积极对外合作增加内容来源,不断对平台优化,实现节目质量提升,以自身内容生产为原点,保证了日常内容运营,满足了粉丝群体的需求,为熊猫频道的进一步推广奠定了基础。

　　除了上述的日常运营推广手段,熊猫频道还主动运用事件营销手段对平台进行推广。策划开展"我们诞生在中国""你心中最萌的那只滚滚""我和熊猫有个约会"以及"看图说话"等一系列有奖投票线上线下活动,以增强熊猫频道品牌影响力;其中在海外社交平台策划"熊猫走世界·美丽中国"海外粉丝招募活动,就是事件营销与粉丝互动营销的一个典型案例。"熊猫走世界·美丽中国"全球活动是由中国国家旅游局主办、四川省旅游发展委员会承办、成都文旅旅游营销管理有限公司协办及落地执行的大型宣传推广活动。此活动通过开展熊猫艺术展、熊猫快闪、旅游推介会及川菜品鉴会等线下落地活动,结合线上新媒体平台互动,征集熊猫粉丝、社交媒体达人、知名旅行商等来四川探访熊猫故里等活动形式,介绍国宝大熊猫,展示中国特色,传播中国魅力。2016 年 10 月,团队在海外社交平台征集海外粉丝作品以及开展投票活动,赢得网友热烈响应,到 2016 年 10 月底,很快就完成了香港、台湾地区名额征集,活动进行得有声有色。

以适应受众需求的内容为基础的线上运营,保证了熊猫频道的品牌影响力,为熊猫频道的口碑传播奠定了基础,而丰富的事件营销手段和跨越全球的线下推广活动,大大增强了熊猫频道的知名度。线上线下互补推广模式,从而总体上增强了熊猫频道的品牌效应。

四、立体传播:注重用户的交互体验

在当前复杂激烈的国际信息竞争中,中国故事能不能讲好、中国声音能不能传播好,关键要看受众是否愿意听、听得懂、听得进,能否形成良性互动,产生更多共鸣,而互动和交互体验也是网络新媒体的重要特色,能否用好则是网络新媒体产品能否成功的关键。

（一）社交平台特点

熊猫频道融合时下炙手可热的社交元素,以搭建全球大熊猫粉丝社群为目标,面向海内外受众,深度开发社交功能,充分挖掘社交平台潜力,使传播更加立体、更接地气。其主要特点如下:

一是对明星大熊猫的趣味日常在社交媒体进行拟人化传播,并通过社交媒体积极与用户互动,增强用户体验趣味性;同时,利用熊猫明星粉丝圈、用户群组等功能,促进用户间的实时互动。

二是鼓励用户以熊猫频道所有节目为基础,以加配音、加字幕、拼贴剪切等多种方式进行再创作,策划有奖转发、直播图片秀评比、壁纸征集等线上活动,将用户上传的优秀节目在网站、社区重要位置进行展示。同时,与环保、公益组织“熊猫会”合作,在大熊猫基地开展线下活动。

三是在各个终端通过宣传引导、组织活动等方式,充分调动用户积极性,鼓励用户上传分享自己拍摄制作的、与熊猫相关的视频、图片和文字,并以轻博客的样式进行呈现,还可以参与群组讨论,发起投票和活动,并通过关注其他账号发现精彩内容。

四是注重受众的参与和反馈。熊猫频道积极听取海内外网友反馈意见,围绕用户关注的直播互动、社区交互等功能进行重点调研,力争更加精准地定位传播产品和传播对象,提供符合国外受众需求的产品和服务,形成中国声音的本土化表达。规划好具体办法和具体项目,进行专项研发,不断完善用户交互体验。一方面,熊猫频道的核心产品 iPanda.com 网站定位为一个以

社区为底层、具备较完备的社交功能的网站。官方资讯、视频节目的发布也都底层化,使用专门的用户账号进行发布,缩小与用户的心理距离。另一方面,在熊猫频道还没有正式发布时,就已经在新浪微博、腾讯微博、人人网、脸书（Facebook）、推特（Twitter）、优兔（YouTube）等主流社交网站上建立官方账号或专属页面,同步发布精彩内容,与粉丝互动。从频道构架的角度,这些社交媒体上的账号或专属页面和频道官方网站、社区一样,是熊猫频道新媒体产品矩阵中不可或缺的一部分。这种突出社交的特点甚至渗透到节目制作环节。比如熊猫频道根据不同社交网站的特点,对原创点播节目进行定制化包装,让节目能够在各个社交媒体更好地进行传播;在特定的时候,还会根据社交平台的特点专门制作节目,以 UGC 的形式在网站和社区进行同步发布,配合社交媒体的推广;也会根据社交媒体的特点精心设计官方网站和社区活动,形成联动,尽可能打通官方网站、社区和社交媒体之间的壁垒,最大化提升频道整体影响力。除了在新媒体形态上丰富产品性,突出社交媒体的作用之外,熊猫频道还在终端领域充分拓展,进行围绕单一产品打造全终端体系方面的新尝试。

　　频道还组织受众参与内容制作,如以大熊猫为主题,熊猫频道在社区策

视频 39 《精彩一刻:灰少拒绝拍照,居然做出这种事》

划了"熊猫七十二变""熊猫四格漫画"等线上活动,得到3000余名网友的积极响应;精品活动"直播图秀"深受网友喜爱,推出1个月内就吸引了用户2500余名参与,上传主帖500多篇,评论数达700余条。此外,频道还有针对性地策划了"我和新生大熊猫一天生日""熊猫过中秋""我为熊猫做月饼"等一系列线上线下活动。

五是为加强频道海外传播影响力,英文版目前由北美地区的制作团队进行内容运营,以脸书(Facebook)为代表的社交媒体平台上所呈现的拥有本地化特色的视频节目与精彩活动,吸引了大量海外用户积极体验并参与。

(二)量身打造社交平台

为全方位加强网站性能建设,进一步提升用户体验,熊猫频道在正式发布后尽力倾听网友声音,围绕用户非常感兴趣的直播互动、社区交互等功能进行重点调研,在页面建设、功能设计、完善平台等方面进行专项研发。不仅在技术上确保了24小时高清线路直播平台的正常运行,提升节目容量和清晰度,并对客户端进行了升级。而且,在直播页新增加了直播解说功能,根据精选高清画面进行实时讲解并解答网友提问,通过边看边聊、社交媒体同步等功能大大丰富了直播的互动性。与此同时,频道紧跟全球互联网发展的最新趋势,始终将社交和互动功能放在最重要的位置,建立社区官方账号,以日志的形式推送优质节目和资讯,缩小了与用户的心理距离。同时积极进行网站界面优化,从功能上增强直播与社区互动之间的联系,满足用户在轻松地观看直播的同时还能相互交流的双重需求,真正为全球喜爱大熊猫、关注中国、热心公益的网民量身打造一个符合他们内心需求的社交平台。

(三)提升交互体验效果

在尊重用户、维护受众方面,熊猫频道可谓是不遗余力。

首先,是在iPanda的社交媒体建设层面做出努力。为更好地扩大熊猫频道影响,吸引用户,熊猫频道项目除主题网站和社区外,还在脸书(Facebook)、优兔(YouTube)、新浪微博和腾讯微博等一系列国内外主要社交媒体打造iPanda社交媒体群,根据不同平台的特点,在熊猫频道网站上精选有针对性的内容,合力传播。在脸书上开设多语种的熊猫频道专属页面,嵌入最精彩的一路高清直播,同时开设了《熊猫新闻》《熊猫趣图》《熊猫视

频《熊猫产品》和《熊猫教你学汉语》等栏目,每日更新发布适合境外受众
的大熊猫相关资讯和点播节目。在新浪微博、腾讯微博、央视网微博上开设
熊猫频道官方微博账号,每日发布熊猫早安、熊猫新闻、熊猫趣图、熊猫视频、
熊猫百科、熊猫 Gif 动图等内容,并积极参与网友互动。在微信平台上,开通
了熊猫频道官方微信账号,每日为粉丝推送一辑大熊猫多媒体新闻,并在新
浪微博有奖转发活动期间积极与粉丝互动。在优兔上开设熊猫频道专属页
面,每日上传熊猫直播频道精彩剪辑视频,并针对境外用户精选原创点播视
频,将其打造成为优兔上最具特色和吸引力的熊猫视频频道。

视频 40　《精彩一刻:不是姑娘要富养嘛?》

　　其次,是移动客户端建设层面的投入。为结合节目内容特色和移动体验
的特点,熊猫频道有针对性地在 iOS、安卓和 Windows 8 平台上开发 iPanda
移动客户端,提升频道用户的移动互联网体验。iPanda 熊猫频道客户端本着
功能简单、使用方便的宗旨,呈现内容与熊猫频道网站完全一致,为用户们提
供了更加便携全面的服务。

　　网络技术的充分运用,也是维持用户黏度、完善与用户关系的重要环节。
目前,熊猫频道的官方客户端已经在苹果应用商店和安卓市场上架,用户安
装后无论何时何地,只需轻轻点击一下,就可以随时收看熊猫直播和其他精

彩内容。而进一步的终端拓展正在实施过程中,熊猫频道将把内容进行更加精细化的再包装,分发到移动终端、电脑终端和电视终端,并通过综合多媒体平台、移动互联网客户端平台、IPTV 平台、手机电视平台、互联网电视平台,以及车载、户外等公共视听平台,让熊猫频道的精彩内容真正做到随身同行,随时随处可见、可参与。

央视网贯彻一个理念,就是由用户串联的内容、平台、终端,形成一个有机的整体,才有可能成为王者。以用户为中心实现全产业链的整合,是网络新媒体的重要特点。熊猫频道的规划和建设,充分贯彻了由用户串联内容、平台和终端的创新理念,各个平台和终端发挥集群优势,合力传播,体现了传播架构上的创新特点。

五、受众粉丝化与粉丝全球化

社群运营是熊猫频道的发展理念,而粉丝全球化是这种理念所带来的直接成果。

自熊猫频道建成之日起就吸引了无数观众,而且观众不仅仅局限于国内,还有很多来自国外,粉丝全球化也是熊猫频道的特点之一。熊猫频道上线以来,在全球范围内掀起了一股"熊猫风",受到各大媒体广泛关注与熊猫粉丝的热烈追捧。

这与熊猫频道的媒体定位有直接关系。熊猫频道在发展过程中,逐渐将自身定位为国家对外传播的重要平台。同时互联网媒体的开放特点也使全球受众可以零门槛进入收看。截至 2016 年底,熊猫频道多终端多平台累计总浏览量超过 23 亿人次,熊猫频道海外社交账号粉丝数超过 800 万。至今发布的原创视频,被英国广播公司(BBC)、美国有线电视新闻网(CNN)等在内的 1144 家境外电视频道使用超过 1 万次,最热门的一条视频点击数超过 7000 万次。海外网友 Laura Nicholson 在脸书(Facebook)留言中提道:"很遗憾我们在中国的时候没亲眼看到熊猫,不过现在通过直播镜头看熊猫真是太棒了。"另一位海外粉丝 Daniel Perrier 则在熊猫频道的直播页评论说:"我们喜欢这个网站,它每天都给我们带来快乐。"2016 年 4 月,熊猫频道的海外社交平台系列账号相继发布两个熊猫主题类视频《姚蔓给宝宝洗澡》和《熊猫宝宝与妈妈的幸福时光》,引发全球收看高潮,在脸书提供的当

这可是和奇一同款的情侣毛呀

视频 41 《熊猫那些事儿》第三季第十三期《听说,不到一岁的孩子早恋了》

月海外社交账号官方数据中远超其他国内官方媒体,获得最广的传播和超高的互动效果。两个视频在熊猫频道多语种全球页上共吸引了超过 1.37 亿浏览量和接近 7544 万独立浏览用户,并有接近 190 万用户为视频点赞、评论和进行转发,视频的观看量超过了 2355 万次,形成了经典的病毒式传播案例,并且直接为账号带来近 24 万的粉丝量。

第二章

熊猫频道传播特色

通过上一章对熊猫频道的发展历程及其传播内容架构和频道特点的分析,基本解决了"熊猫频道是什么"的问题。在本章中,我们将对熊猫频道的整体传播特色展开探讨,更细致地了解熊猫频道的全貌。通过本章的研究,我们希望从更宏观的角度,从熊猫频道的传播技术应用、内容的分类及其特点、内容的最新呈现方式以及产品推广四个方面,进一步分析熊猫频道的整体传播特色。

第一节　技术特色

美国传播学者拉斯韦尔曾于 1948 年在其著作《传播在社会中的结构与功能》中提出了著名的人类社会传播的"5W 模式",指出一般的社会传播过程都涉及五个要素:谁(who)——说了什么(says what)——通过什么渠道(through what channel)——对谁(to whom)——产生了什么效果(with what effect)。该模式简洁明确地指明传播过程是一个涉及传播者、信息内容、传播介质(媒介)、受众和传播效果的过程。也就是说,信息通过媒介从传播者传到受众那里,并产生一定的效果。这个模式简洁明快、逻辑清晰,所以被广泛应用,但是这个模式也是存在问题的。抛开这个模式忽略了反馈和复杂传播环境等缺陷不说,它还忽略了一个影响整个传播过程的重要因素,那就是信息传播的技术因素。

信息传播技术是指将加工处理后的信息主动或被动地向用户传递的技

术,它的主要功能是实现信息快速、可靠、安全的转移。人类传播活动的发展过程始终伴随着信息传播技术的发展,每一次重要的传播技术革新都会带来传播方式的变革。如印刷技术进步促成了报纸的产生,无线信号传输与图像生成技术催生了广播和电视。传播技术的迅速发展、传播手段的不断更新,尤其是如今快速发展的网络传播技术,使信息在全球范围内流动的水平日新月异。

视频 42 《精彩一刻:超龄宝宝的玩具之旅》

　　加拿大学者麦克卢汉的著名观点"媒介即讯息"指出,媒介和技术的发展会对社会的生产方式、生活方式,甚至是人们的思维方式和需求方式产生影响。随着网络传播技术和网络新媒体的爆发式发展,截至 2017 年 3 月底,全球互联网用户数量已达 37.32 亿,约占世界人口总数的 49.6%[①]。网络技术传播信息的快速高效和海量信息的无限传送,使得受众的注意力和时间逐渐被分割。新媒体应用不断推陈出新,据统计,当前超过两亿用户的新媒体应用已有十几项之多,如即时通信、搜索引擎、网络视频、微博、微信、网络购物等,造就了独具特色的新媒体传播生态。这种背景下,如何找到最

---

①　检索自互联网世界统计资料:http://www.internetworldstats.com/stats3.htm,检索时间:2017-05-02。

优的传播形式,如何成功地吸引受众,成为值得思考的问题。

中央电视台作为传统的电视媒体,努力探索电视与网络视频协作的方式,整合收视资源,找到了传媒资源传播效果有效放大的新途径。央视网作为中央电视台和国家网络电视台的传播平台,通过熊猫频道的节目生产平台,充分体现了电视直播与网络新媒体技术相结合后产生的创新优势。从传播技术的角度来讲,实现了以下四个视频传播技术形式的变革。

一、播放平台的变革

我国自 1994 年接入国际互联网后,在国家战略的支持下,网络新媒体发展极为迅猛。截至 2017 年 3 月底,我国网民规模达 7.31 亿,普及率达到 52.7%[①]。截至 2016 年 12 月,我国手机网民规模达 6.95 亿,增长率连续 3 年超过 10%[②],成为全球网络新媒体用户第一大国。这种情况下,网民上网行为在一定程度上挤占了电视收视时间,电视观众与网民快速呈现出"分化"态势。面对这样的形势,熊猫频道选择的播放平台打破了以往的限制,将电视直播与互联网技术相结合,并融合二者的优势,一定程度上缓解了这种"分化"趋势。

熊猫频道的节目生产和播放平台充分融合并体现了电视直播与网络新媒体技术相结合后产生的创新优势。以往电视直播节目的特点主要是经过编排和导播的画面,精彩程度高、画质好,但是由于讯道和成本的限制,在播出渠道和时间上受到很大制约,互动方面的体验也有所欠缺。网络直播的特点是在播出时间、空间上限制少,互动性强,但节目缺少编排和再制作,精彩程度和清晰度不够好。熊猫频道的直播节目生产平台从规划到实施,始终致力于将二者的优势结合起来,以实现播放平台的变革。

一方面,相比于以往的电视播放平台,熊猫频道打破了电视直播单讯道、无法回看的限制,能够进行真正的 24 小时不间断多路直播。目前,所有直播信号都是 24 小时不间断提供的,不管什么时候,只要进入熊猫频道,都可以

---

① 检索自互联网世界统计资料,http://www.internetworldstats.com/stats3.htm,检索时间:2017-05-02。

② 检索自中国互联网信息中心,2017-01-22,http://www.cnnic.net.cn/hlwfzyj/hlwxzbg/hlwtjbg/201701/t20170122_66437.htm,检索时间:2017-05-02。

通过各种屏幕和大熊猫"亲密接触"。这种 24 小时不间断直播的方式不仅仅是直播时间的延长，还大大改变了用户对实况直播的习惯性认识。现场直播也可以变成这样节奏缓慢的、不间断的、常态的直播。很多媒体和用户都觉得这种 24 小时直播的节目非常新颖，认为这不仅仅是一档直播节目，而是"熊猫真人秀"。在讯道上，熊猫频道为所有用户开放了 5 个园区，一共 11 路的直播节目，用户可以自行选择。同时，所有直播讯道都提供 1 小时内的回看，这就大大拓展了直播在时间和空间维度的限制，让用户收视自由度大大提升，收视体验实现了质的提升。

另一方面，熊猫频道克服了以往网络直播的缺陷。以往个别动物园和科研机构也在其官方网站上尝试过 24 小时大熊猫直播，但画质较差，摄像头数量少且机位基本不动，画面呆板，很难吸引用户持久的关注。大熊猫是受全世界人们喜爱的动物，各种天生的"萌态"让人忍俊不禁。以往的这些网络直播如果无法保证尽显大熊猫各种可爱的萌态，无法保证生动活泼的效果，就不容易吸引观众，更难以保证观众的数量和收看黏性。熊猫频道充分体现了对这种情况的变革，在搭建平台时，吸收了传统电视直播的很多理念来提升节目精彩度。比如在摄像设备的选择上，全部采用带遥控云台和变焦功能的高清摄像机，这样从技术上尽可能保证能通过人工干预，拍摄到熊猫高清的特写画面，提升收视体验。摄像机的安装也经过了仔细考究，工作人员深入园区，数次修改施工图，最终选择出拍摄的最佳角度和位置。此外，还专门设计了埋地摄像机，可以用仰拍的奇观视角捕捉大熊猫实况，很多埋地摄像机自动捕捉到的镜头，甚至是人工现场拍摄都很难达到，如幼年大熊猫将摄像头当作异物的好奇探索，甚至是在摄像头附近小便的萌态都能被捕捉到，起到了意想不到的良好效果。为了提升直播精彩程度，频道还在基地搭建了导播室，利用人工遥控和切换镜头，力图给用户呈现更接近电视直播、更具电视语言的直播节目。这些举措都充分继承了传统电视直播的技术优势，在实际运用中也获得了非常好的效果。

熊猫频道充分融合了传统电视直播的高质量和网络播放平台的便捷度，最终在网络电视平台实现了最优的直播效果。在平台搭建上，与成都大熊猫繁育研究基地合作，以国宝大熊猫为主要视频资源，以互动直播、点播、纪录片、图片等节目为特色内容，成为集网站、网络社区、社交媒体等多种传播手段的主题新媒体集群,包含中英双语,以全球唯一大熊猫主题社区网络频道为载体,肩负起发展中央电视台在新媒体领域国际形象的历史使命。

视频 43 《熊猫百科全说》第二期《好想好想谈恋爱》

二、播放时间的变革

首先,从视频播放时间的角度来说,熊猫频道的"7 天 ×24 小时"全天候直播形式是一个首创。频道自 2013 年 8 月上线,就受到了网友的热捧和媒体的大量关注。上线 1 个月之后,在内容建设方面与运营推广方面均取得了令人瞩目的成绩,在增加曝光率的同时完善并提升了网站的各项功能,各方反响良好。2016 年 1 月,央视网熊猫频道全新改版上线,新版熊猫频道在原有的 24 小时直播大熊猫基础上,逐步扩展到金丝猴、朱鹮等其他中国珍稀物种,以及长城、泰山、黄山、青海湖、乌镇、承德避暑山庄等中国最具代表性的世界自然遗产和人文景观直播与云南傣族泼水节、四川彝族火把节等事件性直播,第一时间向世界展现真实中国。全新改版上线以来,熊猫频道以大熊猫形象生动讲述中国故事,传播中国声音,充分利用熊猫这一跨越政治边界、文化差异的中国元素，在全球掀起了一股中国文化之风 ①。

其次，从播放内容时间安排的角度来说，频道的原则是"按熊猫时间播熊猫"，更显亲切自然。熊猫频道播放的最主要内容就是对大熊猫的直播，因此网站根据大熊猫生长的不同阶段，设置了"幼儿园""成年园""母子园"等不同的播放栏目。喜欢哪个园区的熊猫，观众就可以选择观看哪个园区大熊猫的生活起居。拿成都大熊猫繁育研究基地来说，根据大熊猫年龄和生长阶段的不同，成都基地内 5 处园区布设 28 路高清摄像头，24 小时捕捉最美最真实的大熊猫实况。此外，成都基地内的熊猫频道工作人员还将自己的工作时间安排成了"熊猫作息"，分不同季节，完全跟随大熊猫的生活习惯和作息时间进行工作，保证将最精彩、最有趣的大熊猫镜头和大熊猫内容呈现给观众。

最后，从特殊事件的播放安排来说，频道针对大熊猫出差、归国、大熊猫交配、大熊猫产子等特殊大事件安排了特别直播，并在直播前后提供节目预告和回顾，能让观众在第一时间身临其境，感受大事件发生的现场。

例如，2016 年 1 月至 7 月，熊猫频道针对国内大熊猫交配、繁育以及国际交流活动进行了多场次直播。2016 年 3 月，对大熊猫"园欣""华妮"启程赴韩进行了相关专题报道，详细报道了此次大熊猫赴韩参加科研合作的基本情况，并对启程仪式进行了现场直播，同时与韩国三星爱宝乐园紧密合作，第一时间图文报道了大熊猫到达韩国的实况。

再如，2016 年 7 月 15 至 16 日，熊猫频道连续两天直播中国大熊猫保护研究中心雅安碧峰峡基地 4 只待产大熊猫的产仔育幼实况，引发网友空前关注。这次直播采取多机位拍摄，直击产仔实况，实时采访基地专家和饲养员，了解大熊猫待产情况，普及大熊猫产仔科普知识；后方团队与网友及时互动，答疑解惑，并发布相关图文与点播视频，制作直播视频回顾。截至 7 月 19 日，专题页网友互动评论近 800 条。频道制作的《2016 卧龙第一只大熊猫宝宝出生》点播节目，被包括加拿大广播公司（CBC）和泰国 BBTV 等 40 家境外电视频道采用达 87 次，熊猫频道在多平台同步对大熊猫的产仔育幼直播进行了预热。官方微博、微信和海外社交账号配合官网同步推送 2016 产仔育幼直播的图文消息。截至 7 月 19 日，相关微博内容

---

① 《中国日报》中文网：《央视网熊猫频道"熊猫文化"栏目上线》，2016-08-03，http://ent.chinadaily.com.cn/2016-08/03/content_26332844.htm，检索时间：2017-05-02。

共得到转发 2611 次,收到评论 3512 条,点赞数达 18400 余次,共覆盖用户 475.2 万;微信提前一天推送产仔直播图文消息《特别策划:明天有大事发生!!!》,预热直播事件,阅读人数达 10700 余人,产仔图文分享 270 余次,并特设产仔直播菜单链接,导流微信用户点击官网收看直播;海外社交账号进行了同步直播,在熊猫频道脸书(Facebook)账号上发布的相关内容共获得浏览量 606.2 万次,独立浏览用户 401.9 万人,超过 5 万人通过点赞等方式与帖文互动。

熊猫频道的工作人员按照"熊猫作息"和"熊猫生长周期",结合全天候常规直播和大事件直播各自的特点,既通过专业的人工导播为观众呈现最精彩的实时直播;又策划大事件的直播前后宣传。这样的时间安排,不论是相比于传统的电视节目,还是一般的直播节目,都可以说是实现了节目播放时间上的变革。

三、播放质量的变革

电视与其他媒介相比,最大的优势在于声画结合带来的直观感、带入感和感染力。电视作为视听结合的媒介,让人们能够亲眼见到并亲耳听到来自现场的画面和声音,如同亲临现场。电视之前的媒介,或单凭视觉(报纸)或单靠听觉(广播),都无法达到这种视觉与听觉有机结合的效果,也不会让受众产生如此真实、信服的感受。电视对观众的知识水平没有要求,能够超越读写障碍,因而能够成为大众化和影响力较大的媒介。

当然,电视要达到更好的传播效果,必须要保证传播高质量的节目内容。视频提供的内容画质越高、内容越好,其感染力和冲击力才能越大。熊猫频道提供的视频节目,其高质量除了是来自内容本身受全世界喜爱的萌宠大熊猫和美丽的自然景观之外,也来自先进的技术保障下的高清画质。其中,通过成都大熊猫繁育研究基地的 28 路高清摄像头,实时为网友提供从不间断的 1 路精切信号和 10 路标清信号,让全世界网友随时随地能通过熊猫频道和国宝在一起;通过对中国保护大熊猫研究中心核桃坪野化培训基地、都江堰基地以及红路等两处熊猫野外栖息地的几十路摄像头,为网友提供反映熊猫野化培训情况和野外生存情况的 11 路信号也即将上线发布。一个近 100 个摄像头、实时提供 22 路直播信号的互联网直播熊猫平台,成为全球展示单

视频 44　《熊勒个猫》第一季第五期《"越狱"喜登达人秀》

一物种生存状态的最全面、权威的直播平台。

除直播熊猫的设备先进之外，熊猫频道《直播中国》栏目将高清摄像技术应用于全国范围内。截至 2016 年 10 月，《直播中国》栏目已在中国最具代表性的 31 处世界自然和文化遗产地、5A 级景区、珍稀动物保护区（基地）架设高清直播摄像头，已上线发布 123 路持续性高清直播画面，是目前国内规模最大、画面清晰度最高、合作景区级别最高的风景类直播网站。

此外，央视网的熊猫频道结合 VR、无人机航拍和延时摄影等新兴技术，推出了的 VR 全景交互栏目《飞越中国　醉美春色》栏目，创新传播模式，融合无人机航拍、360 度全景摄影、虚拟现实（VR）等最新科技，采用先进的影像采集设备和交互式视觉呈现手段，展示了中国 34 个地方的醉人春色。除了动人的自然风光，摄像机还记录了人民群众春耕劳作、游玩踏青的场景，在万物回春的中华大地，发现和展示属于中国和中国人的魅力与精神，在为全球观众奉上视觉盛宴的同时，也向世界展示了健康蓬勃的中国形象。到《飞越中国　醉美春色》收官之时，据统计共制作 36 部航拍视频、36 部 VR 视频、300 余张 VR 图片和 500 余张航拍图片。4 月至 6 月期间，该系列航拍和 VR 节目在脸书（Facebook）、优兔（YouTube）、推特（Twitter）、

VK 等平台中央电视台系列账号上发布。相关贴文在脸书平台总浏览量超过 7167 万次,独立浏览用户近 5147 万人,视频浏览总次数近 1164 万次,总互动人次近 241 万。全球网友纷纷留言表达内心的震撼和赞叹。

视频 45 《精彩一刻:干什么都要亲亲你》

四、播出效果的变革

在中国传媒建设的历史上,熊猫频道首次实现了视觉形象传达、内容载体构建、传播技术手段的整体性创新。

首先,视觉形象传达更集中。熊猫频道把大熊猫作为视觉识别标志,该标志的主要元素是大熊猫和太极图,以圆形构成图案的基础,黑白体现其主要特征,身体部分经过加工提炼,形成一个与太极相依相存的整体。眼神传神、友善,面带微笑不失憨态。其所表达的文化内涵强化了中国的精神要素、语言和象征符号,使自身形象简约、极具中国特色,而又不失国际化。

其次,内容构建突出中国元素。央视网熊猫频道以创新媒体内容为其传播竞争力的主要体现形式。在媒体内容定位上,贯彻落实党的十八大关于推进生态文明建设的战略部署,以中央外宣办关于加强野生动物保护宣传精神为指导,以发挥新媒体技术和平台优势为特色,以联结全球熊猫爱好者和中华文化建设者为途径,以展示中央电视台新的国际舆论影响力为使命,使电视与网络产生互联、电视受众与网民产生互动,以期实现全媒体时代新闻传播和舆论引导的新形式。

再次,传播技术手段强化现场感。强调现场和直播是当前电视节目探寻突破的主要手段。熊猫频道通过百路高清摄像头,面向全球互联网用户提供全天候、多终端涉及大熊猫内容的直播服务,多机位向全球互联网用户提供大熊猫日常起居、繁育、娱乐等情况的全天候、近距离视频直播,展现真实、可爱的大熊猫及其保护情况,这使熊猫频道的传播更加立体、更加接地气。网站推广熊猫频道的独家视频资料,持续运用网络联盟等平台进行推介,并与新华网、人民网、中国网、江苏卫视等多家国内媒体进行传播合作。更重要的是,熊猫频道是一个起点,它为中国媒体探索新媒介模式下的价值传播提供了很好的范本。

最后,从技术的角度来讲,能与用户实现实时互动是熊猫频道的一大亮点,突破了传统介质线性传播的局限性。

频道上线以来,有专门的工作人员每天监测网友的评论和留言,积极与

视频 46 《精彩一刻:谨记带孩子到游乐场要随时看护》

网友互动,解答网友的问题。比如,除及时报道国内外大熊猫受孕、产仔的消息外,频道还专门对引起热议的大熊猫的不实新闻进行了辟谣,对网友关心的问题进行解答。并且并在频道社区发起了"熊猫七十二变"和"熊猫四格漫画"等活动,获得了广大网友的参与。在直播页增设直播解说功能,根据精选高清画面进行实时讲解并解答网友提问,与网友加强互动。熊猫保护的知识不仅是熊猫培育人员应该具备的,也是所有喜爱熊猫的国内外观众应该知道的。频道的工作人员在与网友互动的过程中,同网友一起学习熊猫知识,了解熊猫文化,在保护熊猫和了解熊猫上共同进步。

　　熊猫频道采用制播分离,实现了新媒体时代新闻采访的高效运行和传播手段灵活多样的运用;实现了传统媒体与市场媒体、主流媒体与新媒体的结合。

　　熊猫频道以生态、人文、人与世界和谐共生为关注焦点,利用最新的视频技术提升节目质量,掌握最好的播放平台,科学优化播放时间,达到了良好的传播效果,有利于展示中国在构建和谐世界进程中的大国形象,真正实现了用最新最炫的技术展现最美中国的目标。

第二节　内容特色

　　熊猫频道传播的内容不仅仅是简单的大熊猫生活起居,更是大熊猫代表的中国文化。在大平台概念下搭建起来的熊猫频道,增加了多个板块和栏目,囊括祖国大好河山,更致力于传播优秀的中国文化,传播立体的、现代的中国。可以说熊猫频道传播的内容是民族的,也是世界的;是传统的,也是现代的;是真实的,也是想象的;是自然的,也是人文的。在熊猫频道中,能清晰地看到所展现的自然的中国、人文的中国和现代的中国。

一、自然的中国

　　熊猫频道下展现了最自然的中国风光,主要通过展现大熊猫等动物和祖国大好河山的景色来实现。

　　熊猫直播是熊猫频道最早的节目,通过24小时不间断直播熊猫的日常生活而俘获大量粉丝。正是这种看似"无聊"到不会有人关注的直播方式,符合了当下"慢视频"的潮流,为快节奏社会生活的人们提供了一个放松下来、静静观赏的机会。这种原汁原味的直播形式,也为人们提供了一个窗口。在这个窗口中,有机会看到最自然状态下的大熊猫,而且不曾间断,甚至能与一只或几只大熊猫建立情感联系,伴随大熊猫成长。熊猫频道自开播以来独占熊猫直播资源,向用户提供大熊猫日常起居、繁育、娱乐等情况的全天候、近距离视频直播和点播,恰恰表现了大熊猫最自然的一面。

为了全方位展现自然状态下大熊猫的生存,单纯的 24 小时大熊猫直播已经不能满足受众对圆滚滚的熊猫们的喜爱,因此各色大熊猫事件直播节目不断推出。熊猫频道对大熊猫交配、分娩等生活习性的直播开了世界动物直播的先河,吸引了众多网友的眼球,引发海内外强烈关注。为了配合熊猫交配热点,中央电视台对圈养大熊猫的繁育、饲养进行了一系列的新闻报道。熊猫直播进行图文、视频整合,发布图文视频集合页,让网友们更加直观地了解大熊猫种群的增长状况。

在获得成功后,熊猫频道策划了一系列展现大熊猫生活的主题节目,包括大熊猫野化训练与放归、大熊猫外交的送出和回归等,不仅实现了通过对大熊猫的宣传来推动中国野生动物保护及生态宣传的目的,还在国际上塑造了爱好和平、崇尚友谊的国家形象。

以展现大熊猫生存状态的直播和节目为原点,熊猫频道在 2016 年 1 月改版后,延展 24 小时直播领域,扩大到金丝猴、朱鹮等其他珍稀物种,并提供网络点播节目,让海外网民第一时间感知真实、美丽的中国,力图展现其他珍稀动物的自然生存状态。

除了对动物"国宝"们的直播,熊猫频道在 2014 年改版后增设了直播中国频道,意在展现祖国最美的自然风光,有动物有景色,构成了一个最真实、完整的自然中国图景。

直播中国频道选取了中国最具代表性的 25 个景区,架设高清直播摄像头,对泰山、黄山、峨眉山、神农架、雪乡、青海湖、丹霞山、武夷山、新疆天池等中国最具代表性的名山大川、自然风光进行直播,持续发布高清直播画面,并制作了十余集具有国际一流水平的展示中国最美风景的航拍和延时摄影视频作品。"直播中国"是全球独家的现象级视听产品,选取的均为中国最具代表性的世界自然遗产和风景名胜,目前已有 130 路独家直播信号。同时引入虚拟现实（VR）、无人机航拍等多种拍摄手段，推出《全景中国》《飞越中国》等特色产品。其中，《中国景观》板块已纳入中央电视台财经频道《第一时间》栏目固定节目，在电视平台上得到推广，让更多的有收看电视习惯的受众领略中国自然景色之美。

展现自然的中国是熊猫频道最初的着力点，至今仍是熊猫频道重要的组成部分。因为自然的中国给予外国受众最直观的感受，是他们认识、喜爱中国的起点，是文化中国和现代中国的基础，是外宣中最不能放弃的阵地之一。

二、文化的中国

2016年，央视网熊猫频道全新改版上线，中文版客户端正式登陆苹果和安卓等14个手机应用市场上线发布。新版熊猫频道定位为传播中国声音、介绍中国优秀文化、展示中国新形象的中国频道，是以原有24小时大熊猫直播为基础，制作《中国文化》系列精品内容。熊猫频道通过网络直播展现真实中国，通过精品文化为主的软传播体系，充分利用大熊猫这一跨越政治边界、文化差异的中国元素，在全球掀起一股"熊猫之风"。央视网熊猫频道以大熊猫直播为原点，以网络直播为特色，以精品中国文化点播为亮点。熊猫频道成功整合央视网旅游频道、书画频道优质资源，集中打造熊猫文化板块，以突出熊猫频道传播中国优秀文化、打造特色中国频道的主旨。

改版后的熊猫频道以规模化网络实时直播为特色，以讲述中国故事为亮点，以中国为主题的"内容＋传播＋服务"的国际传播入口级平台——熊猫频道。丰富熊猫频道内涵，由熊猫垂直网站升级为"讲好中国故事，传播好中国声音，阐释好中国梦"为核心的文化传播平台，成为覆盖政治、经济、文化、教育、旅游、民生等诸多领域，具有开放性的原创内容平台，并延展建设成为多语种、多终端新媒体国际传播入口级平台。

纵观熊猫频道改版后的节目，"文化中国"的概念贯穿了整个平台，特别是对中国传统节日的把握，兼顾地方性、民族性节日，进行多形式制作、多平台呈现、全方位宣推。清明节和端午节期间，熊猫频道精心准备，提前策划，通过专题、直播、微视频、H5等多种手段，整合中央电视台中文国际频道、央视网以及熊猫频道原创内容开展专题报道。熊猫频道还积极关注地方性、民族性节日,充分利用直播等手段积极报道,向世界展现中国文化丰富多姿、中华民族同心同德的风采。

同时,对于中国 16 个主要的传统节日,熊猫频道重点选取春节、元宵节、清明节、端午节、七夕节、中秋节、重阳节等 7 个最具有代表性的节日以及中国农历二十四节气作为宣传推广的重点。在每个重要节日或节气来临之际,超前策划,精心安排,将中国文化的对外传播贯穿全年,长流水、不断线。截至 2016 年 7 月,熊猫频道陆续推出《春节》《元宵节》《清明节》《端午节》等传统节日专题节目以及《立春》《谷雨》《立夏》等 10 多个中国节气专题节目,通过直播、点播和图文的表现形式,与中央电视台中文国际频道《传奇中国节》栏目开展深度融合,并原创制作适合在互联网尤其是移动终端播出的系列视频短片以及 H5 产品,通过 PC 端、移动客户端和海外社交平台面向全球网友介绍中国传统节日的由来、不同地区的传统美食和丰富多彩的庆祝活动。

此外,熊猫频道还整合中央电视台海外传播节目资源,提供中央电视台中文国际（亚、欧、北美）、中央电视台英语、中央电视台西班牙语、中央电视台法语、中央电视台阿拉伯语、中央电视台俄语、中央电视台中文纪录、中央

视频 47 《精彩一刻:奇一:人家想和你玩嘛》

电视台英语纪录等 10 路直播信号以及《走遍中国》《今日关注》《中国文艺》《华人世界》等 10 个中央电视台栏目,充分满足海外华人以及喜爱中国文化的外国人的实际需求。

旨在讲好中国故事,展示中华文化独特魅力。熊猫频道最终将打造成为以视频为特色的中国互联网大百科,展现有文化厚度和深度的中国。

三、现代的中国

熊猫频道对于中国的全面展现不仅仅局限于中国自然之美和文化的博大精深,更展现了现代中国的风范与特色。现代中国不仅仅有国宝熊猫和壮美河山,也不只有传统节日的习俗传统;现代的中国更是有观点的中国,有声音和态度的中国,是敢于在国际舞台上对事件发声评论的自信的中国。尽管《熊猫观察》已经下线,但其在熊猫频道发展过程中发挥的作用是不可忽视的。纵观《熊猫观察》的发展,它始终在扮演着中国观点传播者的角色,使用户在收看熊猫频道直播内容的同时,感受中国的态度。

现代的中国更体现在每个中国人有苦有乐却从不放弃中国梦的执着,现代中国人的奋斗生活同样出现在熊猫频道的节目中。熊猫频道推出了原创人物类直播及点播节目《筑梦——港人内地创业记》。移动直播镜头中每期都有一位在内地创业的香港青年最具代表性的工作和生活场景,用"浸入体验"的方式展现真实动感的港人内地创业状态,展现了更为立体的现代中国。

第三节　表现方式

任何一种媒介最终形成的内容,都会像产品一样,以独特的方式呈现在受众眼前,且这种呈现方式往往在很大程度上决定着受众的感受和体验。从媒介发展的历史来看,不同的媒介类型所采用的内容呈现方式是不同的。最早的报纸是以平面的文字为读者呈现内容,后来的广播是通过声音向听众传递内容的,随后出现的电视则是将声音与画面结合在一起,即所谓声画同步的方式,而互联网传播技术下,媒介内容的呈现方式往往是以上各种的结合,甚至能演化出 3D、4D 等更复杂的效果和观看体验。

　　熊猫频道实现全面互联网化,在呈现方式方面的最大特点,就是实现了媒介内容的平台化传播。

　　"全面互联网化"是"互联网化"在程度上的延伸。易观国际集团董事长兼 CEO 于扬曾于 2007 年预言,未来的 15 年至 20 年内,中国所有的企业都将实现互联网化。同时,他指出企业的互联网化,是运营、渠道、产品和服务的全面互联网化,这个概念也被认为是"互联网+"概念的雏形[①]。

　　互联网化的概念,主要用于讲企业的互联网化。"企业互联网化"往往是指企业发挥互联网对生产要素配置的优化作用,以及互联网促进技术、业务流程、组织结构创新和改善的过程。它可以包含三个层次的含义:第一层是替换,即互联网发挥的对传统商业流程中某环节的直接替换作用;第二层是优化,即互联网再造商业流程本身,简化、优化或重构流程;第三层是创新,即利用互联网实现商业流程各方面的创新。

　　现有研究中,将互联化转型作为直接研究对象的成果比较少,而对企业互联网化转型路径、模式、策略、挑战、问题分析的成果比较丰富,且研究的行

视频 48　《瞧你内熊样》第十七期《吃土已经 out 了　现在流行挫冰》

---

　　① 华西新闻网:《"互联网+"概念提出者于扬:我从来不认为有互联网思维》,2016-08-22,http://news.huaxi100.com/show-228-807757-1.html,检索时间:2017-05-03。

业也包含金融、媒体、电信、服务餐饮等各行各业。对企业而言,全面互联网化的含义包括企业的运营、渠道、产品和服务等方面的互联网化,于扬表示:"互联网化有几个层级,第一是营销的互联网化,企业通过互联网方式去做他们的产品。第二是渠道的互联网化。十年前大家还不知道有京东,但其实十年前已经开始在做了。第三是产品的互联网化。每个人手机中的 App 都是一个产品,银行的营业厅和柜台、保险公司的营业厅都搬到手机上,这是一个产品的互联网化。"[①] 而熊猫频道的全面互联网化包括了从产品生产到营销和传播的全过程,最终实现了平台化传播。

一、全面互联网化

抛开企业的语境不说,互联网化的思维和其包含的三层含义也同时适用于其他领域。就熊猫频道的运营和传播方式来看,它在频道的内容生产过程、运营管理模式和产品展示平台等各个方面实现了全面的互联网化。

（一）内容产品的生产全流程

熊猫频道的产品主要包含两个部分,即其主网站上的直播内容和后期加工制作的点播内容。无论是哪一种类型的内容,其采、写、编、播的全部过程都体现了互联网的影响,或被再造或被优化,即实现互联网化。

首先,频道的直播内容一般由架设在园区的摄像设备拍摄,这些设备通过远程操控和手动调整两种方式来控制。设备将无线和有线信号汇总到转播室,并进行编码录制后,用有线传送到导播室,完成直播内容的"采集过程"。之后,导播人员按照节目内容选择拍下来的大熊猫和精彩看点,汇总出10路直播信号,这是内容传播过程中的一个"把关环节"。直播信号一般延迟60秒确认后传送到央视网的服务器,最终完成最后的播放过程。整个过程中,直播节目的"编辑环节"比较简单,但也涉及导播对镜头的远程操控、手动切换和画面的挑选,同时还有延迟时限内对突发事件的处理。可见,直播节目的生产全过程,都离不开互联网技术的支持和简化,至少包含了互联网化的"替换"和"优化"两层含义。

其次,比起直播内容来说,点播视频的制作流程更加复杂一些,其"采集

---

① 人民网财经频道:《于扬:互联网让今天的产品更加有温度》,2015-08-11,http://finance.people.com.cn/n/2015/0811/c1004-27443163.html,检索时间:2017-05-03。

过程"需要将素材下载和保存,以备后期使用。这期间就要求导播人员对有传播价值的镜头和素材挑选下载下来,并以清晰的文件名进行保存。这些下载和整理后的数据库由熊猫基地保管,需要时拷贝发送到北京。北京方面执行后期的"编辑过程",包括将素材制成视频新闻和在此基础上更复杂的纪录片、MV 等点播视频内容。点播节目制作过程对互联网的依赖更加明显,包括互联网为素材下载提供的便捷、对信息传输方式的改变和计算机技术在素材编辑中的应用。

可见,不论是直播节目的播出还是点播节目的制作,其采集、编辑、播发的全过程都依赖互联网技术提供的便利和可能性。熊猫频道在两个内容生产的过程中实现了互联网化。

(二)团队管理协作的全过程

如今,管理上的互联网化早已不是个案。企业互联网化的含义之一就是在企业的内部管理和外部沟通上受到互联网的改变和影响。熊猫频道采取制播分离的方式,内容制作团队(基地团队)、平台运营团队(北京团队),以及海外运营团队分别在不同的工作地点,但是各方的联系和沟通却非常密切。除了不定期的见面交流之外,拿成都和北京两个团队之

视频 49　《熊猫百科全说》第四期《宝贝的守护者》

间的沟通来说,成都和北京团队还会于每周一举办定期的策划会,策划会采取视频连线会议的形式,由双边团队人员共同进行。此外,如今的 QQ 群、微信工作群、邮件,以及中央电视台内部的联络系统都是双方沟通和协调的方式。

互联网对熊猫频道团队管理协作上的影响,是互联网化第二个层面上的含义,即一种优化、简化和重构。互联网技术不仅缩短了团队间沟通的时间,提高了团队协作的效率,还通过视频连线等方式拉近了团队成员之间的感情,让分别在不同地点工作的同事之间并不陌生,增加了团队成员的归属感和彼此的默契感。

从央视网的管理大背景来看,熊猫频道的"小团队"属于央视网建立的"大国际传播事业群"。该事业群是央视网在团队协调和管理方面的一个创新之举,并通过不断强化管理规范,整合事业群内部资源,形成工作合力,极大提高了业务运营及行政办公效率。

(三)节目展示平台的全连通

熊猫频道以 iPanda.com 官方网站为中心,以国内的微博和海外的脸书(Facebook)账户为基本点,再结合微信、推特(Twitter)、优兔(YouTube)、

视频 50　《熊猫百科全说》第三期《我有一个好妈妈》

客户端等平台,将频道的触角伸向四面八方。频道寻求网上社区、视频网站多种推广方式,扩大自身的覆盖率和提升自身的影响力。

各个平台虽然有各自不同的运营方式,也会根据平台的特点调整语言风格、内容安排等。但是在主要内容的传播和主要活动的宣传上总是统一的。如:2016年12月28日,传奇大熊猫"盼盼"去世事件,就在熊猫频道的各个平台播报了。"盼盼"是一只传奇的英雄熊猫,它出生于四川宝兴,1986年在野外得到救护并开始圈养生活。2015年初,30岁的"盼盼"走入大家的视野,在直播镜头下享受着平静安逸的晚年生活。"盼盼"凭借憨态可掬的外形和淡定悠然的性格,深受网友的喜爱。它出色的自然交配能力和众多的子孙后代被大家称作"英雄父亲",其庞大的"盼系家族"如今约有130余只大熊猫,占世界圈养大熊猫数量的四分之一。"盼盼"是位非常有地位的大熊猫前辈,它去世的消息,是非常重要的事件,频道的各个平台都进行了播报。熊猫频道的微博平台"iPanda熊猫频道"刊出博文《传奇大熊猫"盼盼"去世 享年31岁》,和网友一同怀念去世的"盼盼"。微信公众平台"iPanda熊猫频道"也推送文章《那个留下了130多只后代的"盼盼"爷爷走了》,并在文章中讲述盼盼的"光辉岁月",获得了1万多次的阅读量。

再如,熊猫频道于2016年7月对中国大熊猫保护研究中心雅安碧峰峡基地的4只大熊猫产仔育幼实况进行直播时,不仅配合制作了点播节目,还在其官方微博、微信平台和海外社交账号配合官网进行了多平台预热,同步推送此次直播事件的图文消息,引发了大量的转发和评论。

熊猫频道虽然开辟了多个不同的传播平台,但在内容的传播上还是以网站为中心,微博、脸书(Facebook)为海内外的基本点,再结合多个平台共同形成矩阵,达到"互联"的效果。尤其是遇到重要的活动或是大熊猫新闻时,更是会多平台共同传播,扩大影响范围。

综上所述,可以看出熊猫频道从生产过程、管理模式和平台配合三个方面,都实现了全面互联网化。而这样的全面互联网化,在最后的呈现方式上,又表现为平台化传播。

二、平台化传播

平台化是互联网时代的一个新思路。平台化简单来讲就是连接两个

（或更多）群体,为他们提供互动机制,满足他们的各种需求。平台的概念类
似于"社区",它是一个开放的、自我更新的、活跃的公共场合,社区内的居民
自由地使用这里的公共设施,并满足各自的需求,但是平台涉及的范围比社
区更广一些。互联网时代,用户具有总数巨大、需求分散的特点,很难将目标
固定在其中某些特定的用户身上而忽略其他的用户,但越来越个性化、分散
化的用户需求很难被集中到一起。因此,搭建一个平台,并通过各项管理规
则维护这个平台,通过各种手段发展平台,使平台使用者的各种"需求"能
够得到最大程度的满足,就成为如今服务提供者的发展方向。

　　平台化是互联网时代企业转型的方向,也是媒体传播的未来趋势。"媒
体传播将是平台化、智能化、社交化和沉浸式的,媒体将可以打造成社会化的
开放平台,让用户创造内容,让消费者产生媒体,同时更加'智能',精确把
握用户群体和个体网络行为模式,探索个人化、个性化、精确化、智能化的新
闻和信息推送,这将决定媒体在信息时代的竞争力。"① 也有学者指出要实
现平台化的传播,就需要:第一,发挥传统优势,瞄准特定圈层,提供高质量的
跨媒体的以信息为中心的集成服务;第二,努力补齐短板,积极向社交媒体转
化。"数字化环境中兴起的社交媒体,允许人们撰写、分享、评价、讨论和相互
沟通,是用户们彼此之间用来分享意见、见解、经验和观点的工具和平台。"②
可见,不论是传统媒体的转型也好,还是媒介传播的整体发展也好,其未来应
有的趋势都是实现平台化的传播。数字化新媒体传播平台是"去中心化的"
人人传播平台。在媒体提供的平台上,用户可以自由发挥自身的直观性,可
以自由分享、评论、交流和沟通。因此,新媒体平台化发展必然是集信息、服
务、通讯和社交等方面的多维融合发展。

　　学者冯志伟指出,"视频直播平台并不直接生产内容,而是把这部分的
工作转移给了用户,同时通过视频直播这个载体,有效地进行相关产业的内
资源整合,完成从单纯的内容提供平台到媒介平台的转变"。媒介融合的背
景下,在处理各种新关系时都会强调平台。而媒介平台的形成需要依赖三个
基础:即新传播方式带来的技术基础、新媒介关系带来的用户基础和意义服

---

①　谭玲娟:《媒体传播走向平台化智能化》,《深圳商报》, 2015-08-19:A03。
②　莫继严:《免费化 平台化 无纸化 "机器媒介传播时代" 的纸媒转型路径探析》,《新闻与写作》,
2014（08）:第32—34页。

视频 51 《熊猫百科全说》第六期《熊家熊家要长大》

务带来的经济基础[①]。也就是说,网络技术促成了新传播方式,技术导致了媒介使用的低门槛,因而人人都能成为信息的传播者甚至生产者,传统传播媒介所具有的渠道、内容等优势正在逐步弱化,媒介的形态正在向中间性的平台转化,媒介平台承担的角色也因此变成了多个主体之间互融互通、平等存在的关系载体。

熊猫频道以平台化传播为思路和特点,为全世界范围内的观众提供了一个"爱熊猫"的平台,成为大熊猫爱好者的社区和集散地,供他们看大熊猫、讨论、长知识,从而成为传播中国形象的平台。

(一)iPanda 是随时随地看大熊猫的平台

大熊猫作为中国具有代表性的珍稀宝贵动物,在全世界范围内受到喜爱,其一举一动也都受到海内外网友的关注。对于大多数无法亲自到现场观看大熊猫的爱猫者来说,尤其是国外的爱猫者,熊猫频道能够为他们提供一个随时随地看猫的平台。因为是每天 24 小时的持续性直播,因此喜爱大熊猫的观众可以在任何他们想念大熊猫的时候打开网站,一睹为快,在看猫时

① 冯志伟:《平台化下的虎牙直播传播内容研究》(博士学位论文),南昌大学,2016 年。

间上有了很大的主动权。

更重要的是,熊猫频道还会对大熊猫产仔、交配等一系列重大的事件进行直播,而这些事件即便是到了现场,也是不太可能看到的,而频道却带给了网友这个 VIP 通道,让大家目睹一些从前无法看到的珍贵场景。比较典型的事件是 2016 年 4 月 2 日至 4 日,熊猫频道连续 3 天对大熊猫交配的科普实况直播。

对观众来说,熊猫频道不仅是看熊猫便利的平台,更是看大熊猫的 VIP 通道。熊猫频道向全球直播大熊猫产仔、幼仔集体亮相和野化放归等事件活动,传播科普知识,宣传大熊猫及生态保护,成为全世界大熊猫喜爱者的大本营,同时也是全世界中国文化爱好者的大本营。

（二）iPanda 是熊猫社群讨论交流的平台

熊猫频道不是单纯的单向直播平台,而是一个社区化的多向公共讨论空间。网站上特别开放的评论功能和反馈渠道,是观众发表观后感的平台,是大熊猫爱好者们彼此讨论的空间,也是一个工作人员与用户之间、用户与用户之间高度活跃、共同生活的网上社区。

网络直播平台相比于一般的电视,一个天然的优势就是方便与用户的互

视频 52 《精彩一刻:滚滚的耙耳朵》

动,熊猫频道在建设时也充分考虑了这一点。首先加入了 24 小时文字直播解说功能,实时对直播节目进行解说,回答用户当前最关心的问题,引导用户发言。另外开放边看边聊功能,注册用户可以随时在直播页面发表评论,也可以和同时正在看直播的其他用户很方便地交流。直播节目中出现的每一只大熊猫,频道工作人员都为他们建立了专门的账号,用第一人称的方式发表相关资讯、图片、短视频,大大拉近了直播主角和用户的距离,形成直播明星粉丝圈,增加用户的参与感和互动感。而且频道还将用户的发言和主流社交媒体打通,这些评论随时可以同步发送到新浪微博、脸书(Facebook)等社交网站上,形成辐射效应,让更多的用户能第一时间分享大熊猫直播带来的快乐,让直播形成快乐的氛围。

在以用户互动为主要特征的社交账号运营方面,截至 2017 年 5 月,熊猫频道的微博总粉丝数超过 338 万,每周阅读量与互动量都居于央视网各官方账号的前三位,此外微博积极与各大 V 用户互动,原创内容经常被央视新闻、《人民日报》《环球时报》《中国日报》等官方微博采用,超过百条。微信平台则开通了用户中心、作品征集、投票、网上直播和边看边聊等不同形式的互动,丰富了熊猫频道的传播形式,增加了与网友的互动渠道,丰富了熊猫频道产品线架构和内容。熊猫频道各社交平台账号覆盖用户极广,每天观看大熊猫直播的网友在网站留言超过 1000 条,最高曾创下单日 2 万条的直播留言记录,直播评论累计已超过 61 万条。

(三)iPanda 是知识分享的平台

熊猫频道承担的另外一个重要使命,就是传播大熊猫保护、培育的知识,对大熊猫知识进行大范围的科普。熊猫频道的工作人员会不定期参加大熊猫知识的学习,也经常向大熊猫基地的专家们请教大熊猫的知识,确保节目的准确性和传播知识的科学性。

根据项目组进行的问卷调查结果,约有 46.6% 的网友以熊猫频道的微博账号为"获取信息,了解熊猫知识"的渠道;另外, 65.47% 的网友通过微博账号主要关注的内容是《熊猫百科》,即"熊猫相关轻科普内容和动物保护知识等"。而海外脸书(Facebook)账户平台的情况也类似,在最受欢迎的内容中,选择"熊猫和动物保护知识"的网友人数排名第二,仅次于"轻松娱乐的大熊猫图文和视频内容"。

iPanda熊猫频道 V 🎐

2014-12-3 12:03 来自 微博 weibo.com

#熊猫新闻# 【日本和歌山白浜野生动物园大熊猫"良浜"12月2日诞下双胞胎】如果我没看错日文的话两只都是雌性，父亲是永明。（科普：成年大熊猫每年只发情一次，3-5月发情，7-9月产仔。冬天出生的还真不多~赶在年底又多了两只小团子，浜家族又壮大啦，真是可喜可贺~！）🐼🐼🐼

图 2-1　熊猫频道微博账号科普大熊猫生长知识

iPanda熊猫频道 V 🎐

2013-10-30 18:28 来自 微博 weibo.com

#熊猫频道# 今天晚上9:00 - 10:00，在成都大熊猫繁育研究基地将进行一场特别的科普讲座，听众则远在英国曼彻斯特博物馆。本次连线讲座将通过鲜为人知的视频、图片资料等，揭示大熊猫的行为奥秘。届时欢迎小伙伴们来围观~地址→
🔗 网页链接 ▦

↑ 收起 ｜ 🔍 查看大图 ｜ ↺ 向左旋转 ｜ ↻ 向右旋转

图 2-2　熊猫频道微博账号发布大熊猫知识科普讲座预告

2015 年 1 月 17 日，熊猫频道的微博平台针对"为什么不给熊猫洗澡"进行了知识科普，在微博平台引发了网友的回应。熊猫频道在微博平台发布制作视频表示，不洗澡是为了大熊猫的健康着想。网友 butterknife 表示理解："不洗才健康不是重点,重点是大熊猫是野生动物,不是你家的猫猫狗狗。如果生活在野外的大熊猫不会有一只人形生物体跑出来给他们洗澡,那圈养大熊猫同样就不能洗澡。"而网友铅嶽也给出了比较知识性的评论:"熊猫白的地方不都是纯白的,有的品种偏黄,看起来脏。而且动物一般皮肤表面都会分泌油脂保护自己的皮肤,频繁的人工干预洗澡对它们皮肤没什么好处。大熊猫对自己的卫生状况有掌握,觉得脏了会自己去泡水,硬是为了使人看着好看洗白白香香对于熊猫来说不是什么好事。"此次科普起到了良好的知识传播效果,很多网友受到了启发,表示:"原来如此,还以为洗洗更健康呢。"

再如,"iPanda 熊猫频道"微博账号于 2013 年 8 月 3 日发博文,针对"大熊猫为何是黑白相间的"进行了知识科普,指出"黑白相间的颜色是为了不受凶猛肉食动物的伤害"。博文的语言风格幽默,意思表述明确,让网友不仅知道了大熊猫颜色的由来,也了解到大熊猫虽然是食肉动物,但是也有野外的竞争者和生存压力。网友"呓语疯人"在评论中幽默地指出:"说明人类并不是萌物的唯一买方市场。"

熊猫频道科普知识的范围广泛,充满趣味性,既有与大熊猫日常生活的小细节相关的知识,如大熊猫会"卷舌";又有如何保护大熊猫的教育性科普,引导观众科学爱猫、理性爱猫,共同承担起保护大熊猫的责任。

（四）iPanda 是中国形象和声音传播的平台

2016 年,熊猫频道全面升级以来,已经从直播大熊猫的平台,变成全面直播中国的平台。改版后的频道,介绍的内容包括朱鹮、猕猴等具有中国特色的动物种类,以及长城、张家界、泰山等美丽的自然景区,也包括中国的传统节日、中国特色城市的航拍等,成为多方位展示中国的平台。此外,《熊猫观察》节目也通过观点表达,成为传播中国声音的重要平台。

熊猫频道从提升文化软实力角度,以网络直播为原点,以精品点播为亮点,阐述中国立场和讲述中国故事,传播中国传统文化和现代中国,以大熊猫形象讲述中国故事,将熊猫频道作为传播中国文化为主的软传播体系,充分利用大熊猫这一跨越政治边界、文化差异的中国元素,在全球掀起了一股"熊猫之风"。

第四节　内容推广

当前,互联网技术快速成长,迅速向各个领域延伸,并逐步迈向成熟期。社会发展早已进入了互联网时代,甚至是"互联网+"时代。互联网思维作为互联网时代一种新的提法和新思维方式,深刻地影响着互联网甚至其以外包括传统企业在内的各行各业。

互联网思维是一种新的思考方式,它是在(移动)互联网+、大数据、云计算等科技不断发展的背景下,对市场、用户、产品、企业价值以及整个商业生态环境进行重新审视、重新定义,以探索新的发展模式。

早在 2007 年,百度公司创始人李彦宏就有过类似的表述:"以一个互联网人的角度去看传统产业,就会发现太多的事情可以做。把在互联网人精堆里磨炼出来的经验带到传统企业去,会有很大的投资回报。"一年之后,李彦宏更进一步预言:"五年后不会再有专门的互联网公司,到时所有的公司都要用互联网做生意。"[①] 之后,李彦宏在 2011 年百度联盟峰会的演讲中指出:"在中国,传统产业对于互联网的认识程度、接受程度和使用程度都是很有限的。在传统领域中都存在一个现象,就是他们没有'互联网的思维'。"[②]

如今,这种观念已经被越来越多的企业家,甚至是企业以外的各行各业、各个领域的人们所认可了。"互联网思维"的应用也不仅仅局限在互联网产品、互联网企业,而是扩展到了互联网以外的各种领域,此处的互联网也成了一个泛互联网的概念。同时,"互联网思维"这个词本身也演变出多个不同的解释。不过,各种解释的核心,都是认为"互联网思维"是一种零距离(打破时空界限)、网络化(打通虚拟实体)的思维;突出大规模目标受众、用户至上、体验为王、免费模式和创新形式。它既包含了"开放、平等、协作、共享"的互联网精神,又是一种利用大众力量、用户本位主义的互联网理念。

---

① 京华网:《观念与技术的力量:李彦宏的互联网思维》,2014-04-04,http://epaper.jinghua.cn/html/2014-04/04/content_78159.htm,检索时间:2017-05-01。

② 京华网:《观念与技术的力量:李彦宏的互联网思维》,2014-04-04,http://epaper.jinghua.cn/html/2014-04/04/content_78159.htm,检索时间:2017-05-01。

视频 53 《熊猫那些事儿》第三季第二十期《爱要大声说出来》

　　熊猫频道运用"互联网思维"进行内容的推广,其实是将互联网思维运营在推广思路、推广目标以及推广策略等各个方面。

一、熊猫频道的内容推广思路

　　"互联网思维"强调用户至上、体验至上,以及大规模的受众覆盖。这种思维影响下,熊猫频道的内容推广思路具有以粉丝为中心、强调公益性、创新模式这三个特点。

　　（一）以粉丝为中心

　　互联网摒弃了客户的概念,使用的是用户一词,并且注重用户的体验。客户与用户二者的区别在于:传统意义下的客户与商家之间的关系是一锤子买卖,东西卖出之后,与客户之间不再有关系;而与用户之间建立的则是一种长期的关系。用户使用产品或接受服务之后,产品和服务提供方的目标是使用户长期甚至永久使用,以期产生交易之外感情上的认同。也就是说,从简单的客户变为用户,再从用户变为忠实的粉丝。这样,建立的社群规模越来越大,就会产生越来越大的能量,从而也会发挥越来越大的影响力。

视频 54　《精彩一刻：还是桶里最安全》

熊猫频道目前采取的推广活动多是以粉丝为中心和主体的。如将熊猫频道进行品牌化包装，将 iPanda 包装成熊猫粉丝观看大熊猫的首选渠道；以微博为阵地，形成迅速壮大的微博粉丝群体，全面协调、多维调度各种舆论力量；依托脸书（Facebook）、推特（Twitter）等海外平台，在全球范围内吸粉；在豆瓣、猫扑、百度贴吧、人人网、微信公众号平台等形成网上社区，提供大熊猫粉丝和大熊猫喜爱者的线上讨论平台；发起"熊猫大拜年""熊猫走世界"等粉丝活动，邀请广大熊猫粉丝参与等。

以粉丝为中心和主体着力推广有多方面的好处：首先，由于粉丝本身对于大熊猫和熊猫频道拥有较强的情感依赖度和信任度，容易被各种活动号召起来，愿意参与到各种与大熊猫相关的活动中来，这样活动的筹办和举行就比较容易。其次，粉丝本身具备很大的能量，依靠每位粉丝的人际传播能力和人际网络可以在更大范围内宣传活动。在粉丝或是作品筛选的过程中，粉丝往往会介绍自己的朋友、家人也参与进来。这种人际传播和大众传播相结合的方式，可以形成良好的传播效果。最后，活动成功举办之后，又产生强大的后续能量，引得各类"旁观者"的注意，进一步扩大了频道的影响力。

（二）强调公益性

用"免费的方式来赚钱"是"互联网思维"下新型商业模式的一个特点。其主要思路在于，公司要先把免费的服务做好，以此作为吸引用户、构建用户数据库的基础和第一步。通过免费的服务聚集了巨大的用户数量之后，再利用海量的用户基础建构新的商业模式。这种商业模式，最典型的是利用海量用户吸引广告商投放广告，等于将用户的注意力转卖给广告商赚取利润，也就是"羊毛出在羊身上"。或者提供增值服务，针对已经抓住的用户群，为其设计个性化、多样化的有偿服务，也就是"先免费后收费"。比如，腾讯先将免费的聊天软件做好，之后可以进一步推送广告，赚取广告商支付的费用。再如，新兴的共享单车公司，如"摩拜单车""ofo单车"等都是先采取让用户免费骑行的手段，积累到一定的下载量和用户群体之后，再开始收费盈利。

当然，免费不仅是一种商业模式，它还有更大的好处。不提后期的盈利行为，用户本身就会通过免费的产品、活动参与等形式对品牌产生认知甚至是忠诚和信任，这是互联网思维的深层含义。熊猫频道发起的一系列线上和线下推广活动，均不向粉丝或目标受众收取任何费用。无论是2014年春节的线上活动"熊猫大拜年"，还是2016年底的"熊猫走世界·美丽中国"背景下的全球粉丝招募活动；不管是线上的报名活动，还是线下的旅游、体验活动，均不向参与者收取任何费用，而是由活动的举办方和赞助方负责所有活动行程和活动内容的安排。

熊猫频道强调推广活动的公益性，是"互联网思维"下努力增加受众信任度和忠诚度的体现。一方面，频道突出公益特色，以渠道资源换取与公益机构合作举办活动的机会，举办各类公益性和免费参与的活动；另一方面，通过制作更多优质、免费的内容，将频道影响力做大、品牌做强。在此基础上，再进一步挖掘品牌价值，在策划执行公益活动、合作举办论坛、衍生品开发等方面获得商业收入。

（三）创建模式

创新是互联网时代的核心概念。"互联网思维"将创新的概念发挥到了极致，它革新了商业模式、生产方式，甚至是生活方式和思维方式。如今，任何品牌和产品的推广都要讲求创新，有新意、有新鲜感的东西才能吸引人的眼球,才能让人有参与和加入的愿望。

熊猫频道以中国独有的熊猫为直播对象,本身就是一种创新。24 小时全天候的直播形式,也吸引了更多人的关注。纵观频道走过的轨迹,频道一直以创新为理念,将创新思维运用到内容制作、品牌推广等各个方面。熊猫频道不断更新内容形式,制作有趣的点播内容,在节目制作上始终强调新意,从最初的简单全天候直播逐渐扩展到集直播、点播、互动为一体,汇珍稀动物、自然风光、民俗风情为一处的综合性视频传播平台。

创新没有终点,熊猫频道作为独一无二的频道,本身发展和推广的全过程就是创意和新意的集中体现。

二、熊猫频道推广的典型案例

（一）2014 年春节"熊猫大拜年"线上活动

2014 年春节,时值熊猫频道开播的第一个春节,熊猫频道特别前往北京动物园制作拜年节目,发起"熊猫大拜年"活动。活动要求网友上传原创的与大熊猫相关的"照片"或"视频",并附上自己的新春祝福,优秀作品将于频道上发表。

"熊猫大拜年"活动开展了 1 个月,获得了广大网友的积极支持和响应,海内外网友的原创视频、照片和图片投稿源源不断。最终,熊猫频道评选出了特等奖 1 名、一等奖 6 名、纪念奖 16 名,并将他们的作品在熊猫频道上发表,在广大网友中产生了强烈反响。网友 Aileen6002 留言:"谢谢!!!! 热爱滚滚保护滚滚乃一生光荣事业";网友 ilunacy 留言:"谢谢频道君,2014 年会继续爱滚滚的";日本神奈川县相模原市吉田香荣子女士还特地来信表达对此次活动的支持和感谢。

这次"大熊猫拜年"活动凸显了熊猫频道直播、原创、互动相结合的技术和传播优势,扩大了频道的影响力,取得了非常好的宣传效果,获得了广大网友的一致好评。

（二）脸书（Facebook）全球页定期开展"主题月"策划活动

熊猫频道脸书（Facebook）全球页定期开展"主题月"策划,结合二十四节气开设互动专区,并通过对原创大熊猫视频进行集纳、整理、分类,将碎片化的视频以主题的形式汇总并展现。其中,2016 年 4 月发布 3 条大熊猫主题类视频,共吸引了超过 2 亿次的浏览量,近 1.1 亿独立浏览用户。英国最大的生活、资讯类媒体《每日邮报》曾经多次转载和报道熊猫频道的原创视频,并对中国的生态保护进行正面、积极的评价。熊猫频道海外社交账号还借助六一儿童节主题首次通过海外社交账号尝试矩阵式传播,在海外社交平台形成热烈讨论。期间,相关主题帖文共获得浏览量接近 2062 万次,独立浏览用户 1200 万人,通过点赞、分享和评论的方式参与互动的用户达到 15 万人。来自西班牙最大的传媒集团 PRISA 旗下的最大报刊《国家报》和与英美国家主流媒体有着合作关系的 Caters News Agency(合作媒体包括有线电视新闻网 CNN、美国广播公司、赫芬顿邮报《每日邮报》等)等纷纷来函希望深入合作。

(三)"熊猫走世界·美丽中国"全球网友招募活动

"熊猫走世界·美丽中国"(2016 年 7 月—12 月)全球活动是由中国国家旅游局主办、四川省旅游发展委员会承办、成都文旅旅游营销管理有限公司协办及落地执行的大型宣传推广活动。此次活动期间,熊猫频道与文旅集团签署合作协议。作为大熊猫粉丝招募的特别通道,央视网熊猫频道共筛选出 25 名大熊猫粉丝,并于 2016 年 12 月开展了为期 5 天的粉丝来华接待行。这是一次典型的 O2O2O(online to offline to online)模式推广活动。

首先,熊猫频道根据对活动目标市场和熊猫频道海外社交账号受众文化、语言、受众年龄层分布等背景的调研,将线上粉丝征集的地区确认为中国香港、中国台湾以及马来西亚、泰国、墨西哥、美国、英国、韩国等地区和国家,并划分为 3 个赛区执行 3 组有各自特点的招募方案,分别为"创意川菜大比拼""熊猫的第一张彩色照片""熊猫和我的小秘密"。"熊猫走世界·美丽中国"线上征集活动在海外社交平台上共发布超过 80 条帖文,涉及的平台包括熊猫频道在脸书(Facebook)、优兔(YouTube)、推特(Twitter)和 Instagram,以及 CCTV– 韩语在脸书平台的账号。

其次,25 名全球粉丝来到成都,参与熊猫频道策划安排的为期 4 天的活动。线下活动期间,对 25 名粉丝的整体行程进行了采拍。活动地点包括成都熊猫基地以及成都的文化景点,如宽窄巷子、川菜博物馆、青城山风景区、乐山大佛景区、峨眉山风景区等。线下活动形式还包括学习川菜、参观熊猫频道直播间等。

　　最后，再制成专题节目线上播放，并通过微博、微信等渠道对活动进行第二轮报道和宣传。此外，为了配合"熊猫走世界落地活动"所进行的线上宣传也在熊猫频道海外社交账号进行持续推送，共发布 18 条帖文，总浏览量 201 万次，独立浏览用户 129 万人，并有超过 4.7 万人次参与互动。

　　粉丝征集主要以熊猫频道脸书（Facebook）、推特（Twitter）、Instagram 账号为主要信息发布、活动征集、作品展示的平台，充分发挥各个媒介各自的特点，并为熊猫频道网站做简介、引流和推荐，进一步扩大了熊猫频道品牌的影响力。

　　（四）"熊猫七十二变"等线上活动

　　熊猫频道以大熊猫为主题，在社区策划了"熊猫七十二变""熊猫四格漫画"等线上活动，得到 3000 余名网友的积极响应。精品活动"直播图秀"深受网友喜爱，推出 1 个月之内便吸引用户 2500 余名参与，上传主帖 500 多篇，评论数达 700 余条。这类线上活动，发动群众参与，让群众成为主动推广频道的人，实现了多点对多点的快速传播路径。"熊猫七十二变"等线上活动是成本不高但效果很好的推广方式，成为线上推广活动的成功典型。

视频 55 《精彩一刻：好气哦，奶妈把"小红马"还我》

第五节　传播效果

在解决探讨了熊猫频道"是什么"的问题之后,我们需要研究其"怎么样"和"为什么"的问题。因为任何传播现象,最终都要落实到对受众的感受和传播效果的研究上。

可以说,作为全球唯一的24小时直播大熊猫节目,自2013年8月6日正式上线以来,熊猫频道立刻引起境外媒体和互联网用户的极大关注。在之后几年的发展中,熊猫频道也通过各种手段积极拓展海内外的用户人群,取得了令人瞩目的成效。不论是在熊猫频道网站,还是通过社交媒体,关注熊猫频道及其传播内容的海内外用户数量都非常之高。截至2016年底,熊猫频道多终端、多平台累计总浏览量超过23亿人次;熊猫频道海外社交账号粉丝数超过800万,是2016年初的4倍;至今发布的原创视频先后被英国广播公司、美国有线电视新闻网等在内的1144家境外电视频道使用超过1万次,最热门的一条视频点击数超过7000万次。在这些成绩的背后,在获得极大关注量的基础上,熊猫频道的传播实践究竟达到了什么样的效果? 这是亟待进一步研究探讨的问题。

在传播学研究视域下,传播效果是指传播者发出的信息经媒介传至受众而引起受众思想观念、行为方式等的变化。对传播效果的考察,通常以收视调查、受众调查、深度访谈、自然观察等研究方法展开,主要侧重于研究媒介信息对受众产生的影响和受众由此产生的评价。分析的内容包括认知度、接受度、满意度、忠诚度等维度,也有人将其分为认知、情感和行为改变三个层面。本书对熊猫频道传播效果的讨论,将围绕实地调研和受众调查展开,以分析熊猫频道在海内外受众中产生的传播效果如何。在此基础上,本书还将进一步对熊猫频道的传播效果展开深层次的分析,结合传播学、美学、文化学、社会学、心理学等相关理论,从跨学科的角度探讨熊猫频道达到如此传播效果的原因所在。

在此次调研展开的过程中,课题项目组围绕熊猫频道的传播效果展开一系列调查研究,采用定性与定量结合的研究方法采集案例样本和分析数据。

首先,课题项目组借助"熊猫走世界·美丽中国"大型线下交流活动的契机,围绕参加此次活动的 25 名来自世界各地的熊猫粉丝,展开了实地调研、参与观察和焦点小组访谈。这项活动由国家旅游局和四川省旅游发展委员会发起主办,从 2016 年 9 月开始启动,结合线下活动宣传和线上作品募集进行参与者征选。线下活动包括在德国柏林、丹麦哥本哈根等地举办的推广活动,线上募集则主要通过熊猫频道的海外传播平台开展。此次线上征集主要通过脸书(Facebook)等社交媒体平台面向马来西亚、泰国、墨西哥、美国、英国、韩国和中国香港、台湾地区的大熊猫粉丝发出邀请,通过制作大熊猫主题的 "创意川菜"(第一赛区,面向中国香港、中国台湾)、绘制 "熊猫的第一张彩色照片"(第二赛区,面向马来西亚、泰国、墨西哥)、摄制 "熊猫和我的小秘密"(第三赛区,面向英国、美国、韩国)报名参加活动[1]。

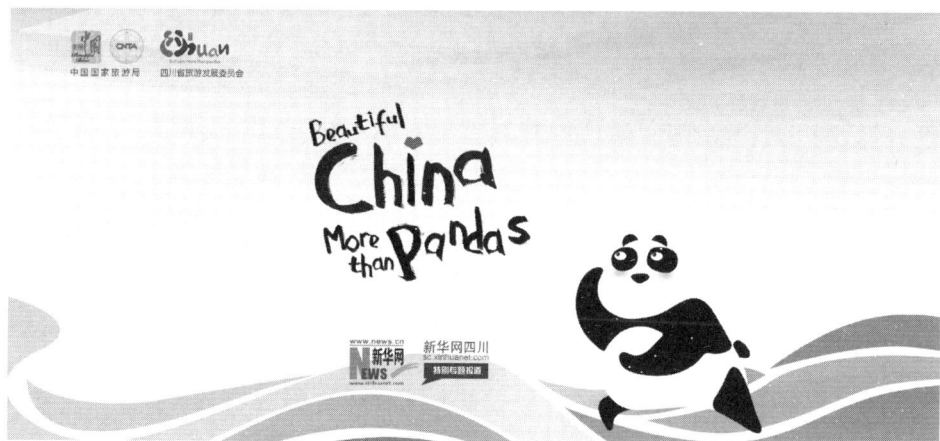

图 2-3 "熊猫走世界·美丽中国"活动宣传页面[2]

经过激烈角逐和精心选拔,熊猫频道最终邀请了来自上述国家和地区的 25 名海外粉丝于 2016 年 12 月中旬赴成都参加活动。在此过程中,本课题调研组专门派员全程参与此次活动,与 25 名海外粉丝一起参观大熊猫基地,探访熊猫频道,并在过程中参与观察他们对于大熊猫和熊猫频道的观感评

① 熊猫频道:《"熊猫走世界"有奖征集活动·活动介绍》,http://www.iPanda.com/special/activities/pandatrip/cn/information/index.shtml,检索时间:2017-6-30。

② 新华网四川频道:《"熊猫走世界·美丽中国"专题》,http://www.sc.xinhuanet.com/topic/2016xmzsj/,检索时间:2017-6-30。

图 2-4 "熊猫走世界·美丽中国"活动开幕①

论,随后展开小组访谈了解他们对熊猫频道的了解、使用和评价。这次调研的主要目的,在于初步了解海外受众对熊猫频道的品牌知悉程度、内容使用情况以及对大熊猫和熊猫文化的了解。调研结果作为基础信息,为后续的量化研究提供框架。这部分调研以定性研究为主,鉴于匿名原则和隐私保护,具体调研结果无法完全直接体现在研究报告中,将以引述、转述或案例的方式在下文对传播效果的讨论中部分提及。

之后,本课题调研组针对海内外受众的不同特点,专门设计了面向不同受众群体的调研问卷。问卷主体包括三个部分:第一部分是基础信息,主要是用户群体的人口特征描述性信息,包括性别、年龄、受教育程度/国家地区等;第二部分主要涉及用户对熊猫频道及其社交媒体平台账号的认知程度、使用习惯和评价认同;第三部分包括两个开放性问题,了解用户对大熊猫本身的认知以及通过熊猫频道获得相关信息的情况。本次受众调查于 2017 年3 月底启动,海外受众调查问卷和国内受众调查分别通过海外社交媒体平台脸书(Facebook)和国内社交媒体平台新浪微博同时上线。之所以选择这两个社交媒体平台作为受众调查的渠道,主要是出于以下考量:其一,熊猫频

① 熊猫频道:《"熊猫走世界·美丽中国"全球熊猫粉丝开启四川之旅》,2016-12-15,http://news. iPanda.com/2016/12/15/ARTINdJcTV3G7BZczD8n7UHr161215.shtml,检索时间:2017-06-30。

道的内容传播和市场推广主要通过社交媒体平台实现,尤其是在对外传播过程中,脸书是海外受众关注熊猫频道、接收熊猫信息的主要渠道;其二,由于社交媒体平台具有非常好的互动性,受众的参与度较高,便于展开此类调研。

一、海外受众调查

从最初萌生创办熊猫频道这样一个直播频道的想法时,整个创业团队就非常重视包括社交媒体平台在内的多媒体整合传播。因此,早在正式上线之前,熊猫频道就已经开始了海外社交媒体的部署,在包括脸书(Facebook)、推特(Twitter)、Instragram等在内的海外主要社交媒体平台都开设了账号,开始为熊猫频道的上线开播进行预热和推广。其中,熊猫频道的脸书账号最早开通于2013年5月初,当时采用的账号名为 iPanda,每天发布《熊猫趣图》《熊猫视频》《熊猫新闻》和《熊猫相关》等栏目,通过图片、视频和文字资讯来丰富页面内容。与此同时,iPanda 还开设了"熊猫小百科""熊猫教你学中文"和"熊猫是你的小翻译"等话题和活动,吸引网友参与和讨论,同时进一步推广熊猫频道主网站的知名度和浏览量。5月24日11时 iPanda 发

图 2-5　2013 年 5 月创建初期的熊猫频道脸书(Facebook)账号 iPanda

出了一条《我和妈妈一起玩》（"Panda lovely vedio: cub plays with Mom...so cute"）的熊猫视频,截至当日 17 时已经有 1600 多人点击观看。上线两天后,共有超过 4000 多人浏览与分享该条视频,并积极参与评论。

　　截至 2014 年 6 月 30 日,熊猫频道的脸书（Facebook）粉丝数量达到了 2 万人, 2015 年点赞数超过了 10 万。2015 年底,为了更好地协同社交媒体的传播力量和内容资源,熊猫频道将海外各大社交媒体平台上的账号进行整合。脸书账号升级改版为 iPanda,作为熊猫频道的官方账号,并以熊猫频道的官方标识作为头像,同时以中英文发布图文和视频内容,并且与粉丝保持紧密互动。截至 2017 年 6 月底, iPanda 的粉丝数量超过 960 万（2017 年 6 月 30 日的数据为 9636562 人）,获赞数量也达到了 957 万（6 月 30 日数据为 9577797）。脸书给出的数据显示,给 iPanda 的留言平均 24 小时以内都会获得回复,还不时主动发起讨论或者其他线上活动,整体互动体验较好,形成了一定的活跃粉丝群体。

　　此次基于熊猫频道脸书（Facebook）平台 iPanda 开展的问卷调查,共有

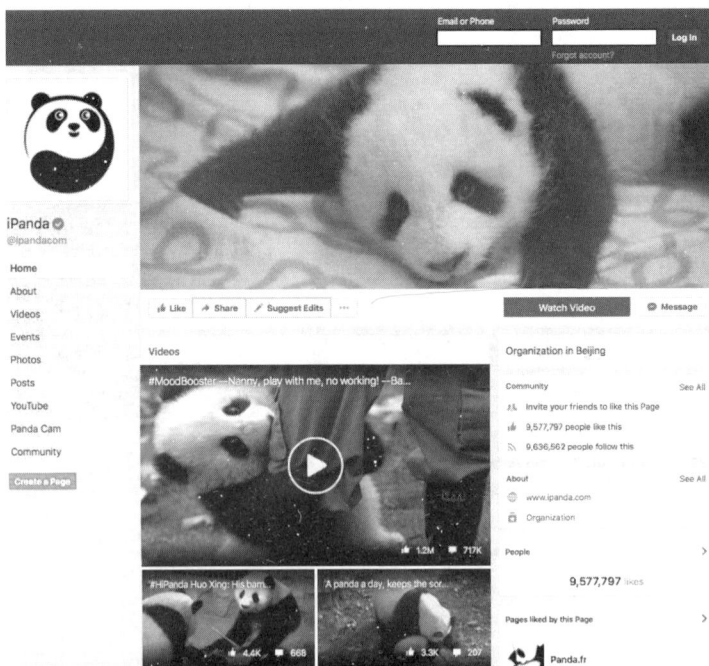

图 2-6　熊猫频道脸书（Facebook）官方账号 iPanda

3 个部分 14 道问题 ①。问卷通过熊猫频道脸书账号 iPanda 上线,基于脸书发起问题的功能,问卷内容直接经由 iPanda 发布,并由关注该账号的受众人群进行即时回复。在问卷上线当天,即时回复参与调查的用户数量共计 245 人。

(一)iPanda 海外粉丝的基本情况(调查问卷的 1—3 题)

在 245 名接受调查的海外粉丝中,有 184 名女性、61 名男性,性别比例为女 75%、男 25%。其中, 26 岁到 39 岁年龄层的粉丝数量最多,达到受调查总人数的 38.4%, 18 岁到 60 岁的成年受众群体总占比达到九成以上。除此之外,在不足 18 岁的少年用户和 60 岁以上的老年用户中也有一定的受众数量。当然,这一数据在很大程度上受到脸书(Facebook)本身用户群体的基本特征影响, 18 岁到 40 岁之间的年轻人本来就是社交媒体的主要积极用户群体。以这一数据为参考,结合调研所得信息,可以说:熊猫频道脸书账号 iPanda 的关注者主要以年轻女性群体为主。这与 iPanda 发布内容以及大熊猫本身的特性有很大关系,更加符合年轻女性受众的媒介内容消费心理需求。这一点将在下文展开具体讨论,在此不予赘述。

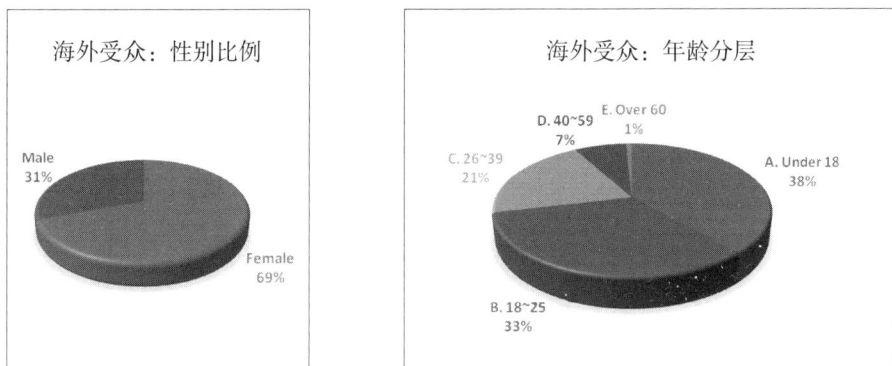

图 2-7　熊猫频道脸书(Facebook)账号 iPanda 海外受众群体基本情况

在接受调查的用户中,来自的国家/地区覆盖非常广泛,包括了美洲的美国、加拿大、墨西哥、巴西、智利、哥伦比亚等国家,欧洲的奥地利、西班牙、法国、英国、德国、丹麦、意大利、罗马尼亚、匈牙利、希腊、葡萄牙、波兰等国,亚洲的泰国、新加坡、菲律宾、印度尼西亚、印度、韩国和日本,以及澳大利亚

---

① 注:问卷内容请见本章附件 1。

和埃及。另外,还有大量来自中国香港和台湾地区的脸书（Facebook）用户通过 iPanda 关注熊猫频道的动态信息。其中,尤以美国、英国、法国、墨西哥、泰国、马来西亚几个国家的关注用户数量最多,美国尤为突出。这一数据与前期调研所得发现相符,本国有大熊猫生活的海外民众会更多关注熊猫频道,也更倾向于成为长期关注熊猫频道、关注大熊猫资讯的忠实用户群体。在调研过程中,来自美国、泰国、英国、马来西亚等国的大熊猫粉丝都表示,本国很多人对大熊猫和熊猫频道的关注都源自对在本国生活的大熊猫的喜爱。根据中国野生动物保护协会的数据,截至 2016 年底,中国与日本、美国、奥地利、泰国、西班牙、澳大利亚、英国、法国、新加坡、加拿大、比利时、马来西亚等 13 个国家的 18 个动物园开展大熊猫合作研究,旅居海外的大熊猫及其幼崽共 53 只。2017 年,荷兰和德国等国也加入了这一阵列。根据对熊猫频道脸书账号 iPanda 的监测,可以发现在 7 月初大熊猫赴德的新闻前后,明显有更多的关注数量增长,很多用户留言都表示自己来自德国并且因为赴德大熊猫的新闻进一步关注大熊猫相关资讯,进而关注到熊猫频道。

（二）海外粉丝对 iPanda 认知程度（调查问卷的 4—8 题）

这一部分主要由问卷中 4—8 题的内容构成,问题设置主要涉及用户对熊猫频道脸书（Facebook）账号 iPanda 的知悉程度和使用情况,具体包括用户对 iPanda 的获悉途径、关注时间、关注频度、关注内容和关注原因。

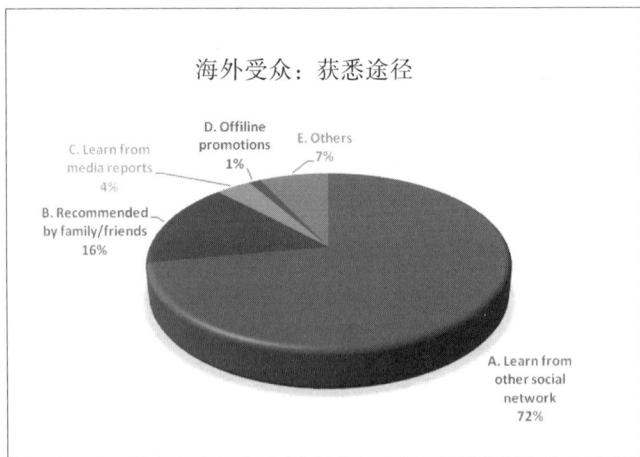

图 2-8　熊猫频道脸书（Facebook）账号 iPanda 海外受众获悉途径

在接受调查的用户当中，七成以上表示他们获悉熊猫频道脸书（Facebook）账号 iPanda 的途径是其他社交网络平台，包括优兔（YouTube）、Instagram 等。另外 16% 的人表示，对 iPanda 的关注主要是由于家人或朋友的推荐。这一结果与前期调研所得发现基本相符，在参加"熊猫走世界·美丽中国"的海外粉丝当中，多人表示他们最初对熊猫频道及其脸书账号 iPanda 的了解，主要由于在不同社交平台主动检索或偶然接收到与大熊猫相关的资讯，进而关注了熊猫频道及其社交平台账号。其中，还有部分较为活跃的粉丝级用户，长期关注并积极向身边家人朋友推广相关内容和 iPanda 账号。台湾一对姐妹粉丝表示，姐姐开始关注 iPanda 就是源自妹妹的影响。来自美国的情侣粉丝也称，因为女孩特别喜爱熊猫，最终男朋友也成为 iPanda 的粉丝，两人之间也多了一个"特别有爱"的共同话题。此外，也有部分用户是通过媒体报道、线下推广等途径获悉熊猫频道脸书（Facebook）账号 iPanda。

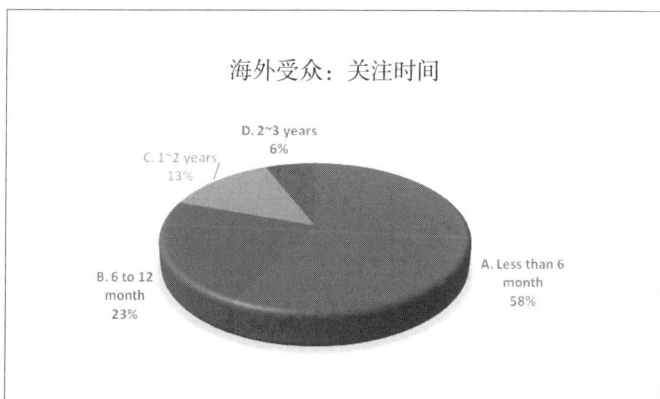

图 2-9　熊猫频道脸书（Facebook）账号 iPanda 海外受众关注时间

在获悉熊猫频道脸书（Facebook）账号 iPanda 之后，大部分粉丝选择开始关注，但就关注的时间长度来说，大部分用户还是以半年以内的短期关注为主。在接受调查的用户当中，58% 表示自己关注 iPanda 开始于近半年以内，另外有 23% 关注 iPanda 达到 1 年左右时间。当中也有少数用户关注 iPanda 的时间达到 1 年以上，可以说是 iPanda 的长期忠实受众，占到受调查总人数的近两成。在前期调研中，也有很多受访粉丝表示，自己之前只是从不同渠道关注与熊猫相关的资讯，而在"熊猫走世界·美丽中国"

大型推广活动前后才开始全面关注熊猫频道的脸书（Facebook）账号iPanda。其中，也有部分用户表示，自己本身是在优兔（YouTube）等其他网站关注熊猫频道发布的内容，在近半年之内才因为线下活动的原因进一步转到脸书。

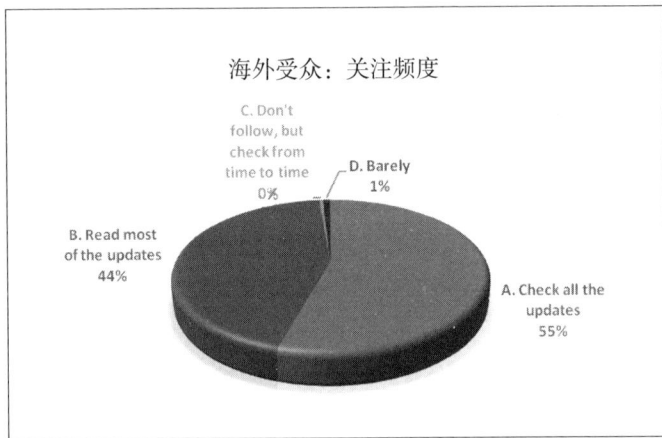

图 2-10　熊猫频道脸书（Facebook）账号 iPanda 海外受众关注频度

　　就关注频度来说，在接受调查的用户中，高达 99% 的用户都是经常查看熊猫频道脸书（Facebook）账号 iPanda 发布内容的忠实受众。其中，更有55% 的用户表示自己是密切关注 iPanda 发布的内容，几乎所有发布内容都会关注。这与前期调研所得情况相符，"熊猫走世界·美丽中国"活动的 25名参与者都表示，自己在脸书账号上设置了对 iPanda 的关注，每次 iPanda 发布新内容时都会收到弹出提醒，而大多数人都表示自己基本上都是收到提醒后第一时间就去查看相关内容。当然，这一结果在很大程度上与社交媒体本身的使用特点有很大关系。其中，还有部分参与者表示，除了通过提醒来关注 iPanda 账号发布的内容，自己还经常在业余闲暇时间进一步收看熊猫频道主网站发布的内容，尤其是直播的熊猫动态。

　　熊猫频道的脸书（Facebook）账号 iPanda 平均每天发布 5 到 10 条内容，在重大新闻事件或重要时间节点时 [1]，发布量会相应上升到每天 10 条

---

　　[1]　基于熊猫频道的内容定位，这里的"重大新闻事件""重要时间节点"均指熊猫相关主题，例如：大熊猫"梦梦""娇庆"赴德开展国际合作研究、大熊猫产仔期等等。

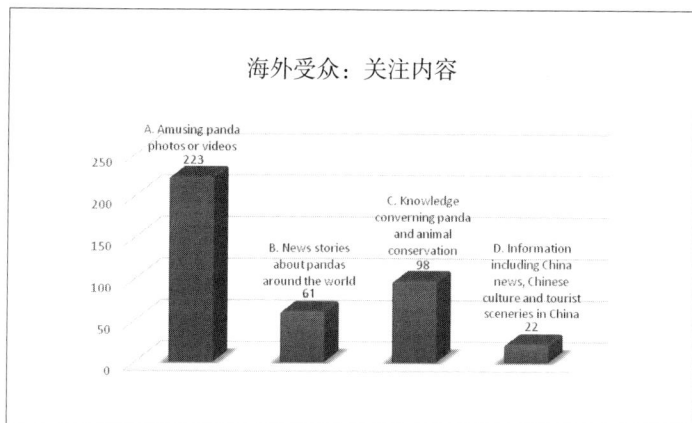

图 2-11　熊猫频道脸书（Facebook）账号 iPanda 海外受众关注内容

至 20 条。发布内容主要可以分为以下几类：第一是与熊猫频道的趣味信息，主要是源自熊猫频道主网站的自制内容，如趣味动图、幽默视频等。同时，这一类也是熊猫频道脸书账号 iPanda 发布最多的内容。第二是与大熊猫相关的新闻报道，这类内容往往以简短的新闻事实提要附以链接的方式，进一步导向来自熊猫频道主网站或其他国内媒体的相关新闻报道。第三是与大熊猫和动物保护有关的资讯内容、科普信息。第四是关于中国的新闻、文化和旅游等资讯，大多数内容也来自熊猫频道主网站的熊猫文化、直播中国等板块。在本次调查中，相应题目共设置了 A、B、C、D 4 个选项对应上述 4 个类别的内容，题目设计为多选题，即每个参与调查的用户可以在其中选出自己关注较多的 2—3 个选项，最终调查数据如图 2-16 所示。在这当中，关注第一类内容的受众数量最多，受调查的 245 名用户中有 223 人表示经常关注这类发布内容，所占比例达到 91%；有 98 名用户选择了第三类内容，通过 iPanda 获悉与大熊猫和动物保护有关的资讯内容，在 245 名受调查用户中占比 40%。之后是第二类与大熊猫相关的新闻报道（61 人选择，占比 24.8%），第四类与中国相关资讯排最后（22 人选择，占比 8.9%）。在前期调研中，部分长期关注熊猫频道脸书账号 iPanda 的参与者表示，最初关注 iPanda 主要是因为其轻松、幽默的内容，因此加深了个人对大熊猫这种可爱动物的喜爱，关注一段时间以后就会自然而然更多关注与大熊猫保护、动物保护相关的资讯。来自美国的

Brian 在访谈中谈道："比如说,因为 iPanda 的普及我才知道,大熊猫这种动物的重要性远远不止在于它们的可爱令人愉悦,更重要的是它们作为旗舰物种对于保护生物多样性来说具有什么样的意义,这对于全世界的人来说都具有非常重要的意义。"其他参与者也表示,因为密切关注了熊猫频道对大熊猫交配和产仔的报道,了解到很多与大熊猫繁衍相关的科学知识。甚至有人表示,因为长期关注这些资讯内容,对成都大熊猫繁育研究基地一点都不陌生,对于一年当中什么时间他们的工作重点都能如数家珍。

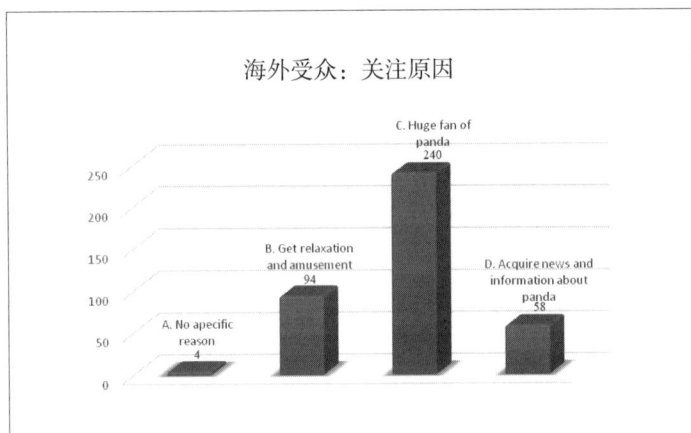

图 2-12　熊猫频道脸书（Facebook）账号 iPanda 海外受众关注原因

　　这部分最后一个问题是关于海外受众关注熊猫频道脸书（Facebook）账号 iPanda 的原因,在传播学研究中也就是对受众就媒介信息的使用意图进行考察。相应题目共设置了 A、B、C、D 共 4 个选项,题目设计为多选题,即每个参与调查的用户可以在其中选出认为最为符合自己情况的 2—3 个选项。在接受调查的 245 名用户当中,有 240 人表示关注 iPanda 的原因主要是出于对大熊猫的喜爱,达到总受调查人数的 97.9%;另外有 94 名用户表示关注 iPanda 是为了获得轻松娱乐（占比 38.4%）;58 名用户表示关注 iPanda 是为了获取熊猫相关新闻信息（占比 23.7%）。可以说,熊猫频道脸书账号 iPanda 起到传播效果的主要基点就是大熊猫本身,大多数关注用户对 iPanda 的媒介使用均是出于对大熊猫本身关注的原因。

（三）海外粉丝对 iPanda 认同程度（调查问卷的 9—12 题）

这一部分主要由问卷中 9—12 题的内容构成，问题设置主要涉及用户对熊猫频道脸书（Facebook）账号 iPanda 以及延伸至对熊猫频道主网站的认同情况，并进一步测量基于认同产生的行为。

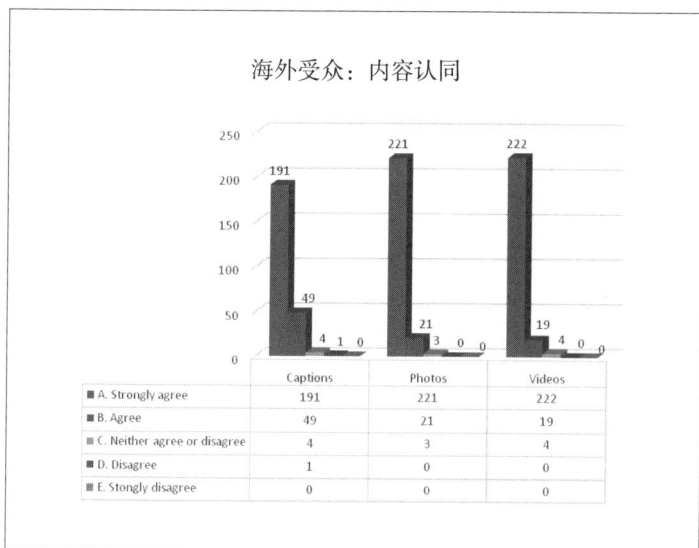

图 2-13　熊猫频道脸书（Facebook）账号 iPanda 海外受众内容认同

在测量用户对熊猫频道脸书（Facebook）账号 iPanda 的认同情况时，问卷采用了内含 4 个分项问题的矩阵式问题，按照五级量表方式设置选项（具体见本章附件 1 第 9 题）。其中，前 3 个分项问题是并列关系，分别涉及用户对 iPanda 发布的文字、图片和视频内容所持的认同程度。调查数据显示，在文字、图片、视频 3 类发布内容当中，关注用户都表示出极高的认同程度。在 3 个分项问题中，所有 245 名受调查用户给出的反馈都是正向答案，尤其以肯定程度最高的"非常同意"最多，对文字内容的最高程度认同比例达到 77.9%，图片内容为 90.2%，视频内容为 90.6%。由于受调查人群本身就是 iPanda 的关注用户，认同程度自然相对较高，因此这一数据仅在本研究中作为参考。但是，对这一数据的考察，仍能够在一定程度上说明 iPanda 发布内容质量较高，与海外用户的使用需求较为吻合。

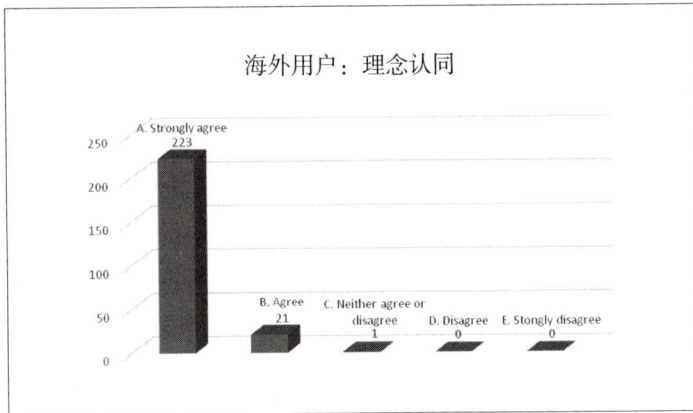

图 2-14　熊猫频道脸书（Facebook）账号 iPanda 海外受众理念认同

基于前三个分项问题对内容认同情况的考察，第四个分项问题则涉及用户对熊猫频道脸书（Facebook）账号 iPanda 对自身传播理念定位的认同程度。在 iPanda 账号的简介中，除了说明该账号是熊猫频道 iPanda.com 的脸书官方账号，以及对熊猫频道主要传播内容的简要说明以外，还有一句话表明了熊猫频道的传播理念定位："天天看滚滚，烦恼跑光光"（A panda a day, keeps your sorrow away），以及"在这里，我们将展示一个精彩的中国"（Here, we also introduce an exciting China）。该问题同样以五级量表题项设计，考察用户对此传播理念的认同程度。在接受调查的用户中，223 人表示对此传播理念定位"非常认同"，达到 91% 的高比例，另外还有 21 人表示"基本同

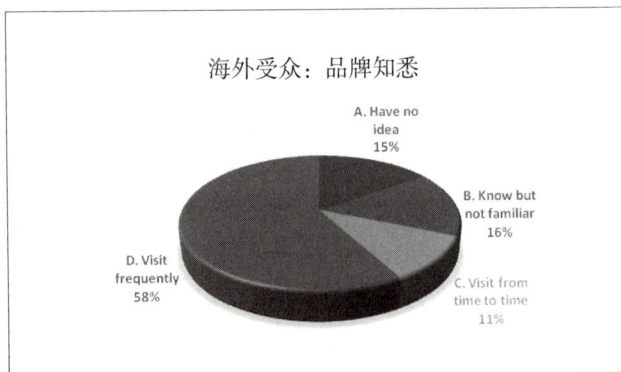

图 2-15　熊猫频道脸书（Facebook）账号 iPanda 海外受众品牌知悉

意",仅有 1 人未置可否。可以说,iPanda 频道的传播实践基本与其传播理念定位相符,并且获得了大多数关注用户的认同。

　　作为熊猫频道在海外社交媒体平台脸书(Facebook)开设的唯一官方账号,iPanda 的主要目的是实现对熊猫频道的内容推介和品牌推广。因此,调查问卷专门设置问题考察 iPanda 关注用户对熊猫频道主网站 iPanda.com 的知悉程度。在受调查用户中,58% 的人表示自己会经常访问熊猫频道主网站,11% 的人表示有空时偶尔访问熊猫频道主网站,具有较高的知悉程度。其他用户当中,16% 的人表示自己知道熊猫频道主网站,但是没有太多了解。另外 15% 的人则完全不知道熊猫频道的主网站,仅仅是从社交媒体平台关注相关信息。可以说,iPanda 账号的关注用户当中八成以上的用户都对熊猫频道主网站有一定了解,基本上达到了内容推介和品牌推广的功能设置。

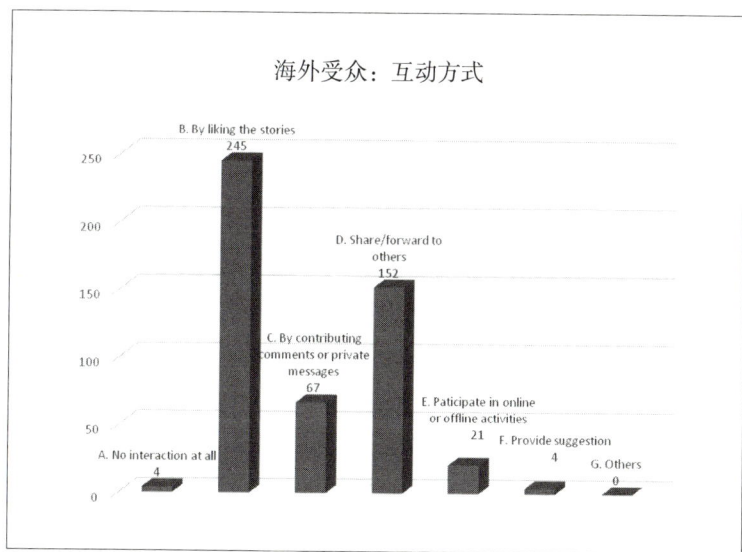

图 2-16　熊猫频道脸书(Facebook)账号 iPanda 海外受众互动方式

　　这一部分最后两题是关于 iPanda 关注用户基于认同产生的相关行为,其一是与 iPanda 账号的互动方式,其二是延伸行为。就互动方式来说(见图 2-16),这一题项采取多选方式,即每个参与调查的用户可以在其中选出 2—3 个选项。如图 2-16 所示,所有受调查用户(245 人)都选择了采用"内

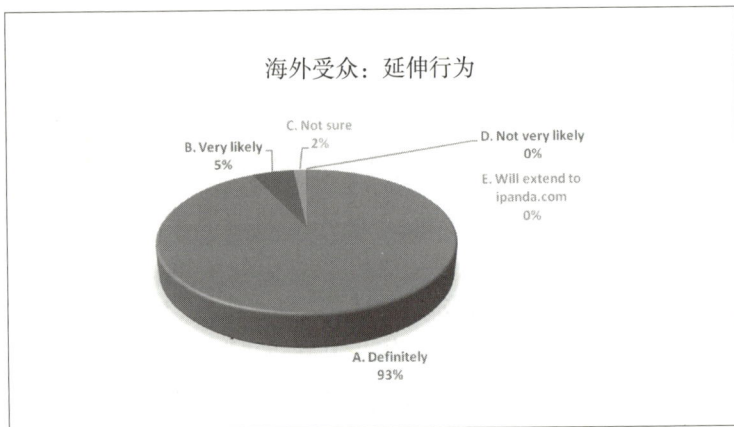

图 2-17　熊猫频道脸书（Facebook）账号 iPanda 海外受众延伸行为

容点赞"的方式，另外还有 152 人（62%）选择了内容转发的方式，选择"评论私信"的有 67 人（27.3%），选择"参加线上线下活动"的有 21 人（8.5%）。总的来说，绝大多数用户都选择了一种甚至多种互动方式，其中又以社交媒体的三种主要互动方式居多（点赞、评论、转发）。此外，就延伸行为来说（见图 2-17），这一题的内容是询问用户是否会向其他人推荐 iPanda 账号？其中，绝大多数受调查用户表示肯定会推荐（93%），另外还有 5% 的人表示很有可能会推荐，2% 的人表示不确定。可以说，大多数 iPanda 账号的关注用户都是有意愿进行积极互动以及进一步推广行为的活跃受众人群。

（四）海外粉丝对 iPanda 信息反馈（调查问卷的 13—14 题）

作为此次调查问卷的增加题项，这两个问题没有要求所有参加受调查者都必须作答。最终，针对这两个问题共收到 61 名用户的反馈。由于网络问卷调查属于非面对面的调查研究方法，凸显了这类调查途径的缺点，大多数回复都与问题本身相去甚远。但是，其中仍有不少用户给予了较为明确的回答，尤其是对 iPanda 传播内容改进的建议。这部分调查所得结果，将在本书其他章节相关内容中有所体现。

二、国内受众调查

同海外社交媒体平台一样,熊猫频道对国内社交媒体平台的传播也非常重视,在频道正式上线之前就已经开通了新浪微博、微信公号等社交平台账号。其中,新浪微博是熊猫频道在国内展开社交媒体平台推广时最为主要的阵地。2013 年 4 月 20 日,熊猫频道在新浪微博开通账号,当时的账号名称为"iPanda 爱熊猫",每天发布 4—6 条博文,定时推送"熊猫早安""熊猫镜头"等内容。从 5 月初开始,熊猫频道开始通过新浪微博发起转发抽奖等线上线下互动活动,为熊猫频道网站上线进行预热宣传。开通 1 个月后,"iPanda 爱熊猫"发布的大熊猫视频就获得了单条视频阅读量 8383 次的成绩,成为熊猫频道在新浪微博的第一条热门微博。

图 2-18　熊猫频道 2013 年最早采用的新浪微博账号"iPanda 爱熊猫"

2015 年底,为了更好协同国内社交媒体的传播力量和内容资源,熊猫频道对国内社交媒体平台账号进行整合,新浪微博"iPanda 熊猫频道"成为熊猫频道的唯一官方微博账号,并以熊猫频道的官方标识作为头像。截至2017 年 6 月底,熊猫频道的新浪微博账号"iPanda 熊猫频道"粉丝数量达到356.7 万,发布博文 5000 余条。其中,活跃用户的数量也很大,大多数博文的转发量和评论量都在 200—500 左右,而点赞数基本都能达到 3000 至 5000,平均每周都有 10 条以上成为热门微博[1]。iPanda 熊猫频道账号的更新频率基本上可以达到每天 5—8 条,同上述脸书(Facebook)账号 iPanda 一样,逢重大新闻事件或重要时间节点也会相应增加发布内容。

---

[1]　截止到 2017 年 6 月 30 日 16:00。

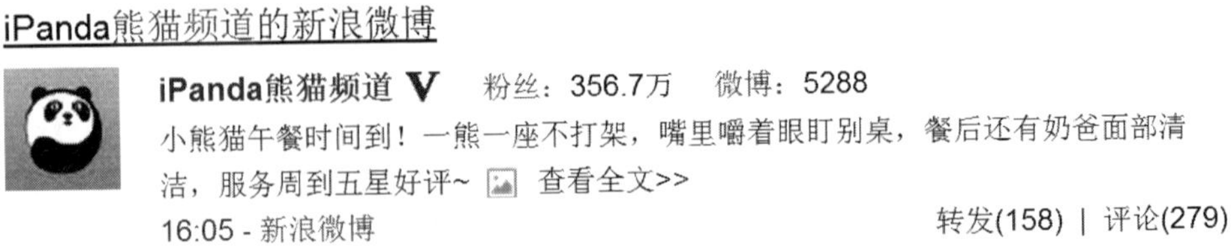

iPanda熊猫频道的新浪微博

iPanda熊猫频道 **Ｖ**　粉丝：356.7万　微博：5288

小熊猫午餐时间到！一熊一座不打架，嘴里嚼着眼盯别桌，餐后还有奶爸面部清洁，服务周到五星好评~ 🖼 查看全文>>

16:05 - 新浪微博　　　　　　　　　　　　　　转发(158) ｜ 评论(279)

图 2-19　熊猫频道新浪微博账号"iPanda 熊猫频道"

　　此次基于熊猫频道新浪微博平台"iPanda 熊猫频道"开展的问卷调查,首先通过第三方问卷调查平台"问卷星"搭建专页,之后通过新浪微博"iPanda 熊猫频道"账号发布,持续开放时间为 1 个月（30 天）。在问卷调查开放期间,约有 6000 余人访问问卷链接,回收有效问卷 6168 份。问卷内容分为 3 个部分,共有 13 道问题①。第一部分为 1—3 题,"iPanda 熊猫频道"受众的基本情况;第二部分,4—7 题主要涉及受众对"iPanda 熊猫频道"的知悉和关注情况,8—10 题涉及受众对"iPanda 熊猫频道"的认同程度和延伸行为;第 3 部分包括 3 道开放题目,了解受众对"iPanda 熊猫频道"以及熊猫本身的观点和意见。

　　（一）"iPanda 熊猫频道"国内粉丝的基本情况（调查问卷的 1—3 题）

　　在接受调查的用户中,女性达到 5582 人,占所有参加调查人数的90.5%,而男性受众占比仅为 9.5%。其中, 15—34 岁的年轻群体占到93.17%,构成"iPanda 熊猫频道"的主要关注受众人群。此外,还有 35—60岁用户群体占比达到 5.84%。与此同时,在"iPanda 熊猫频道"的受众当中,主要以接受过高等教育的人群为主,具有本科学历者达到 76.76%,具有硕士及以上学历者达到 9.71%。这一结果,与社交媒体使用人群的特点相符。根据新浪微博数据中心发布的报告②,新浪微博的主要活跃用户为 18—30 岁的年轻群体,拥有大学以上高等学历的用户是微博的主力用户。然而,在微博用户当中,主要的活跃用户是年轻群体中的男性,而"iPanda 熊猫频道"的受众群体则是以女性为主。这一特点,则在很大程度上与"iPanda 熊猫频道"的发布内容和传播特点有关,这部分将在相应章节予以探讨。

---

　　① 问卷内容请见本章附件 2。

　　② 微博数据中心:2016 年微博用户发展报告, 2016 年 12 月, http://vdisk.weibo.com/s/tOSyrHCQJUo/1484797235,检索时间:2017-5-20。

国内受众：性别比例

男
9.50%

女
90.50%

国内受众：年龄分层

D.60岁以上　0.10%
C.35-60岁
5.84%
A.15岁以下
0.89%

B.15-34岁
93.17%

国内受众：教育程度

D.硕士及以上
9.71%
A.高中及以下
8.12%
B.专科
16.41%

C.本科
65.76%

图 2-20　新浪微博 "iPanda 熊猫频道" 国内受众基本情况

（二）国内粉丝对 "iPanda 熊猫频道" 认知程度（调查问卷的 4—7 题）

这一部分主要由问卷中 4—7 题的内容构成，问题设置主要涉及用户对 "iPanda 熊猫频道" 的认知程度，具体通过受众对 "iPanda 熊猫频道" 的获悉渠道、关注频度、关注内容和关注原因四个方面进行考察。

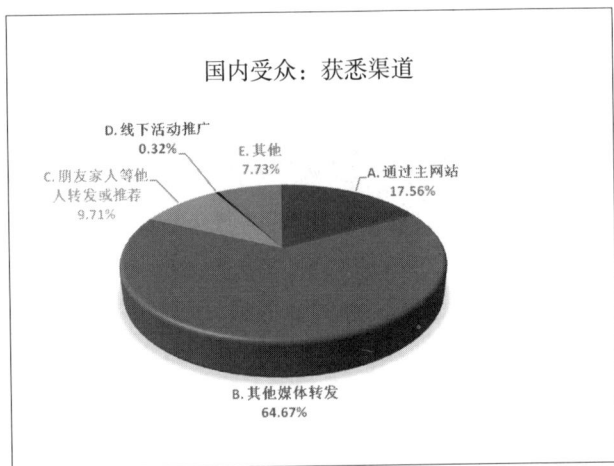

图 2-21　新浪微博"iPanda 熊猫频道"国内受众获悉渠道

首先,在接受本次调查的用户当中,对微博账号"iPanda 熊猫频道"最主要的获悉渠道是"其他媒体转发",达到 64.67%。其次,"通过熊猫频道主网站"的用户,达到 17.56%,"通过家人朋友等他人转发或推荐"了解到"iPanda 熊猫频道"的用户也有 9.71%。在回复"其他"的用户当中,近半数的人表示自己最先是从视频分享网站哔哩哔哩(bilibili)看到了来自熊猫频道的视频内容,知道熊猫频道以后进而搜索关注微博账号"iPanda 熊猫频道"。有意思的是,熊猫频道本身并没有在哔哩哔哩(bilibili)开设账号,所有视频内容都是由用户自发上传的,很多账号名称就以某一只或几只大熊猫的名字来命名,大量发布的内容也都是这些大熊猫的日常状态,俨然一个明星熊猫的粉丝圈。比如,"庆大 and 庆小"①"熊家是蔓越煤"② 等都是发布量非常大的活跃账号。同时还有不少人表示自己是通过热门微博看到某一条有意思的大熊猫博文进而关注了"iPanda 熊猫频道"。还有相当一部分人回复

----

①　"庆大"和"庆小"是一对出生于 2015 年 9 月 16 日的双胞胎,熊猫妈妈庆贺的产仔过程通过熊猫频道进行全球直播。同年 10 月,兄弟俩当选联合国开发计划署的首对动物形象大使,成为全球瞩目的明星熊猫。

②　"蔓越煤"本名叫"青青",是熊猫妈妈"姚蔓"于 2015 年 8 月 18 日生下的龙凤胎中的哥哥。因为"青青"非常活泼好动,经常滚得一身泥水变成浑身黑褐,因此网友给它起名为"蔓越煤"。熊猫频道制作了以"蔓越煤"为主角的系列节目《我的童年》,从 2016 年 3 月开始播出,每周一期一直持续至今。"蔓越煤"被称为"网红熊猫",受到全国网友的密切关注。

称自己"本来就是猫粉,主动搜索大熊猫相关信息时发现的"。占比最小的一类是"线下活动推广",在 6000 余名受访者当中仅有 20 人表示自己是通过这一渠道获悉熊猫频道及其微博账号的。就一个网络视频媒体来说,熊猫频道最为主要的内容传播和品牌推广的渠道都在网络空间之内,可以看到通过网络和社交网络延伸实现的品牌推广是最有成效的,绝大多数用户都是通过这类渠道获悉熊猫频道及其微博账号。

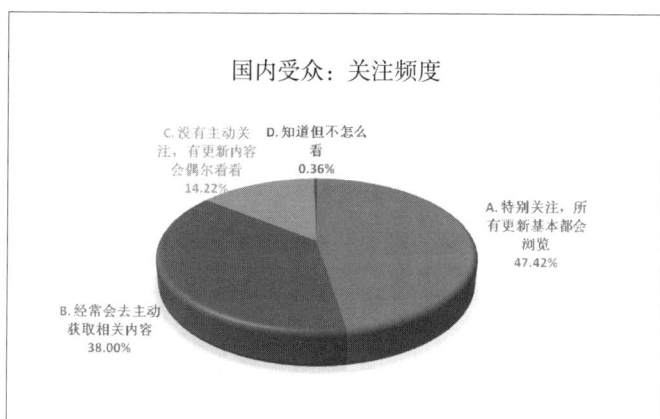

图 2-22　新浪微博"iPanda 熊猫频道"国内受众关注频度

就国内受众对"iPanda 熊猫频道"的关注频度来说,在接受调查的用户当中,超过八成以上的用户属于较高频度关注的主动型受众,其中表示"所有更新基本都会浏览"的用户更是达到 47.42%,另外 38% 的用户则是"经常会去主动获取相关内容"。除此之外,尽管没有主动关注,但会"偶尔看看"的用户达到 14.22%。基于这一数据以及受访用户对本次调查的反馈情况,可以说"iPanda 熊猫频道"具有较高的用户黏性,绝大多数用户都是会主动关注且关注频度较高的积极受众。

在"iPanda 熊猫频道"每天发布的博文当中,主要可以分为以下几类:第一类是成都基地等的熊猫直播内容,主要是链接自主网站的高清视频流;第二类是熊猫主题的幽默娱乐内容,包括照片、动图、视频附以文字的多种方式,主要是基于熊猫频道的素材资源自制的内容产品,同时也是"iPanda 熊猫频道"发布得最多的一类;第三类是与世界各地的熊猫相关的新闻报道,

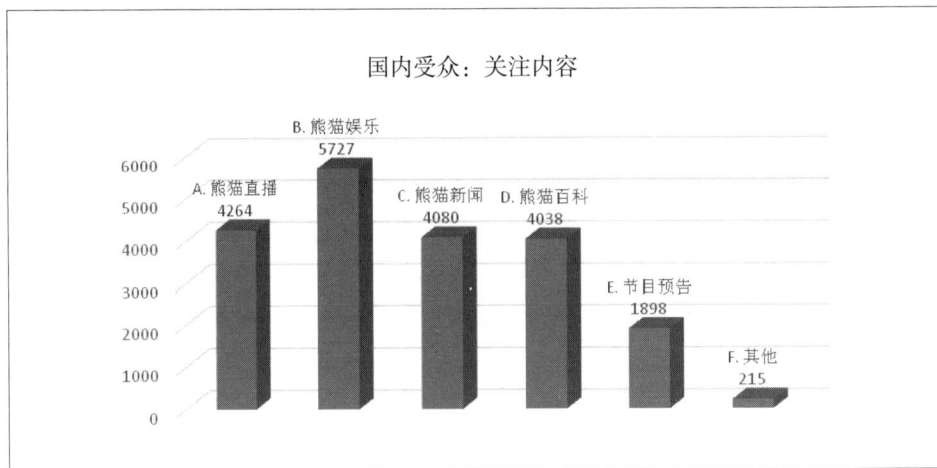

图 2-23　新浪微博"iPanda 熊猫频道"国内受众关注内容

既有来自国内各大基地、科研中心的消息，也有关于熊猫海外出差、海外熊猫近况动态等的新闻内容；第四类是与大熊猫及动物保护相关的百科知识类资讯；第五类则是配合熊猫频道主网站即将推出的重点节目，发布的节目预告性内容。此外，为完善题项设计的周延性，该题目的选项除包括上述五类内容外，还增设"其他"选项并开放留言说明，每个受访用户可以选择 2—3 个选项。

在这几大内容分类之中，大多数受众都会关注的内容有：首先是"熊猫娱乐"，在 6168 名受访用户中，有 5727 人都选择了这一选项，占比高达92.85%；其次"熊猫直播"占比 69.13%、"熊猫新闻"占比 66.14% 和"熊猫百科"占比 65.47%；选择"节目预告"的用户也达到了 1898 名，占比3.07%。另外，在选择了其他的 101 名受访用户中，并没有给出上述 5 个选项以外的其他内容，大多数受访者都是借由此题项的开放留言给出了自己最为关注的节目名称，包括"滚滚秀""童年时光机"等。更有受访者明确回答，与熊猫相关的一切内容都是关注的重点。这一说法，也符合这一题项的考察结果，熊猫频道及其微博账号"iPanda 熊猫频道"的受众 / 用户关注的主要内容涵盖与熊猫有关的一切内容，尤以轻松幽默的内容占比最高，以新闻性、知识性、科普性为主的内容也非常受欢迎。

在了解国内受众对熊猫频道的主要关注内容基础上，下一题同样通过

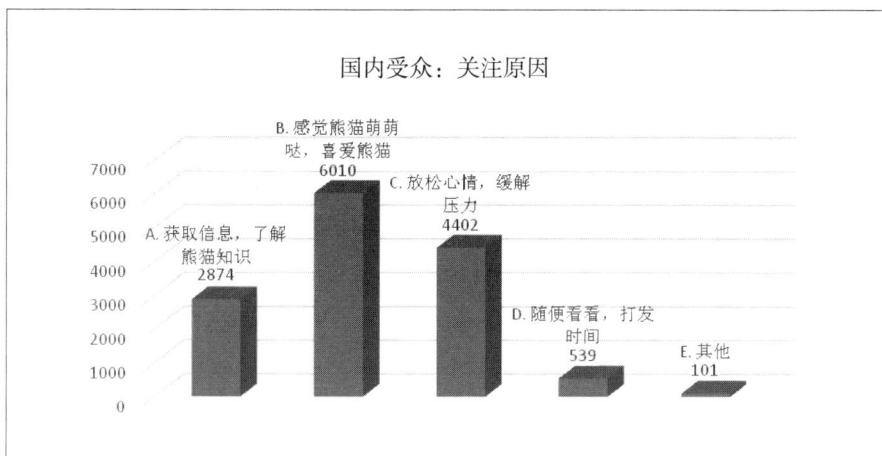

图 2-24　新浪微博"iPanda 熊猫频道"国内受众关注原因

多选题项了解国内受众选择关注"iPanda 熊猫频道"的原因所在。在接受调查的用户当中，6010 人表示自己是因为喜爱大熊猫而关注了这一微博账号，占比高达 97.44%；通过"iPanda 熊猫频道"发布内容实现"放松心情，缓解压力"的用户共有 4402 人，在受调查总人数中占比 71.37%；关注"iPanda 熊猫频道"出于"获取信息，了解熊猫知识"的人数也达到了近半数，占比 46.59%。由此可见，绝大多数用户对"iPanda 熊猫频道"的关注都有明确的目的，既有情感上的需求、心理上的需求，也有基于前两者而产生的知识需求。在选择了"其他"选项并留言的用户中，出现频率最高的词汇是"治愈"和"萌"，绝大多数留言均表达自己对"iPanda 熊猫频道"的关注是源于这样的情感和心理需求。同时，也有用户留言表示自己主要是通过熊猫频道"了解圈养大熊猫的现状""关注熊猫的保护""保护野生动物，建立真正的生态平衡"等。而出于打发时间漫无目的的浏览的情况，仅占非常少数，不足一成。

（三）国内粉丝对"iPanda 熊猫频道"认同程度（调查问卷的 8—10 题）

这一部分主要由问卷中 8—10 题的内容构成，问题设置主要涉及用户对熊猫频道新浪微博账号"iPanda 熊猫频道"以及熊猫频道主网站的认同情况，并进一步测量基于认同产生的行为。

在测量用户对"iPanda 熊猫频道"传播内容的认同情况时，问卷采用了内含三个分项的矩阵式问题，三个分项分别涉及用户对"iPanda 熊猫频道"

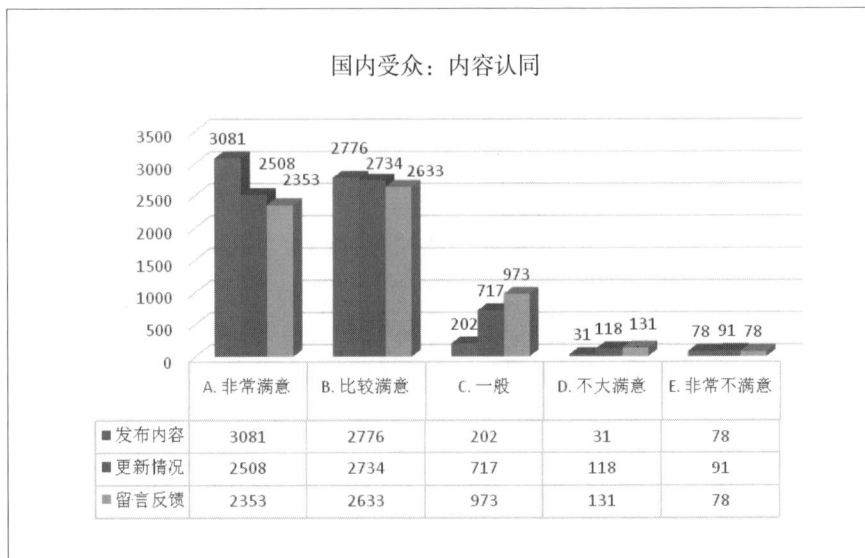

图 2-25　新浪微博"iPanda 熊猫频道"国内受众内容认同

的发布内容、更新情况和留言反馈,按照五级量表方式设置选项(具体见本章附件 2 第 8 题)。如图 2-25 数据所示,在接受调查的用户中,绝大多数人对发布内容都持满意态度,其中选择"非常满意"和"比较满意"的人数分别达到 49.95% 和 45%,而明确给出负向答案(D 和 E 两个选项)的用户占比仅为 1.76%;针对"iPanda 熊猫频道"的更新情况,超过八成的用户给出积极正向反馈,其中选择"非常满意"的用户占比 40.66%,选择"比较满意"的用户占比 44.32%;在"留言反馈"方面,"非常满意"占比达到 38.14%,"比较满意"占比 42.69%,表示不满意的用户总占比仅为 3.38%。整体看来,国内受众对"iPanda 熊猫频道"的传播内容所持认同程度较高,对于其发布的内容、更新情况以及与用户的互动反馈这几个方面的满意度都较高。另外,在表示有不满情况的用户当中,很多人在后面征询建议时给出的回复显示,大部分用户都认为自己喜欢的大熊猫出现得太少,对于部分没有那么"红"的大熊猫关注不够。

在问及通过哪些方式与"iPanda 熊猫频道"互动时,绝大多数用户首先是选择了"内容点赞"(4588 人,占比 74.38%),这同样也是国内受众与熊猫频道其他社交平台账号进行互动的最主要方式;其次是"评论留言"和"分

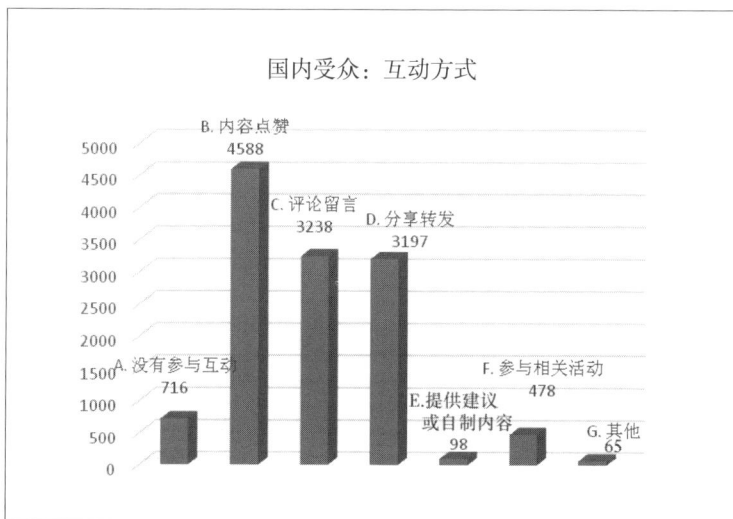

图 2-26 新浪微博"iPanda 熊猫频道"国内受众互动方式

享转发",二者均达到总受访人数的半数以上,分别占比 52.49% 和 51.83%;此外,选择"没有参与互动"的人数也达到了 716,占比 11.6%。有不少人留言称,自己只是"默默关注滚滚的日常",没有参与互动的习惯;选择"参与相关活动"的用户,主要是参与由熊猫频道发起通过"iPanda 熊猫频道"实施的各种线上互动活动,如竞猜、抽奖等。在本题的开放留言部分,有很多用户留言表示自己经常将"iPanda 熊猫频道"发布的照片、动图下载保存,既有通过其他媒体平台分享给朋友的,也有留存作为表情包使用的。这一点是调研组在前期问卷设计过程中未曾考虑在内的情况,后期通过与部分用户私信沟通了解到,基本上所有的猫粉(熊猫粉丝)都有这样的习惯,几乎所有关注"iPanda 熊猫频道"账号的用户都有自己的大熊猫资料库。尤其是自己特别喜欢的大熊猫,每个用户都可以给出一连串图片、视频,对其中的故事如数家珍。

基于上述较高的认同程度和良好的互动交流,绝大多数受访用户都表示准备持续关注"iPanda 熊猫频道",在 6168 名接受调查的用户中有 5633 人选择了这一选项,占比高达 91.33;其次是愿意将"iPanda 熊猫频道"微博账号"推荐给周围其他人"的用户,占比达到 52.06%;有意愿"进一步关注熊猫频道网站"的用户达到 42.66%。在留言当中,有很多用户表示平时工作

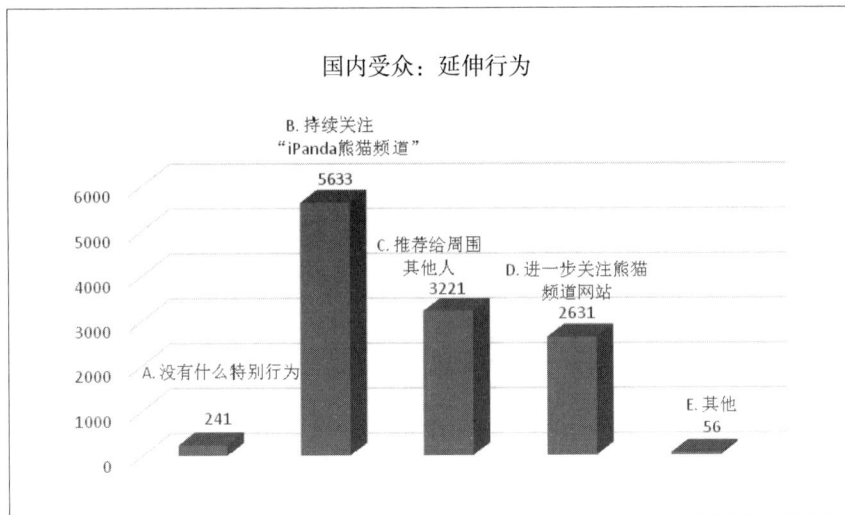

图 2-27　新浪微博"iPanda 熊猫频道"国内受众延伸行为

忙碌,没有太多时间关注熊猫频道网站的直播内容,但是通过微博等社交媒体平台可以很好地利用碎片时间关注熊猫动态。

　　总的来说,"iPanda 熊猫频道"的认同程度较高,也有较好的用户黏性,为其未来的进一步传播打下了很好的基础。

　　(四)国内粉丝对"iPanda 熊猫频道"信息反馈(调查问卷的 11—13 题)

　　作为此次调查问卷的增加题项,没有要求所有参加受调查者都必须作答。这部分的 3 个问题均为开放性问题,包括:

　　　11. 您认为微博账号"iPanda 熊猫频道"有哪些方面需要改进?

　　　12. 请形容一下您对大熊猫的印象。

　　　13. 通过对微博账号"iPanda 熊猫频道"的关注,您是否对大熊猫有
　　　　　什么新的了解和认识?

　　其中,前两题所得调查结果,将在本书其他章节相关内容中有所体现。对于最后一题,共有 2104 名受调查用户给出了答复。首先,大多数人认为通过熊猫频道了解到很多大熊猫相关的科普知识,有留言表示,熊猫频道"把熊猫从一种文化图腾还原成了活生生的动物,让我们了解它们的喜怒哀乐,

还有它们的需求"。也有用户说,"除了爱熊猫,更学会了怎么去爱熊猫",关注熊猫频道之后到基地去看熊猫,"就会自觉制止旁人投喂熊猫或者冲着熊猫大喊大叫的行为,因为我了解熊猫的习性"。其次,还有很多用户表示,熊猫频道向大众展示了立体生动的动物保护工作,有留言称"熊猫保护工作任重道远,要持续关注熊猫野化研究",也有人表示:"因为了解了很多熊猫保护工作的知识,从此也开始更加关注其他野生动物保护的动态"。最后,数量最多的答案类型是说自己学会了认猫,知道了怎么通过各种特征来识别每只大熊猫,熟悉了每只大熊猫各异的性格。

三、传播效果分析

基于前期实地调研,结合参与观察和焦点小组访谈的结果,调研小组设计并实施了问卷调查,分别通过社交媒体平台脸书(Facebook)和新浪微博针对海外受众和国内受众展开对熊猫频道传播效果的调查。根据上文所示调研数据结果,可以对熊猫频道的受众调查情况予以小结:

第一,熊猫频道的受众当中,不论是海外还是国内,均以年轻女性为主体。

第二,获悉熊猫频道的途径主要是社交媒体平台,其中海外受众主要是从优兔(YouTube)等其他社交媒体平台获悉为主,国内受众则是以其他媒体转发微博为主要获悉途径。另外国内受众对熊猫频道主网站的关注相对较多,海外受众很少,这与熊猫频道的海外传播主要基于社交媒体平台展开,有极大的关系。

第三,熊猫频道的海外、国内受众大多都属于关注频度较高的积极受众,关注内容以轻松幽默的"熊猫娱乐"内容为主,同时获悉"熊猫百科"知识性内容,使用意图以情感性、心理性和知识性目的相结合。

第四,海外和国内受众对熊猫频道社交媒体平台的传播内容认同程度都较高,大多数都有积极的互动反馈,并且有意愿开展进一步的延伸行为。

在熊猫频道面向海外受众、国内受众的传播实践中,短短几年内就能够达到这样的传播效果,可以说是卓有成效。那么,这种现象出现的深层原因是什么呢?接下来,本书将从视觉传播、心理学、社会学和社会心理学、消费文化中的接受美学、文化学与跨文化传播学等几个理论层面入手,探讨熊猫频道之所以能够在海内外广受欢迎,达成如此传播效果的原因所在。我们认为,"从真实到想象",从现实中活生生的大熊猫到国内外受众各自不同的各种由大熊猫而生的体验,这一过程正是在这样几个维度下展开的。需要说明的是,这里对熊猫频道传播效果的探讨,基于但不限于受众调查的结果,探讨的范围将以整个熊猫频道的传播特色为基础,这就包括:其一传播内容,以大熊猫的日常生活为主,包括事件性直播中播出的大熊猫交配、产仔、野化放归等等;其二传播方式,以"24小时连续视频直播"为主,同时还有众多基于直播视频素材进一步加工的自制内容产品;其三传播渠道,以网络和社交媒体为主的新媒体平台;其四传播受众,以熊猫粉丝为主体,具体情况可参照上文受众调查结果。其中,尤其以熊猫频道最核心的大熊猫直播内容作为展开讨论的主体对象。

综合考量上述情况,调研组对熊猫频道传播效果的分析如下:

（一）视觉传播及其自然转向

主要从视觉传播的相关理论入手,基于视觉传播由当代视觉文化向视觉自然的转向来看熊猫频道的传播内容。

美国传播学者阿瑟·阿萨·伯杰曾这样描述视觉传播对于人类社会的重要意义,"人们生活在一个充满可视物的世界里,一个视觉的世界。在观看时,人们已经付诸了大量的体力和情感。像鱼一样,我们畅游在图像的海洋当中,这些图像帮助我们认识世界、了解自我。据估计,人类所接受的信息中,80%都是通过眼睛获取的"[1]。在他看来,视觉或者说图像是人类社会的重要组成部分,"人们通过图像交流。视觉传播是人类生活的核心"[2]。而著名学者丹尼尔·贝尔也曾在他的《资本主义的文化矛盾》一书中断言,"当代文化正在变成一种视觉文化"。或者说,图像成为传播的主导媒介,视觉成为社会的主导文化。

在当代文化传播环境下,视觉的主导性地位表现得尤为突出。在过去几年中,有两个热词集中体现了这一现象的本质性特征。其一是"眼球经济",

---

[1] （美）阿瑟·阿萨·伯杰著,张蕊等译:《眼见为实——视觉传播导论》(第三版),南京:江苏美术出版社,2008年,第2页。

[2] （美）阿瑟·阿萨·伯杰著,张蕊等译:《眼见为实——视觉传播导论》(第三版),南京:江苏美术出版社,2008年,第2页。

这个热词源自经济学领域,与"注意力经济"是同源的一义两词。在信息高度发展的情况下,有价值的不是信息本身,而是来自关注这一信息的注意力,也就是"眼球"。眼球经济成为视觉文化传播时代的典型社会经济形态,如何抓眼球成为包括新闻、广告以及其他各种信息传播的最终诉求。其二是"读图时代",这个词汇经常是与"读文时代"或"阅读时代"并置而相对讨论的,指的是当前信息传播的主体媒介从文字变为了图像,或者说语言文字为媒介的传播体系让位给图像视觉为主导的传播体系。在"读图时代"中,图像从各种媒体中凸显出来,成为这一时代最具权威和最为强势的媒介,图像的功能甚至被部分学者放大到"图像霸权"的地位来讨论。正如哲学家马丁·海德格尔为现代社会所下的注脚:"世界图像时代",即世界在根本上成为我们通过视觉技术及其媒介手段把握的一种图像。

在这样的图像世界中,呈现出如下的趋势:其一,视觉成为信息传播的核心,视觉产品日趋丰富。也就是说,对于媒介信息的受众来说,看得越来越多。其二,视觉产品的丰富,导致视觉需求的进一步提升。不仅要看,而且要看得越来越好。其三,视觉技术的不断发展,大大拓宽了视域范围,可见可观的内容不仅限于真实,更进一步涵括了虚拟。如此一来,可看、好看的视觉内容越来越多。其四,视觉消费的强度不断增加,开始形成审美疲劳和神经餍足。看得越多,看得越快,越不知所措。从一个比较的意义来看,当代人生活在一个视觉刺激富裕甚至过剩的文化当中,过度的视觉传播在提升人们视觉欲望的同时,也削弱了人们的视觉兴趣和新鲜感觉,导致了广泛的视觉疲惫,并造成了某种新的视觉匮乏或缺失。新的视觉技术的引入,在短时间内可以缓和这样的局面,但从长期来看仍然是不能消解这一困境的根本问题。举例来说,2009年上映的《阿凡达》将3D电影特效技术从幕后带到台前,为全球观众带来了前所未有的视觉冲击,被公认为是改变了整个世界影像工业的变革性技术。然而,不到10年的时间,当这项技术已经成为大多数影片普遍采用的视觉呈现方式时,仅仅以3D技术带来的视觉冲击已经远远不能满足广大观众的胃口。正好相反,基于技术手段实现的视觉传播呈现出的高度同质化和类型化,尤其是人工化、程式化和虚拟化,使得这类视觉传播的结果产生反效果,出现某种程度的冷漠和厌倦。

那么,视觉传播的前路究竟在哪里?

　　周宪教授在他的专著中提出了"视觉文化转向"的概念,就是指在视觉传播进入神经餍足的瓶颈以后,开始由高度技术化和商业化的视觉文化转向视觉自然①。这里的视觉自然具有双重含义:其一,从视觉传播的接受主体来看,人从内在本质出发体现出转向视觉自然的倾向;其二,就视觉传播的对象客体来说,从虚拟以及再造的真实回到自然。换句话说,在观看的视觉主体性中回归自然,要自然地看;在观看的对象客体性上还原自然,要看得自然。可以看到,这一转变已经开始在当前的视觉传播行业中初露端倪。

　　近几年,一种称为"慢电视"的视觉传播形式开始引起学界和业界的注意。2013年2月,挪威广播公司二台连续12个小时用一个固定机位的长镜头直播了一堆柴火从点燃到熄灭的全过程。整个节目播放过程中,既没有广告也没有配乐,甚至没有主持人或画外音,只有一堆壁炉里哔哔剥剥缓慢燃烧的柴火。这样的一档电视节目,引发了超过100万挪威观众的收视,甚至有人忠实守着屏幕看了一整夜。这样的节目形态和传播现象,就是引发世界热议的"慢电视"。"慢电视"的特点主要有:第一,所传播的内容基本都是自然主题;第二,内容制作依照自然时间线的发展,不加以人为操控;第三,传播的方式是实时直播,减小脱离时空的距离感;第四,对受众来说,打破传统的收视预期,尽管知道自己在看什么,但却无法确定自己将会看到什么。如此一来,便带来一种"无法预期"的传播效果。

　　与直播柴火燃烧相比,熊猫频道直播的主题是大熊猫,一群生动活泼的"滚滚"和"团子",更是将"慢电视"的特点和优势发挥到了极致。

　　首先,在内容上,熊猫频道通过多角度、高清晰的直播形式,将大熊猫的真实日常生活拉到受众面前。对于受众来说,大熊猫的日常活动是一种自在而在的自然存在,而非为了传播而制作出来的传播产品。

　　其次,熊猫频道最大的特色就是24小时不间断地直播,沿着自然时间线的推进呈现大熊猫的日常生活。播出内容呈现的就是大熊猫一天到晚从晨起到睡着的自然状态。根据熊猫频道的内容设计,一年四季的播出安排都是按照大熊猫在不同季节的生活习性相应安排的,因而呈现出来的是属于大熊猫的一年四季。

---

①　周宪:《视觉文化的转向》,北京:北京大学出版社,2008年,第352页。

再次，熊猫频道对大熊猫进行实时直播，通过屏幕连通受众和大熊猫所处的时空。很多网友在熊猫频道直播网页上留言，自己一看就是几个小时，好像这一段时间就是在大熊猫的陪伴下度过。也有受访者在访谈中表示，自己并不特定地观看熊猫频道的直播，经常是手里忙着自己的事情，大熊猫也在画面里不亦乐乎地过着自己的生活，不时看一眼就很满足。在这个意义上，熊猫频道成为一种伴随性媒体。

最后，与传统视频传播不同，受众不需要在预定的时间段去收看大熊猫的节目，而是随时随地可以去看看大熊猫在做什么。根据调研数据，熊猫频道的播出内容中，最受欢迎的往往是正常时间流中突然发生的超出预期的特殊情况。而熊猫频道用来制作节目的各种素材，也正是这些直播内容片段。举例来说，2016 年 9 月 29 日，成都大熊猫繁育研究基地的 23 只 2016 级小团子集体亮相，熊猫频道对此进行了直播。在亮相活动过程中，一只活泼的小团子爬出展示台，掉落在旁边的草地上，引起了屏幕前无数人的惊呼和欢笑（见图 1-3）。这一幕也成为 2016 年熊猫频道直播内容的经典一刻。

（二）心理学与"自我投射"

在视觉传播的研究中，引入心理学的分析方法，基于"自我投射"的心理机制，来看熊猫频道的传播特点。

在对视觉传播的研究当中，视觉现象学是非常重要的一支理论流派。从根本上说，现象学是一种哲学方法论，"在具体的现象中看出来并描述事物的本质，因此具有描述的特征"，更进一步说，"现象学的描述严格依赖于直观，它仅仅描述在直观中显现出来的东西"①。而在诸多显现方式中，视觉方式是现象学的直观原则中突出的优先显现途径。在视觉现象学的研究中，"看"成为一种具有深层文化意义的现象，由"可视之物"、视觉场域和视觉图像三个主要部分构成。不论在什么样的时空范围之内，"看"总是一定社会文化的产物，而"看"的结果（也就是最终形成的视觉图像），一方面由"可视之物"的自在属性决定，另一方面又深受视觉场域的影响。这里的视觉场域，就是"看"的时空范围，"看者"所处的社会文化及其自身的心理因素。

---

① 汪民安主编：《文化研究关键词》，南京：江苏人民出版社，2007 年，第 389 页。

图 2-28　2016 年 9 月 29 日,新生小团子集体亮相

视觉场域

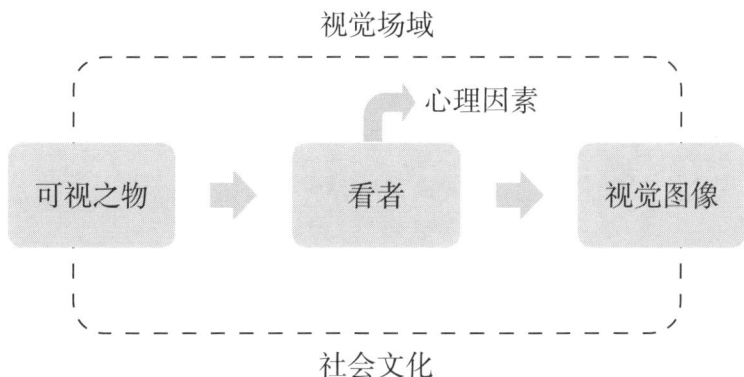

社会文化

图 2-29　视觉现象学中的"看"

　　因此,在视觉现象学的理论视野下,"看"的意义包含了看的主体对自身的反观性和反身性。对此,梅洛·庞蒂提出了视觉现象学的"第一个悖论",即看与被看是同一个过程①。在"看"的过程中,"我"不仅在看,而且意识到自己在"看",更是通过"看"发现自我。特定的视觉场域决定了"我"如何看待"可视之物",并且在当中发现"我"所要看到的自我。在这个过程中,"我"的心理起到决定性的因素,必须要引入心理学的分析方法,对视觉场域中起到主导性作用的心理因素展开讨论。

　　在心理学研究中,对自我的探讨一直是这一学科的核心问题之一。根据弗洛伊德的学说,"自我"是人格的三分结构(本我—自我—超我)中的重要组成部分,自我是"本我与外部世界之间的中介"②。而"自我投射"则是指,人们在认识事物时,会将自己的情感、意志、特征等投射到认知对象身上,因而使得人们对这一事物的认知会偏向于自己所投射的意义。"自我投射"有两个层次:一是情感投射,即将自己的情感经验投射在对象之上予以情感化的解读;二是愿望投射,即将自己的主观愿望投射在对象之上进行期望性的认知。这一现象在视觉传播的过程中,更具有典型性和普遍性。

　　在熊猫频道的视觉传播过程中,不论是频道推出的后期自制内容,还是

①　周宪:《视觉文化的转向》,北京:北京大学出版社,2008 年,第 91 页。

②　(奥)弗洛伊德著,车文博主编,汪凤炎、郭本禹译:《弗洛伊德文集 08:精神分析新论》,北京:九州出版社,2014 年,第 284 页。

iPanda熊猫频道 V

2017-7-2 16:11 来自 微博 weibo.com

实践证明，能不能跷二郎腿跟腿长短没有关系~😊😊😊

↥ 收起 ｜ Q 查看大图 ｜ ↺ 向左旋转 ｜ ↻ 向右旋转

图 2-30　人化解读的熊猫日常

受众对直播内容、自制节目的接受和反馈，从整体上来看都是一种人化解读，将大熊猫这种自然动物拟化为人，成为观者（这里的观者既包括为了制作节目而观的频道工作人员，也包括通过各种途径观看相关内容的受众）的"自我"在大熊猫身上的投射。可以说，这样的传播内容为人们提供了一个坐下来放松、沉思的机会，并花时间去观看日常生活（在自己的日常生活中观看大熊猫的日常生活）。因为看自然、看生活、看现实是人们常有的一种潜在需要，但如今的环境常常使人们迷失自我。实时播出按照时间线推进的传播方式，直接把镜头对准自然存在状态，把无意义、重复的自然还原在受众面前，从而满足了人们真切感受自然现实的需要。

首先，对于观者来说，大熊猫是实现了他们发于自我的情感投射。在熊猫频道的受众，以及喜爱大熊猫的熊猫粉丝当中，对大熊猫经常用到的称谓词有"滚滚""胖达"，以及专门用来指代幼年熊猫的"小团子"。在相关语境当中，也有直接用单字"猫""喵"来表示熊猫的。当然，使用最多的还是每只大熊猫各自的名字以及各种昵称。这些称呼方式及其所隐含的话语结构，都凸显了观者对大熊猫所投注的情感投射和心理关系，不是互不相关的人与动物之间的关系，而是如同人与"人"之间的亲昵和紧密。而在这个

熊猫频道 >> 熊猫直播
《我的童年》第四集：蔓越煤和奶爸的恩爱秀（下）

图 2-31　网红熊猫"蔓越煤"与奶爸的互动是最受欢迎的播出内容之一①

关系定位中,作为对象的"人"又不是普遍意义上的某个人,因其习性特征被视同为小孩子,进而成为大多数人看待小孩子的心理投射。在前期调研和问卷调查的过程中,几乎所有受访者在谈到对大熊猫的印象时,都用到了"萌""可爱"这样的形容词,也有很多受访者直接说到"熊猫像孩子一样"的特点。一位来自美国的"熊猫走世界·美丽中国"活动参加者 Max 就详细解释了自己喜爱大熊猫的原因,"(熊猫)动作很笨拙,喜欢吃好吃的,喜欢到处玩儿,总是打打闹闹……不论从哪个方面来看,都像小宝宝一样。我想,不管对于哪个国家的人来说,对小孩子的喜欢都是一样的。很多时候,我们喜欢小孩子,其实也是对我们自己的童年的怀念和爱"。

与此同时,在熊猫频道播出的众多内容当中,每每引起极大关注、受到普遍好评的往往都是大熊猫与人的互动。比如,"蔓越煤"青青和他的杨奶爸之间的日常互动,还有小团子们和奶爸、奶妈之间的互动,都是海内外受众最爱的情节。这里的"奶爸""奶妈"指的是基地的饲养员们,他们负责照顾大熊猫的日常起居和吃喝玩乐,因此被广大受众戏称为"奶爸""奶妈"。广受欢迎的内容,其实主要都是奶爸、奶妈照顾大熊猫的日常工作过程。而在这

①　熊猫频道:《我的童年》第 4 期, 2016-4-14, http://live.iPanda.com/2016/04/14/VIDEhnwxs-E9GZ3IPPq1PEA1Z160414.shtml,检索时间:2017-7-14。

过程中,作为"观者"的视频内容制作者和网络另一端的观众,都是在通过自身的情感投射为这些人猫互动来设置不同的情境,予以情感化的解读。很多网友喜欢把这些视频片段或图片留存下来,然后根据自己的喜好补充场景和对白,演化成各种阐释下的情感意义。

其次,对大熊猫的关注构成了观者源于自我的愿望投射。观者通过对大熊猫的观看和解读,投射了自己所期望的生活状态、理想的社会关系。而这一点,体现的不仅仅是某几个观者的个人心理,在很大程度上表露了现代社会环境下社会大众的普遍心理。下面,我们将引入社会学和社会心理学的理念对这一点加以讨论。

（三）社会学以及社会心理

基于现代社会的特征,通过社会心理以及社会大众的普遍愿望投射,来看熊猫频道的传播特点。

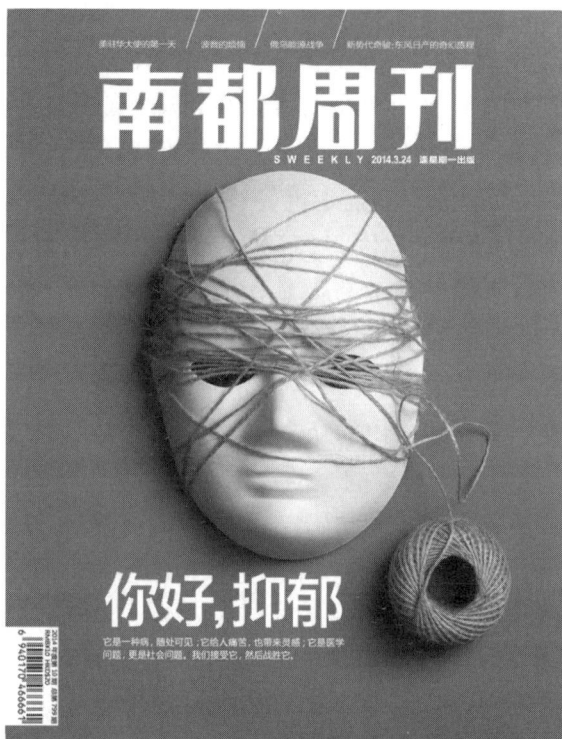

图 2-32　《南都周刊》2014 年第 10 期封面报道《你好,抑郁》

在上文的叙述中,已经提及了"读图时代""视觉传播时代"这样的概念。正如麦克卢汉的著名论断,"媒介即讯息"所述,媒介不仅决定了人们如何获取信息、获取什么样的信息,更重要的是"影响了我们理解和思考的习惯",进而从根本上重塑人类社会的形态。随着新的媒介技术发展,现代社会开始显现全新的特点。社会学家认为,现如今我们步入了一个由媒介建立的后现代主义的社会,而电视与网络新媒体正是后现代最重要的载体。媒介的文化娱乐功能逐渐上升为主要功能,再加上电视具有高达 90% 以上的覆盖率,网络覆盖率也达到了 50% 以上,正好符合如今后现代社会竭力追求平面化、无深度、快速拼贴和复制的文化语境①。在媒介技术的推动下,信息传播突出即时性和表面性,注重"眼球"而忽略"心灵"。在这样的媒介环境下,现代社会呈现出数字化、碎片化、视觉化的特点,"快节奏"成为描述现代社会的最为贴切的标签。

19 世纪末,美国人阿瑟·史密斯(Arthur Henderson Smith)出版了《中国人的性格》(*Chinese Characteristics*)一书,根据他在中国长达半个世纪的生活经验总结了清末中国人的 26 种性格特征,此书被公认为是世界上研究中国人民族性最早、最详尽的著作。在这本书中,史密斯特辟一个章节来描写中国人的"漠视时间"。他写道:"对中国人来说,盎格鲁 - 撒克逊人经常性的急躁简直是不可理喻的……无论如何,要想让中国人培养出做事快捷的观念和习惯,那是相当困难的。"②他认为,不紧不慢是一种渗透到中国人骨子里的性格特征。然而,到了 21 世纪,这一特征已经不复存在,甚至到了完全相反的地步。2007 年,英国赫特福德大学心理学教授理查德·怀斯曼对全球 32 个城市居民的步行速度进行了调查,发现广州人走路的速度位列世界第四。2010 年的一项调查显示,中国人是世界上最着急、最没耐心的人③。2011 年,英国广播公司(BBC)、美国《侨报》、日本《产经新闻》等一众国外媒体纷纷报道了中国进入"快车道"、中国人的社会生活全面提速。

在这样"快节奏"的现代社会中,"处于现代化进程中的中国人"面临

---

① 王川川:《关于慢电视的延伸性思考》,《今传媒》,2015(07):第 91 页。

② (美)阿瑟·史密斯著,鹤泉译:《中国人的性格》,北京:中国华侨出版社,2014 年,第 26 页。

③ 转引自人民网:《中国人心理透视:就像被按了"快进键"》,《生命时报》,2013-08-09,http://scitech.people.com.cn/n/2013/0809/c1007-22503906.html,检索时间:2017-07-14。

着社会支持系统动摇、传统心理模式解构的境况①，焦虑、冷漠、压抑等社会病日益凸显成为常态。2009 年，加拿大学者费立鹏在《柳叶刀》上发表了一篇流行病学研究报告，调查显示中国人的抑郁症患病率达到 6.1%。根据这一数据，中国的抑郁症患者将超过 9000 万②。2016 年 10 月世界精神卫生日，《人民日报》刊文称，根据我国部分地区精神疾病流行病学调查结果估算，我国 15 岁以上人口中，各类精神疾病患者人数超过 1 亿人，大多数是抑郁症、自闭症等精神障碍或心理行为障碍患者③。在这样普遍的焦虑、抑郁当中，社会开始提倡心理调节，人们开始寻求在"快节奏"当中慢下来，实现某种环境或条件下的"慢生活"。

整体来看，人们对物质和精神的追求最终总是趋于平衡的，要有快节奏的工作，也需要慢步调的生活。越是在快节奏中前进，人们就越希望回归过去的慢生活，得以放松精神，享受平和宁静。前文提到挪威的"慢电视"一经推出很快便引起关注，其节目制作模式也迅速传播到了很多其他国家。"慢电视"的风行，集中体现了人们对慢生活的追求。"慢电视"提供的视角，不是传统的空间、位置或者光影、色彩，而是时间本身。所见即是所发生，表现的是现在进行时，所以观众不知道下一秒会发生什么。这种未知与预知激发了人们的期待，并伴随着持续的等待行为，不管是急还是慢都只能等待，因为生活中发生的事情是无法快进的。情景按现实时间慢慢延续，可能到最后什么也没有发生，没有意外没有惊喜，表面像是未曾有收获，实则内心却因此舒缓了，观众进入了一种平淡、闲适的身心状态④。

在熊猫频道的传播过程中，主要采用的也是这样一种"慢电视"的方式，

---

① 心理学家胡纪泽认为，与传统中国人相对应的真正的现代中国人还没有形成，因此称为"处于现代化进程中的中国人"更为贴切。而在这一现代化进程中，中国人面临着：其一，以"孝"为核心的家庭人伦关系、以家庭人伦关系延伸的人际关系，以及以儒家文化为主流、道家文化为补充的人生观，是中国人社会支持系统的三大要素，如今三大要素都发生了动摇；其二，重义而轻利、重动机而轻效果、重形式而轻内容、重耻感而轻罪感、重克制而轻享乐、重适意而轻思辨的传统心理模式，这六重传统心理模式也在现代社会的变革中发生了解构。在此基础上，胡纪泽提出，焦虑已经成为中国普遍的心态，甚至成为"现代化进程中中国人的焦虑人格"。见胡纪泽：《中国人的焦虑》，北京：中国城市出版社，2013 年，第303—311 页。

② 《你好，抑郁》，《南都周刊》，2014（10），封面报道。

③ 《我国各类精神疾病患者超 1 亿 抑郁症患者逐年增多》，《人民日报》，2016-10-14。

④ 刘禹杉：《"慢电视"节目现象浅析》，《电视研究》，2015（09）：第 18—19 页。

通过高清摄像头 24 小时直播大熊猫的自然常态。对于受众来说，对大熊猫直播内容的接收不仅是在观看内容上的回归自然，更是在时间上回到自然时间线的轨迹，在每分每秒中体会自然的变化。这样一种视觉体验，完全不同于好莱坞大片式的节奏带入，时时刻刻都有可能遭受冲击；也不同于娱乐真人秀节目式的剪辑，生造悬念，硬设意义。很多熊猫频道的用户都在留言中表露了这样的感受，认为"猫生完美"，还有人甚至说"如果有来生一定要投生做只快乐无忧的滚滚"。可以说，当经济高速发展，社会生活丰富多彩，人们也会逐渐从一个为生活拼搏、为温饱发愁的时代脱离出来，心态也从原来的焦虑、抑郁和浮躁不安，努力回归到返璞归真的平和淡然。因此，快节奏的生活必然要被缓慢平和的理念所取代，媒介传播内容也就会转向关注人们回归自然、回到慢生活的需求。

（四）消费文化中的接受美学

主要从消费文化的相关理论入手，基于接受美学的研究视角，来看熊猫频道的传播特点。

在对现代社会所下的众多注脚当中，"消费社会"日益成为人们理解现代社会结构及其变迁的重要表述，也成为当代社会、文化研究以及传播学研究的重要议题。从进入 20 世纪以来，现代社会就呈现出由生产主导型社会向消费主导型社会转变的明显趋势。根据法国学者让·波德里亚的论述，消费社会就是物、服务和物质财富惊人的增长和消费，"富裕的人们不再像过去那样受到人的包围，而是受到物的包围"[①]。在消费社会中，商品的交换价值规律已经取代了传统社会的自然生态规律，"消费者与物的关系因而出现了变化：他不会再从特别用途上去看这个物，而是从它的全部意义上去看全套的物"[②]。在这个意义上，消费社会中的人们，他们的消费对象不只是一般的商品使用价值，更重要的是其交换价值，尤其是商品所传达的某种复杂的文化意义。

传统的传播学研究以"传者—受众"为核心关切，聚焦于对"意义传播"的研究。而在消费社会的视角下，传播学的研究理路转向对"生产者—消费者"的关切，进而进入了"视觉传播"的阶段，以图像和影像为主的

---

① （法）让·波德里亚著，刘成富、全志钢译：《消费社会》，南京：南京大学出版社，2000 年，第 1 页。

② （法）让·波德里亚著，刘成富、全志钢译：《消费社会》，南京：南京大学出版社，2000 年，第 4 页。

视觉传播符号成为消费者在信息消费中的主要诉求。英国大众传播政治经济学者格雷厄姆·默多克（Graham Murdock）曾指出，20世纪50年代后期新的消费时代到来，这个新的消费体系的形成与商业电视、现代传媒的诞生相形相生。视觉产品不仅构成消费者的消费对象，同时也成为他们的价值指向，出现了"视觉导向的消费者行为"。在这个意义下，"看"本身已经成为消费行为，指导这一消费行为背后的逻辑便是消费者为核心的接受美学。

接受美学源自文学研究的一种方法论，核心思想在于将"消费者"（文学研究中的"读者"，即传播研究中的受者）视为主动的能动主体，强调其在传播过程中对文本意义的形成具有重要意义。在进行信息消费的过程中，"消费者"首先是基于自身"先在结构"形成一定的"期待视野"；其次，"消费者"通过自身所处的"视域结构"对文本进行消费，进而产生"第二文本"。"先在结构"指"消费者"在进行文本消费之前已经具备的先在经验，构成其产生理解的前提基础，并由此产生"期待视野"；"期待视野"是"消费者"在进行文本消费时的既定心理图式，包括了两个层次：一是要看什么样的对象，二是在特定对象中要看到什么；与"先在结构"相对，"视域结构"指的是消费行为发生当下的社会文化和审美价值；这个过程中，在消费行为发生之前与"消费者"尚未发生关联的传播内容本身称为"第一文本"，在消费行为发生之后成为"消费者"予以对象化了的"第二文本"。从"第一文本"到"第二文本"，是传播产品所具有的"召唤结构"，引发"消费者"进入情景并展开主动的意义产生行为。

接受美学的方法理论体系，为我们理解熊猫频道的传播特点提供了一条围绕受众核心的全新路径。对于受众来说，熊猫频道的传播内容有以下特点：首先，符合大多数受众的期待视野。在前文中已经有所论及，受众对熊猫频道传播内容的消费符合他们的"自我投射"，反映了他们的情感投射和愿望投射，熊猫频道的播出内容和传播方式符合受众的审美需求和思想倾向。因此，熊猫频道得以获得大量受众的关注，以及较高的满意度和认同度。其次，顺应了当下视觉传播环境的"视域结构"。以大熊猫为主题的传播内容、以直播为基础的传播方式、以网络为媒介的传播渠道，与当下视觉传播的整体环境相适应。再次，具有强有力的"召唤结构"，能够引发受众积极产生"第二文本"。召唤结构主要是通过留白和不确定性，吸引受众来发掘内容的意义。直播这种视觉传播形式,给予受众的显性信息量相对较小,由于遵循自然时间线而给出大量的留白和不确定性,同时给予受众长时间的观察和想象的空间,使受众可以充分融入内容所设的情景中去。最后,基于网络传播的公开性和交互性,受众可以不断在直播大熊猫日常生活的"第一文本"之上产生不同解读和意义赋予的"第二文本"。在这个过程中,熊猫频道主动出发,结合大熊猫这一自然形象资源的特点进行内容制作,通过适当赋予第一文本以积极的意义,增强了传播内容的教育性、知识性功能,使受众将已有的"期待视野"与第一文本相互交融,提升了内容的价值需求。同时,通过开放的内容资源和积极的互动活动,增强内容的"召唤结构"属性,采用多种形式进行创新尝试,使得传播内容和展现形式让人耳目一新又不觉得高不可攀。

在以接受美学阐释视觉传播时,还必须引入一个重要的理论概念"视野融合","视野融合"指信息消费的过程是一个"消费者"的个人视野与历史视野相融合的过程。而当这一过程进一步置于跨文化的语境中时,"视野融合"也就进一步体现为不同文化之间的融合。

（五）文化学与跨文化传播

主要从文化学的相关理论入手,基于跨文化传播的研究视角,来看熊猫频道的传播特点。

文化是人类社会的生存方式,或者用美国文化学者克鲁克洪的话说,"是历史上所创造的生存式样系统,既包括显型式样又包括隐型式样"[①]。人是不可能离开文化而生存的。抽象一点说,"文化是作为理性生物的人的发展"。具体一点说,"文化是每一个具体历史阶段都获得特殊存在方式的历史现象"[②]。文化有两个典型的基本特征:其一,文化的核心是一种价值观念。价值观是文化当中最为重要的部分,或者说是核心的部分。而价值观则是指人们的生活方式、行为模式与交往选择的准则,又是人们是非、善恶、美丑、爱憎的判断标准,在人们的社会生活中无可替代。其二,文化是一个开放的交换

---

① （美）克莱德·克鲁克洪等著,高佳等译:《文化与个人》,杭州:浙江人民出版社,1986 年,第6 页。

② （苏）弗·让·凯勒主编,陈文江等译:《文化的本质与历程》,杭州:浙江人民出版社,1989 年,第12 页,60 页。

系统,传播是文化的基本存在方式。"一方面,文化的多样性和差异性使人类文明的表现形式丰富多彩,文明也因彼此不同而产生了交流融通的欲望和动力,而文化正是在这种交流和相互吸取中得以发展;另一方面,从传播的角度说,传播的内容不仅仅是信息,任何信息都包含有文化的要素,在信息的背后是价值观的传递。"①

　　尽管世界上存在着众多彼此不同、各自独立的文化,但人类文明间始终存在这样一种共性,即全球大多数国家、民族和人民都认同、分享的基本价值观念。基于这样的共同价值观念,才可以使不同文化相遇时有共同语言,能够彼此沟通。传播产品的跨文化消费过程,实际上就是跨文化传播之后的价值认同过程。因此,实现不同文化之间的"视野融合",根源在于其所表达的价值观念体系,能否在最大程度上与不同文化实现对接。这一方面可以通过彰显不同文化当中的共同价值理念来实现,另一方面也可以通过构建不同文化之间的共通价值观念体系来实现。换句话说,不同文化之间的"视野融合",可以通过诉共同的情感、讲共通的语言两条路径实现。首先,诉共同的情感,指在传播的过程中突显人性中自然使然的部分。这些内容是任何国家、民族都共有的文化心理因素,也是不同文化中共同的人之常情。情理相同,则能互相理解达成认同。其次,讲共通的语言,指在传播过程中采用对方文化能够理解和接纳的表达方式、传播渠道。这就要求传播者从世界共通的角度和渠道来阐释文化价值的时代内涵,需要在不同文化之间摸索一个合理的平衡点、交汇点。这样才能够一方面兼顾文化多样性的创造活力,另一方面对世界文化体系产生建设性的功能。

　　就熊猫频道的传播实践来说,可以从传播内容、传播方式和传播媒介三个层面来说明其实现跨文化传播的特点所在。就传播内容来说,熊猫频道的传播主题是熊猫,核心价值理念是自然以及人与自然之间的和谐相处。在熊猫频道成立之前,央视网的项目组就对此进行了调研,认为中国独有、世界知名的珍稀物种大熊猫,是目前最适合中国国家形象的代表和符合对外传播要求的品牌形象。根据 2012 年 12 月发布的《中国国家形象调查报告 2012》,在海外民众最喜爱的中国元素调查中,大熊猫超越长城、故宫、中国功夫等

---

① 刘笑盈:《用中国特色的新闻影响世界——兼论我国国际传播能力的提升途径》,《对外传播》,2012(04):第 39 页。

位列首位①。世界各地受众一看到大熊猫,就能联想到大熊猫的家乡——中国。尽管身处不同文化,但是世界各国对大熊猫的认知在很大程度上都是一样的,普遍认为大熊猫形象憨态可掬、性格温顺害羞,具有自然、快乐、可爱的形象。对于大熊猫这种动物的喜爱,构成了不同文化中共同的情感认知。与此同时,熊猫频道很多在海外广受欢迎的传播内容都是大熊猫与人之间的亲密互动,体现了大熊猫保护工作的成果和进展。这些内容正体现出人与动物相亲相爱、人类与自然和谐共处的价值诉求,符合世界共通的理念体系。

就传播方式来说,熊猫频道是采用了多种新技术手段的视觉传播。诚如哲人所言,视觉是宇宙的一面镜子,个体的宇宙通过视觉向一个共同的宇宙敞开②。视觉传播本身就是一种具有跨文化性质的开放体系,因为与语言文字系统相比,视觉本身就具有较低的文化门槛,更容易实现跨文化的传播。在前期小组访谈过程中,调研组就发现了一个非常有意思的现象,在问到除了脸书(Facebook)等海外社交媒体,海外受众还通过哪些渠道获取熊猫频道的相关信息,几乎所有的受访人都称自己还关注了熊猫频道的新浪微博账号。原因在于,他们发现新浪微博账号和脸书等海外社交媒体账号的发布内容不一样,而且很多时候新浪微博账号发布的图片和视频要更多。尽管他们大多数人没有学习过中文,既看不懂字幕也听不懂配音,但是仍能通过这些视觉内容本身获得视觉消费的享受。

就传播媒介来说,熊猫频道是一个基于互联网技术的网络视频传播平台,采用的渠道包括网站、社交媒体以及移动媒体应用等。互联网即Internet,是基于通用协议实现的覆盖全世界的全球性互联网络。可以说,互联网的本质属性就是全球性,从一开始就具有跨越文化和国家界限的性质。在跨文化传播过程中,互联网具有无可比拟的优势:第一是打破时效限制,网络传播在面向全世界的网络用户时都是没有时间差的,对于海外受众也能具有同等的高时效,全球受众都可以同一时间接收到实时直播的大熊猫生活实况;第二是打破地域界限,网络传播的开放性使得全球范围内只要有互联网,

---

① 中国网:《中国国家形象调查报告 2012》, 2012–12–20, http://www.china.com.cn/international/txt/2012–12/20/content_27470693.htm,检索时间:2017–07–15。

② 周宪:《视觉文化的转向》,北京:北京大学出版社, 2008 年,第 92 页。

拥有一台终端设备的网络用户就能成为受众;第三是增强交互性质,传统媒介跨文化传播的一大问题就是缺乏互动,或者互动的效率过于低下,而基于互联网的跨文化传播可以实现实时的交互;第四是基于网络技术的跨文化传播,在本质上实现飞跃,升格为全球传播。传统的跨文化传播仅仅指向不同文化之间的传播,而网络的联通性和开放性使得所有的传播都成为面向全世界、面向所有文化的全球传播。进而,此时的传播受众也具有了全球性,包括来自世界各个不同文化的受众群体。

附件 1:海外受众调查问卷

iPanda Questionnaire

Dear friends,

Here's a brief questionnaire about iPanda facebook account. We are conducting a survey on how well you think iPanda is doing on facebook in purpose of improvement. It will only take you a few minutes to complete the questions below. All information you provide will be kept strictly confidential and ensured not to be used by any other organizations.

Thank you very much for your participation!

PART I

1. Your gender:
    A. Male
    B. Female

2. Your age:
    A. Under 18
    B. 18—25
    C. 26—39
    D. 40—59
    E. Over 60

3. You are from(City), (Country).

PART II

4. How did you know about iPanda facebook account?

    A. Learn from other social network, YouTube, Instagram and so on

    B. Recommended by family/friends

    C. Learn from media reports

    D. Offline promotions

    E. Others(Please specify):

5. How long have you been following iPanda facebook account?

    A. Less than 6 months

    B. 6 to 12 months

    C. 1 to 2 years

    D. 2 to 3 years

6. How often do you check updates of iPanda facebook account?

    A. Check all the updates

    B. Read most of the updates

    C. Don't follow, but check from time to time

    D. Barely

7. What kind of content from iPanda facebook account do you enjoy the most? (you can choose more than one option)

    A. Amusing panda photos or videos

    B. News stories about pandas around the world

    C. Knowledge concerning panda and animal conservation

    D. Information including China news, Chinese culture and tourist sceneries in China

8. Why do you follow iPanda facebook account? (you can choose more than one option)

    A. No specific reason

    B. Get relaxation and amusement

    C. Huge fan of panda

    D. Acquire news and information about panda

9.Which of the following categories best describes your impression on iPanda?

The captions of iPanda's posts are appropriate and easily understood.				
A.Strongly agree	B. Agree	C. Neither agree or disagree	D. Disagree	E. Strongly disagree
The photos iPanda posted are appropriate and interesting.				
A.Strongly agree	B. Agree	C. Neither agree or disagree	D. Disagree	E. Strongly disagree
The videos iPanda posted are appropriate and interesting.				
A.Strongly agree	B. Agree	C. Neither agree or disagree	D. Disagree	E. Strongly disagree
How do you agree with iPanda's motto, "A panda a day, keeps your sorrow away", "Here, we also introduce an exciting China"?				
A.Strongly agree	B. Agree	C. Neither agree or disagree	D. Disagree	E. Strongly disagree

10. Do you know iPanda.com?

    A. Have no idea

    B. Know but not familiar

    C. Visit from time to time

    D. Visit frequently

11. How do you interact with iPanda? (you can choose more than one option)

  A. No interaction at all

  B. By liking the stories

  C. By contributing comments or private messages

  D. Share/forward to others

  E. Participate in online or offline activities

  F. Provide suggestion

  G. Others(Please specify):

12. Will you recommend iPanda facebook account in the future?

  A. Definitely

  B. Very likely

  C. Not sure

  D. Not very likely

  E. Will extend to iPanda.com

PART III

Here're 2 more optional questions, if you would like to share your own opinion with us on the following topics:

13. How do you describe your impression on panda?

14. Do you have any comment or suggestion for iPanda facebook account?

Thank you again for your participation!

附件 2：国内受众调查问卷

熊猫频道调研问卷

您好！

我们是熊猫频道调研组。感谢您一直以来对熊猫频道的关注。我们正在对该频道的传播特点和受众情况进行调研,以便频道能够更好地适应受众需求、提高传播效果。

　　本问卷题目如无特别说明均为单项选择;如您选择了"其他",请在横线上写明具体内容。问卷采取无记名形式,所得数据仅用于此次研究,希望您按照实际情况和真实想法回答。

　　再次感谢您对本次调研的大力支持!

第一部分

1.您的性别
　　A.男　B.女

2.您的年龄
　　A.15 岁以下　B.15—34 岁　C.35—60 岁　D.60 岁以上

3.您目前的教育程度
　　A.高中及以下　B.专科　C.本科　D.硕士及以上

第二部分

4.您是通过什么渠道知道微博账号"iPanda 熊猫频道"的?
　　A.通过 www.iPanda.com 网站观看熊猫,进而关注了相应微博
　　B.看到其他媒体转发,进而知道相应微博
　　C.朋友、家人等他人转发或推荐
　　D.通过线下活动推广获悉
　　E.其他_____

5.您对微博账号"iPanda 熊猫频道"的关注程度符合下述哪种情况?
　　A.特别关注,所有更新基本都会浏览
　　B.经常会去主动获取相关内容
　　C.没有主动关注,有更新内容会偶尔看看
　　D.知道但不怎么看

6. 您主要看微博账号"iPanda 熊猫频道"发布的哪类内容?(多选)

　　A. 熊猫直播:有关大熊猫的移动直播内容

　　B. 熊猫娱乐:轻松娱乐的图文视频内容

　　C. 熊猫新闻:与世界各地熊猫相关的新闻资讯

　　D. 熊猫百科:熊猫相关轻科普内容,动物保护知识等

　　E. 节目预告:熊猫频道近期节目的预告、推介

　　F. 其他＿＿＿＿＿＿＿＿＿＿＿＿＿＿＿＿＿＿＿＿＿＿＿＿＿＿

7. 您选择关注微博账号"iPanda 熊猫频道"的原因是?(多选)

　　A. 获取信息,了解熊猫知识　　B. 感觉熊猫萌萌哒,喜爱熊猫

　　C. 放松心情,缓解压力　　　　D. 随便看看,打发时间

　　E. 其他＿＿＿＿＿＿＿＿＿＿＿＿＿＿＿＿＿＿＿＿＿＿＿＿＿＿

8. 下列各项描述,请根据您的情况选择:

您对"iPanda 熊猫频道"发布内容的评价是——				
A. 非常满意	B. 比较满意	C. 一般	D. 不大满意	E. 非常不满意
您对"iPanda 熊猫频道"更新情况的评价是——				
A. 非常满意	B. 比较满意	C. 一般	D. 不大满意	E. 非常不满意
您对"iPanda 熊猫频道"对评论留言的反馈情况的评价是——				
A. 非常满意	B. 比较满意	C. 一般	D. 不大满意	E. 非常不满意

9. 您主要通过什么方式与微博账号"iPanda 熊猫频道"互动?(多选,不限选项)

　　A. 没有参与互动

　　B. 内容点赞

　　C. 评论留言

　　D. 分享转发

E. 提供建议或自制内容

F. 参与熊猫频道发起的相关活动

G. 其他_____

10. 对于微博账号"iPanda 熊猫频道",您是否会有以下行为?(多选)

A. 没有什么特别行为　　B. 会持续关注微博账号"iPanda 熊猫频道"

C. 会推荐给周围其他人　D. 会进一步关注熊猫频道网站

E. 其他_____

第三部分

以下几个问题为开放问题,欢迎分享您的精彩观点——

11. 您认为微博账号"iPanda 熊猫频道"有哪些方面需要改进?

12. 请形容一下您对熊猫的印象。

13. 通过对微博账号"iPanda 熊猫频道"的关注,您是否对熊猫有什么新的了解和认识?

您已经完成了本次问卷调查,再次感谢您的参与!

第三章

熊猫频道品牌之路

对熊猫频道的传播特色进行概述和分析之后,本章内容主要探讨熊猫频道发展之路,对熊猫频道从小到大,打造熊猫超级 IP,直至发展国际品牌进行分析和展望。

品牌是用以与其他竞争者相区分的体系,由品牌名称、标识、包装等显性要素和品牌承诺、个性、文化等隐性要素构成,是能够给拥有者带来溢价、产生增值的一种无形资产[①]。通过熊猫频道的品牌定位可以实现:其一,创造品牌核心价值,成功的品牌定位可以充分体现品牌的独特个性、差异化优势;其二,与消费者建立长期的、稳固的关系,当消费者可以真正感受到品牌的优势和特征,并被品牌的独特个性所吸引时,就可以在两者间建立长期、稳固的关系;其三,为熊猫频道在产品开发和营销计划中指引方向,品牌定位的确定可以使生产主体实现资源的聚合,进一步的发展要根据品牌定位来塑造自身。从长远来看,熊猫频道势必要品牌化发展,才能实现真正有效的国际传播。

在完成品牌化的过程中,首先需要进行精准的品牌定位。理论上讲,品牌定位实际上是一个处于动态过程中的立体概念,是在熊猫频道与其消费者、竞争者三个维度之间的度量拿捏。一个成功的品牌定位,首要是对熊猫频道的准确表述,然后要对消费者具有标识度、吸引力,同时能够与竞争者有所区别。如前两章所分析,熊猫频道已经初步建立了在受众中的品牌地位。同时现阶段,这只是推进品牌国际化的基础,只有制定并实施品牌化的整体

---

① 杨明刚:《品牌与策划》,上海:上海人民出版社,2016 年,第 5—6 页。

战略,才能真正推动熊猫频道成为国际化品牌。

我们可以将熊猫频道品牌发展分为三个阶段:第一阶段:由单一熊猫直播扩展为直播中国,进而到以熊猫为文化符号,把熊猫频道发展成为中国频道;第二阶段把熊猫频道打造成熊猫超级 IP;第三阶段,将熊猫频道发展为知名的国际品牌。

第一节　打造大熊猫 IP

党的十九大报告中,"文化自信"的重要性被提升到新的高度,在这样的历史背景下,可从顶层设计的高度,探寻挖掘中国国宝大熊猫的文化内涵,并以此为载体打造大熊猫 IP,将其凝练成能够获得全球范围广泛认同、简洁清晰且易于传播的中华文化基因。形成社会广泛参与的大熊猫 IP 发展机制,以大熊猫 IP 为抓手,以互联网思维讲好熊猫故事,进而讲好中国故事,用全场景渠道传播中国文化,立足中国放眼世界,打造新时代下的拥有"自主知识产权"的文化名片,大力提升自身在宣传舆论阵地及文化阵地的传播地位。

一、打造大熊猫 IP 的基本思路

有人给优质 IP 总结了五项基本要素:最核心的要素为价值观（Values）,而鲜明形象（Image）、故事（Story）、多元演绎（Adaptation）、商业变现（Commercialization）四要素随后依次向外展开,如图 3-1 所示各要素呈现出一种由内到外、层层包裹的洋葱型结构[①]。

在这五要素中,越向内层,IP 价值的实现越由内容创意者决定,IP 的文化属性越强;越向外层,IP 价值的实现越由文化运营者决定,IP 的商业属性越强。从大熊猫 IP 的价值基础判断,大熊猫 IP 的先天优势经得起多维度跨界打造,有成为超级 IP 的潜质。而若想将其真正打造为一种可长久挖掘与拥有持久影响力的 IP,应遵循以下五个关键原则:

价值观:价值观是内容的基石,也是衡量原创 IP 内容是否具有开发和传

---

① 　向勇、白晓晴:《新常态下文化产业 IP 开发的受众定位和价值演进》,《北京大学学报》(哲学社会科学版）,2017（01）:第 123—132 页。

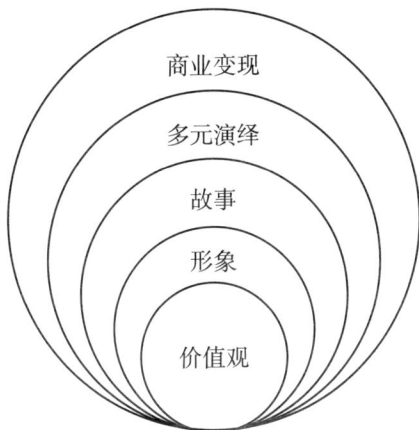

图 3-1　优质 IP 的五项基本要素

播价值的第一标准。必须明确,打造大熊猫 IP,其载体(影视剧、游戏、文创产品等)必须为其价值观服务,应着重表达契合传播中国文化、讲述中国故事的核心价值,这个根基不可动摇。

　　形象:鲜明、可视化的角色形象是 IP 跨界开发的落脚点,打造大熊猫 IP 首先需要打造个性鲜明、具有版权形象的熊猫品牌识别体系。目前我国对大熊猫实行谱系化管理,可尝试以此为基础,设计出由"真猫 + 卡通(拟人)"组成的群组式大熊猫 IP 形象。非单一形象,一方面方便后期产业化、商业化不同性质项目的开发运作;另一方面,也更为重要的是,考虑到对外传播的特点,可依不同国家、地域文化及审美特点,有的放矢设计不同性格、特色的大熊猫 IP 形象,让对外传播更具针对性及感染力。另外可尝试为大熊猫的 IP 形象赋予更加"活化"的人格魅力及个性特征。以日本熊本县吉祥物"熊本熊"(Kumamon)为例,目前其已带来 12 亿美元经济效益,强力助推了原本名不见经传的熊本县的发展。"熊本熊"不但拥有自己的名字、生日、喜好、特长,甚至还在现实生活中拥有自己的工作——熊本县营业部长兼幸福部长,创造了很多传播热点。

　　故事:故事即内容表达,内容为王。文化记忆往往是一种故事记忆,当某一事物被镶嵌在丰富的故事内容中,就最能够传达出真挚的情感或明白的道理,能够给受众带来最好的接受效果。大熊猫 IP 应在讲好中国故事、弘扬中华文化价值观的指引下,创意出可被补充、扩容或改编的优秀故事,使其在不同载体的应用下均可保持主线故事的延展性。可尝试从具有中国特色的文化资源开发入手,在表现风格、角色设定、故事架构等方向发力,通过符合互联网形势、融媒环境的呈现方式和新颖元素,衍生 IP 内容。

多元演绎 & 商业变现:多元演绎是优质 IP 在形象的基础上,在不同的内容载体上对故事进行的延伸,通过持续建立情感联结来扩容受众,并将更多的受众转化成"粉丝"。对于 IP 型文化产品来说,没有消费者的认可,IP 的商业价值与文化价值就无法实现。大熊猫 IP 开发也应明确深化"粉丝效应",这也是有效传播的基础。而在当下以"内容为王"的文化产业中,优质的内容在经营好价值观、形象、故事和多元演绎的 IP 要素后,便有可能获得持续可观的社会效益及商业收益。

二、打造基于全产业链的大熊猫 IP 开发模式

对于大熊猫 IP 而言,价值观和形象元素的呈现需要故事、多元演绎及商业层面的支撑,其核心是要通过持续的品牌打造,把大熊猫 IP 塑造成为具有自主知识产权、较大影响力和较强市场竞争力的文化品牌。因此合理运用市场化运作也是打造大熊猫 IP 的必然选择。通过对大熊猫、熊猫文化及其相关资源的深度发掘,尝试打造"熊猫 +"战略,整体统筹规划,逐步形成熊猫文化产业体系和健全的产业链。

目前,大熊猫 IP 的开发已经开始了在这方面的积极尝试。2018 年 3 月 28 日,中国移动咪咕文化科技公司携手成都大熊猫繁育研究基地共同发起"新时代 新征程 熊猫启航计划",咪咕文化在现场首发了 4 款萌力十足的大熊猫音频彩铃,这 4 款彩铃分别取自大熊猫在诞生、恋爱、唱歌、与饲养员对话时发出的叫声,搭配或可爱或温馨的音乐而成,和大熊猫爱好者们一起发现和记录大熊猫在不同成长阶段的点滴趣味。2018 年还将连续发布 12 款大熊猫音频彩铃。现场更首次通过全新的黑科技——视频彩铃,让用户可以在拨打电话的等待时间里,随时观看到国宝大熊猫,熊猫文化走进人们的日常生活和沟通之中。视频彩铃是中国移动推出的 4G 新产品,用户在拨打电话的等待时间可以在手机上观看到对方设置的视频。

在当下大力加强国际传播能力建设、讲好中国故事、增强中国国际话语权的大背景下,可以现有熊猫频道为根基,运用现代文化运营手段,建立拥有

知识产权的 IP 运营体系。通过将现实中的动物大熊猫进行艺术加工,打造成为拟人化的、具有可塑性和讲故事可能的形象,让 IP 形象能够更广泛地参与各类传播产品的制作,进行持续的 IP 开发与运营(微视频、漫画、表情包、主题音乐节、嘉年华活动、影视剧作品、实体衍生品、跨界合作等),不断地为 IP 注入活力,使熊猫频道成为大熊猫 IP 资源转化为文化生产力的一个最佳、最现实的平台载体。

在前述的发布会上,中国移动咪咕文化科技公司携手蔡依林等跨界名人录制公益视频,多方位、多视角传播丰富多彩的熊猫文化,现场播放的纪录片《我在基地养熊猫》,近距离记录大熊猫工作人员日常哺育大熊猫的片段,从大熊猫饲养员、研究员等幕后工作者角度,让大众更深入地了解大熊猫的生长与繁育。咪咕文化还与峨眉电影集团、中影股份有限公司共同拍摄以大熊猫为题材的电影。电影讲述一个小男孩与一只大熊猫宝宝之间的欢乐冒险之旅,通过生动的电影传播熊猫文化。这次活动以大熊猫声音为引爆点,发布了大熊猫音频、熊猫文化大使、萌宝大熊猫名字及形象征集等活动,面向全球推出最适合代表中国走向世界的文化符号,这无疑是大熊猫全 IP 运营的升级与发展。

对熊猫频道的品牌建设而言,重点在于保持并提升现有品牌地位的同时,真正打造具有超级 IP 价值的国际文化品牌。在进一步挖掘品牌文化内涵的同时,以更高的速度提升品牌的资产价值;在进一步增加受众的品牌认知度、满意度和忠诚度的同时,更充分地利用媒体品牌推广渠道;在进一步明确品牌营销和完善新传播策略的同时,更快地提升品牌的国际化水平,以国际品牌助推国内品牌建设。最终形成三个结合与互动,即产品品牌与整体品牌的结合与互动,文化内涵与创新技术的结合与互动,民族特色与国际路线的结合与互动。

第二节　建立国际化品牌

自从 1983 年哈佛大学教授西奥多·莱维特在《全球化市场》一书中首次在市场营销领域提出"全球化"概念,国内外学界至今在品牌国际化方面研究成果颇丰,但对于品牌国际化并未形成公认的定义。通常来说,品牌国际化是指企业立足于全球化经营的角度来审视国际市场,从而制定整体品牌战略,开展国际化经营,并通过相应的品牌营销活动树立企业在全球市场的品牌形象。随着世界经济一体化步伐加快,品牌国际化已经成为不可抗拒的历史潮流。企业走品牌国际化道路,一方面可以为企业在地域层面上寻求更为广阔的发展空间,另一方面可以在世界范围内打造品牌优势和竞争优势。

自创立以来,熊猫频道就将全球化发展和全球战略布局作为发展的核心战略之一,坚持精品化和全球化的核心理念。熊猫频道长期致力于推进国际化的发展战略,在其总体战略布局中占据重要地位。

一、熊猫频道的品牌国际化战略

熊猫频道自创办以来就一直秉持着全媒体、全球化的发展战略,2016年改版后更是升级成为"央视网对外宣传的入口级平台",以"熊猫直播""直播中国"等核心内容为支撑,重点打造以视频为核心的"互联网中国大百科"。在媒体内容方面突出中国元素,以发挥新媒体技术和平台优势为特色,以联结全球大熊猫爱好者和中华文化建设者为途径,以展示中央电视台新的国际舆论影响力为使命,使电视与网络产生互联、电视受众与网民产生互动,以期实现全媒体时代全球化的新闻传播和舆论引导的新形式。

在明确的战略导向和长远规划的指导下,熊猫频道的国际化战略稳步推进。在熊猫频道扎实推进国际化战略的过程中,其品牌的国际化也是需要特别考量的一个重要方面。

如图3-2所示,国际化品牌的建立是一项系统工程,需要在内容生产、开发运营等各个环节加以整体性推进,务须实现有效联通,推动品牌识别定位、品牌架构、品牌建设等各个方面的协同发展,才能实现品牌国际化的目标。因此,本部分将从国际化品牌识别定位、国际化品牌架构、国际化品牌建设和国际化品牌组织结构流程这一矩阵思路出发,对熊猫频道品牌国际化发展战略展开分析。

(一)国际化品牌识别定位

就国际化品牌定位来说,现阶段熊猫频道进一步确立了以中国为主题的"内容＋传播＋服务"的国际传播入口级平台的国际化品牌识别定位。具

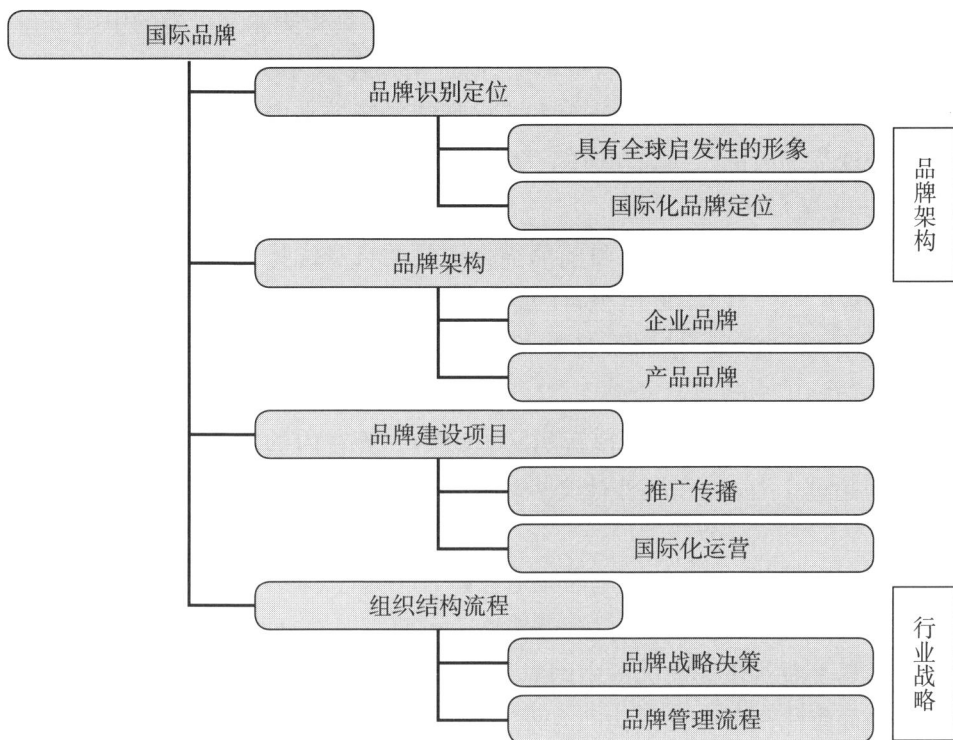

图 3-2 国际品牌构成要素模型

体来看,就是以规模化网络实时直播为特色,以讲述中国故事为亮点,进一步丰富熊猫频道内涵,由大熊猫垂直网站升级为"讲好中国故事,传播好中国声音,阐释好中国梦"为核心的文化传播平台,成为覆盖政治、经济、文化、教育、旅游、民生等诸多领域,具有开放性的原创内容平台,并延展建设成为多语种、多终端新媒体国际传播入口级平台。总之,熊猫频道的国际化品牌定位在于全球性互联网的中国文化传播平台。

整体品牌形象方面,近年来熊猫频道发力推广整体品牌的国际知名度。熊猫频道不仅在国际上注重推广自身的产品,努力打造良好的形象,还通过随领导人出访、与其他国际知名一流媒体战略合作等方式推动熊猫频道公司品牌形象的国际知名度。

(二)国际化品牌架构

熊猫频道以大熊猫为原点,以"熊猫直播"带动"直播中国"为方向,让世界亲近美丽可爱的大熊猫的同时,又能感知真实美丽又可爱的中国。在全球层面上,熊猫频道主推自身形象,通过举办或参与海外推广活动、参与国际会议、关注中国领导人出访等方式提高熊猫频道在国际媒体上的曝光率,以在全球范围内推广熊猫频道的整体品牌形象。

（三）国际化品牌建设

从国际化运营方面看,目前熊猫频道借助自身优势,已与世界自然基金会（WWF）、日本 NHK 电视台、富士电视台、日本电视台开展合作,用户已经覆盖中、英、德、西、法、俄、日等 75 种语言以及世界 228 个国家和地区,网站独立访问用户数累计突破 1 亿。由熊猫频道发布的原创视频被英国广播公司（BBC）、美国有线电视新闻网（CNN）等在内的 1144 家境外电视频道使用超过 1 万次,在海外社交平台上最热门的一条视频总浏览量近 7330 万次。

从国际宣传推广来看,熊猫频道开始着手通过多种渠道整合推广整体品牌,统筹形象全球化宣传。就海外传播渠道而言,一方面,熊猫频道与新华社等在世界上有一定影响力的中国对外传播媒体建立了良好的合作关系,通过这些新闻媒体及其驻外机构向海外受众主动发声,主动塑造媒体形象。另一方面,熊猫频道还在依靠中国对外传播媒体的同时深耕海外传播平台,不仅在多家海外社交平台上拥有自己的账号,并积累了大批的粉丝,而且积极拓展与海外媒体的关系。如英国《每日邮报》曾经多次转载和报道熊猫频道的优质视频故事,并对中国的生态保护予以积极正面的评价;西班牙最大的传媒集团普利萨 PRISA 旗下的最大报刊《国家报》和为英美主流媒体提供视频素材的 Caters News Agency（合作媒体包括有线电视新闻网、美国广播公司、赫芬顿邮报等国际知名媒体机构）等纷纷对熊猫频道给予热情关注,并表示会继续加大合作。

（四）国际化品牌管理组织结构流程

在国际品牌战略决策和管理方面,熊猫频道主要依托央视网建立的国际传播事业群开展以下工作:一是开展精细化运维海外社交平台账号,坚持"保重点、出亮点"。保持脸书（Facebook）中央电视台系列账号优势,重点打造以优兔（YouTube）为主的视频传播平台,Instagram、VK 等平台实现量的突破。二是积极推进海外业务拓展,加强海外网络媒体和传播渠道建设,切实打造央视网国际传播海外传播合作平台。三是顺应目标国的法律和经济政策环境,适时在非洲、北美、欧洲、俄罗斯、周边国家进行人员外派或通过分子公司海外业务拓展团队,开展本土化运营和海外合作平台渠道推广。

除此之外,在未来愿景方面,团队还将重点完成组织实施英国、法国、俄罗斯、非洲等地区熊猫频道海外落地推广,并积极拓展俄罗斯市场,在2016—2017"中俄媒体交流年"和"一带一路"国家战略框架内,重点推进对俄重点项目,落实好与蒙古国、肯尼亚、埃塞俄比亚本土主流网络媒体合作项目。

通过对以上四个维度的梳理可以看出,熊猫频道已经开始了其品牌国际化的进程。不过,现在熊猫频道依然处于品牌国际化战略的初级阶段,在品牌识别定位、品牌架构、品牌建设以及品牌组织流程等多个方面都进行了初步的探索:初步明确了自身的国际化品牌识别定位,构建了整体品牌全球化与产品品牌区域化并行的品牌架构,形成了国际化的品牌建设方式,建立了海内外协作的品牌国际化管理组织结构。

二、品牌国际化的提升策略

自创立以来,熊猫频道将全球化发展和全球战略布局作为发展的核心战略之一,在建立"国际传播入口级平台"的战略思想指导下,目前已经成为中国互联网视频行业文化出口的排头兵。但是,熊猫频道的品牌国际化之路刚刚起步,任重而道远。

与其他的中国企业一样,熊猫频道的品牌国际化同样面临着制度差异及市场结构差异、文化障碍、技术障碍和传播能力差异的障碍等问题。熊猫频道要继续推进其全球化战略,在激烈的国际竞争中立于不败之地,就必须结合熊猫频道自身的特点和实力制定跨国品牌的传播战略,提升品牌国际化的运营能力,站在全球化的高度开展品牌传播推广。

首先,借助国家文化"走出去"和服务业"走出去"的东风,在制定跨国发展战略时充分考虑国家的政策优势和行业发展趋势,借船出海和抱团出海,形成在国家文化品牌下的企业子品牌系统,占领在行业品牌中的领先品牌地位,获得更多的口碑效应和政策及政府支持。

其次,制定全球化与本土化相结合的传播策略。目前看来全球化传播的策略制定极为重要,可以改变各自为战的状态。但是,在全球化思考、全球化战略的同时,也要考虑实实在在的"落地"问题——认真进行对"区格市场"的研究,构筑本土意识形态,与当地消费者以及利益相关者达成心理和价值认同;建立国际化与本地化结合的团队,能够促使产品"无缝"融入当地文化和社区;在开发国际媒体的同时充分利用当地媒体进行宣传;建立全球化与本土化平衡的国际化品牌授权体系。

开展国际化经营的关键是,为全球品牌管理建立合适的授权体系。一般而言,全球管理的组织设计主要有三种:由母公司或总部实行集权式管理,由海外的当地机构进行分权式决策,中央集权化与区域授权相结合。通常情况下,公司会选择中央集权化和区域授权相结合的方式,以较好地达到本土适应性和全球标准化之间的平衡。尤其对于熊猫频道这样的文化企业来说,如果要适应海外市场的本土文化,那么对海外机构进行适当的品牌管理权的授权是必不可少的。但是,如果仅仅让海外机构各自为战,那么不同机构的营销活动便会因为理解差异而导致稀释公司品牌资产。因此,熊猫频道应该建立平衡的国际化品牌授权体系,即统一包括品牌核心价值、品牌定位和品牌架构在内的宏观的品牌规划,而各机构则可以在整体确定的品牌规划的基础上,结合自己的实际情况选择营销组合元素。

再次,借助国际事件做好推广工作,加强与他国知名互联网媒体的合作,建立品牌联盟。国际大品牌都极为重视品牌的宣传推广工作,无不是品牌宣传推广的高手,诸如三星、联想等公司的品牌成长都得益于赞助体育盛事。借助国际重大事件获得全球民众的关注,可以大大提高品牌形象和知名度。熊猫频道品牌在全球影响力的提升,也可以借助重大国际事件的影响力推广自身的品牌形象。在这方面,熊猫频道似乎有着绝佳的契机,可以借助中国大熊猫走向海外等相关事件,借势推广熊猫频道品牌进一步"走出去"。如2015年9月25日,当中国国家主席习近平与美国总统奥巴马举行会谈时,彭丽媛在米歇尔·奥巴马的陪同下,前往位于华盛顿特区的美国国家动物园看望大熊猫,并为上个月园里的大熊猫"美香"产下的幼崽取名为"贝贝",寓意着宝贵。借助这一事件,熊猫频道适时推出了《中美第一夫人为新生大熊猫取名"贝贝"》的视频报道,取得了较好的传播效果。熊猫频道在进行品牌国际化的时候,应继续借助这种势头,提升熊猫频道在国际上的知名度。

最后,也是最重要的一点,把握行业发展趋势,确立"后发优势"。新技术和新产业领域的企业有潜力和实力在较短时间内成长为国际品牌。当新技术和新产业处于高速发展阶段时,往往成为新的国际品牌的孕育摇篮。因此,是否能够把握互联网行业的下一个热点,并在下一次发展浪潮中有所作为,这便成为熊猫频道能否迅速成长的关键。

一方面要积极与社会公司开展商务合作、开发拓展,采用云平台技术解决方案,降低成本,迅速扩大直播点的数量和范围,丰富直播内容和类型,打造平台性产品,实现规模效应。

另一方面要加强原创精品内容建设——

使"熊猫直播"出精品:增加多路大熊猫直播信号,建立大熊猫粉丝圈,提升直播互动性。重点打造事件性直播,加强大熊猫相关精品原创微视频和纪录片制作。

使"直播中国"出规模:构建"直播中国"开放性平台,汇集更多的中国珍稀动物、著名景区、网上博物馆等资源,打造以视频为核心的"中国互联网大百科"。

使重点项目出亮点:运用最新先进技术如全景 VR 技术等打造《全景中国》《飞越中国》等项目;以"智慧地图"为入口,建设《智慧丝路》,展现"一带一路";落实完成中宣部中国文化传播项目,围绕中国传统节日、中国非物质文化遗产和中华医药等主题制作百部视频短片《中国 100》,展示中国文化独特魅力,塑造良好国家形象。

可以看出,熊猫频道已经在研究多屏互动、移动互联网、VR、AR 等下一代互联网娱乐中可能出现的热点,并开始战略布局。熊猫频道应该继续这种对未来趋势的探索和把握,紧紧把握机遇,实现品牌在国际上的跨越式提升。

第三节　传播全球化 2.0 时代的到来

在分析和研究了熊猫频道的背景、发展里程、传播内容和特色、传播效果和品牌化战略之后,还有必要对熊猫频道的未来发展局势展开分析探讨。

一、传播全球化 2.0 时代

尽管从宏观上看,传播全球化贯穿于各领域全球化进程的始终,但直到
20 世纪 90 年代,现代互联网技术开始快速、广泛地进入人类社会生活中,人
们对这一概念才开始具有切身的体验和较为清晰的认识。因此本章对传播
全球化的探讨也集中在这一时间范围内。按照传播全球化的程度的加深,以
2011 年全球网民数超过 20 亿、占到全球人口近三分之一为标志,我们发现
这一进程可划分为前后两个阶段:传播全球化 1.0 时代和 2.0 时代。如果说
前者是传播全球化的起步阶段,那么后者就是传播全球化的深度发展阶段。
1.0 时代的传播全球化主要表现为全球网民数量开始快速增长,各媒体形态
与网络媒体的初步融合。但这一时期尽管网民数量增速较快,但绝对数量不
大。根据国际电信联盟(ITU)发布的数据,2000 年初全球手机用户数只
有 5 亿,网民数量只有 2.5 亿[1]。而且,传播与网络的结合尚处于初级阶段,网
络只是众多传播途径之一,全面网络化远未实现。传播全球化 2.0 时代则迎
来量与质的全面升级,主要表现出三个特征:一是全球网民数量爆炸性增长,
二是全媒体的网络化,三是视频传播的兴起。

首先,全球网民数量的爆炸是传播全球化 2.0 时代最直观的特征。如上
文所述,2011 年全球网民突破 20 亿大关,占全球人口近三分之一,这就意味
着全球每 3 人中就有 1 人是网民[2],而这只是 2.0 时代的开端。国际电信联
盟公布的统计数据显示,截至 2016 年底,全球网民数量已达 39 亿,全球网络
覆盖率已经接近 50%[3]。全球网民总数从 2000 年的 2 亿多发展到 2011 年的
20 亿,增加了 18 亿,这一过程用了 10 年时间,而第二个 18 亿的增量只用了
5 年时间,其增速可见一斑。其中,中国网民数量走在世界前列,2016 年全
国网民数突破 7 亿,网络覆盖率超过了全球平均值。

---

① 新浪网:《联合国报告显示:全球网民数量大增 数字鸿沟未减》,2002-11-21,http://news.sina.
com.cn/w/2002-11-21/07162561s.html,检索时间:2017-07-13。关于全球网络用户数,不同的统计口径和
调查机构,统计的数量会略有出入。

② 中国新闻网:《全球网民二十亿手机用户十年间井喷》,2011-01-28,http://www.chinanews.com/
it/2011/01-28/2819086.shtml,检索时间:2017-07-13。

③ 199IT 网:《ITU:2016 年全球互联网覆盖率将达 47%》,2016-11-23,http://www.199it.com/
archives/540061.html,检索时间:2017-07-13。

网络技术的发展在网民数量爆炸中起到了关键作用,特别是移动互联网技术的进步与普及,成为传播全球化 2.0 时代快速来临最为引人瞩目的因素。目前,移动端网络流量已经占据了媒体的半壁江山。据数据网站 We Are Social 统计,截至 2015 年 8 月,全球超过半数人使用手机,特别是智能手机采用率增长迅速,达到每天销售 200 万部[①]。腾讯传媒研究院将移动互联网的勃兴比作"指尖上的风暴",并通过分析皮尤研究中心等海外数据机构的统计,认为到 2018 年智能手机数量将超过非智能手机,达到 35 亿部,全球 50% 的网络访问量来自手机,移动端数据流量远远超过 PC 端[②]。随着经济发展的进一步提速,全球信息传播速率也会持续加速。人们的网络习惯不再是在办公桌前盯紧电脑屏幕,而更多是在移动中完成各种决策和传播,这就为移动互联网发展提供了更广阔的未来前景。因此,我们也可以将传播全球化 2.0 时代称作"移动时代"。

传播全球化 2.0 时代的第二个特征是全媒体的互联网化。媒体融合的概念起源于 20 世纪 90 年代的美国。彼时,坦帕新闻中心的创新为全球传统媒体未来发展树立了榜样,媒体融合实践在全球范围内逐渐展开。初期的媒体融合,与其说是"融合",不如说是"结合"。传统媒体为应对发行量、收视率下降的挑战,不得不谋求与其他媒体合作、合并的道路。因此,在 1.0 时代,媒体并购案例不一而足,媒体组织机构的内部整合层出不穷。互联网在这一时期更多是以与报刊、广播、电视三大传统媒体并列的"第四媒体"的身份出现。传统媒体与互联网的融合以工具性利用为主。在 2.0 时代,互联网已经成为一种具有广泛覆盖性的传播资源,而不仅仅是一种特定的传播手段。马云对未来互联网的地位给出了非常形象的评价:"未来 30 年任何一个企业如果不利用互联网技术发展业务,就会跟 100 年前缺电一样可怕,甚至比缺电更可怕。"[③] 在 2.0 时代,无论何种类型的媒体,都可以而且必须以互联网化实现生存和发展。互联网空间的包容性可以呈现一切形式的媒体内容,

---

[①] 199IT 网:《We Are Social:互联网、社交、移动最新统计 全球网民已超过 70 亿》,2015-08-17, http://www.199it.com/archives/374334.html,检索时间:2017-07-13.

[②] 腾讯传媒研究院:《众媒时代——文字、图像与声音的新世界秩序》,中信出版集团,2016 年,第 3—6 页。

[③] 转引自新华网:《马云:未来 30 年不利用互联网技术比缺电更可怕》,中国网,2017-04-24, http://news.xinhuanet.com/fortune/2017-04/24/c_129568275.htm,检索时间:2017-07-15.

其共享性则可以使参与其中的媒体实现信息的多平台无障碍交流与分享。在移动互联网如日中天的当下,以脸书(Facebook)、推特(Twitter)等为代表的社交平台通过移动客户端使全球用户融为一体,既与人类在全球化时代日益膨胀的交往欲望相契合,又通过即时信息推送等功能满足了人们对信息的强烈需求。

传播全球化2.0时代的第三个特征是视频传播的兴起。2.0时代是个体传播的盛宴,人类从未像现在这样具有如此强烈的传播欲望。特别是在网络空间中,多元化价值与信息不仅追求自由传播,而且希望能够传播更多的内容,取得更佳的传播效果。从宏观层面看,以国家主体的国际传播旨在实现国家利益,维护国家形象;从微观层面看,各种类型的社交媒介为人际交流、个人传播提供了覆盖全球的平台。显然,单一的文字传播、音频传播已经难以胜任如此复杂艰巨的传播任务,视频传播应时而起。

麦克卢汉指出:"媒介是人的延伸。"不同的传播媒介对应了人类不同的感觉器官,如文字传播对应了抽象思维能力,声音(语言)传播对应了听觉,视频传播则对应了视觉。如果从时间顺序看,人类信息感知的开发与媒介形态的出现呈现出倒置的特点。早期人类通过岩洞壁画传播狩猎等信息,是一种原始的视觉传播,依赖听觉的声音传播紧随其后,经过多年沉淀之后人类才开始使用抽象文字传播信息。而媒介发展史上,以报纸为代表的文字传播却是最早出现,对应听觉的广播其后出现,最后才出现了对应视觉的电视传播,也就是早期的视频传播。这种倒置关系似乎是一种返祖现象,它既是人类对信息获知欲望不断得到满足的必然,也反映了视频传播在传播效果上的优势。马克·波斯特指出:"当大众媒介转换成为去中心化的网络时,发送者变成了接收者,生产者变成了消费者,统治者变成了被统治者,这样,用来理解第一媒介时代的逻辑就被颠覆了。"[①]在网络化、移动化、多元化的传播全球化2.0时代,视频传播具有天然的优势。

视频传播的优势首先体现在传播内容上。视频中能够包含文字、声音、图像多种信息载体,天然适用于多元内容传播。在传播效果上,视频传播的直观、感性与语言文字传播的间接与抽象形成鲜明对比。相比于"冷冰冰

---

① (美)马克·波斯特著,范静哗译:《第二媒介时代》,南京:南京大学出版社,2000年,第45页。

的"静态文字,人们显然更易于理解动态图像。传播全球化 2.0 时代的视频传播不同于传统的电视传播,它在技术层面上重视与互联网,特别是与移动互联网的共融共生,表现形式上平台化,更加强调传播效果,力图实现更高的渗透率。根据 Cisco 数据预测,未来在线视频会成为渗透率最高的服务,预计全球将有 19 亿用户规模[①],到 2022 年视频将占移动数据流量的 75%,年涨幅在 50% 左右[②]。视频通过移动终端深入用户生活,挤占了原本可以用来读报或者听广播的时间,原本可以用文字表达的内容也被更多地用图像表达。"视觉文化对非视觉文化领域广泛而深层的'殖民'"[③],使这种传播效果上的优势更加明显。视频传播的效果优势还因为语言文字传播是线性的、互动性的,受众拥有足够的想象和反思的空间,而视频传播则是单向的、灌输性的。"从影视作品到观众,它培养了观众的被动型接受……取消了观众掩卷沉思的契机。"[④] 当观众不再思考,劝服就变成了很容易的事情,传播效果得到强化。我们看到,在全球化传播中,传者与受者之间的距离被拉长到全球范围,传受双方彼此相互缺乏了解,因此形象化的视频比抽象的文字更有利于表达。我们可以在图 3-3 中理解传播效果与传受距离之间的关系。

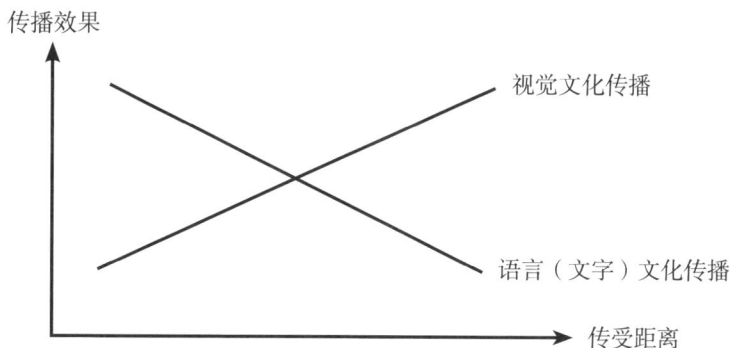

图 3-3　传播效果与传受距离

---

① 腾讯传媒研究院:《众媒时代——文字、图像与声音的新世界秩序》,北京:中信出版集团,2016 年,第 8 页。

② 转引自凤凰网:《2016 年移动报告》(附报告),2017-05-15,http://wemedia.ifeng.com/15631617/wemedia.shtml,检索时间:2017-07-15。

③ 周宪:《视觉文化的转向》,北京:北京大学出版社,2008 年,第 7 页。

④ 周宪:《视觉文化的转向》,北京:北京大学出版社,2008 年,第 9 页。

传播的全球化本质上要求全球人类之间相互增进沟通和理解,视频传播的特质恰好符合了这一要求。尽管与传统语言文字传播相比,视频传播的成本更高,但传播技术的发展进一步化解了这一劣势。在传播全球化 2.0 时代,视频服务规模迅速扩张,重塑着整个媒介生态,也彻底改变了用户的生活方式。德国思想家本雅明将讲故事的人分为厮守家园的农夫和探险四海的水手两类。前者讲述着身边的故事,后者讲述着远方的传说。远方传说因为遥远的距离而终究只是传说,人们对传说真实性的信任程度无法与故事同日而语。传播全球化带来了全球时空的压缩,人们脑海中的远方不再是远方,传说也已渐渐成为故事。在传播全球化 2.0 时代,农夫的故事在人们的生活中渐渐式微,人人都是浪迹天涯的水手,给世界讲述着远方的传说。而视频传播为水手们的传说提供了最佳的讲述方式。

二、海外视频传播案例

由于传播理念和技术水平等方面的领先优势,海外媒体普遍走在视频传播领域的前端。无论是传统媒体与视频传播的融合,还是新兴视频网站的崛起,都成为传播全球化 2.0 时代的视频传播发展的新探索。

(一)美国有线电视新闻网:传统电视媒体的转型

20 世纪 80 年代有线电视新闻网的横空出世,以视频新闻起家, 24 小时不间断直播新闻,成为电视新闻业的翘楚。1995 年,有线电视新闻网又创办 CNN.com 网站,率先在美国实现了传统电视媒体与网络的融合。进入新世纪以后,随着互联网媒体的兴起,有线电视新闻网经历了受众流失和广告收入减少的双重挑战。为了应对挑战,有线电视新闻网通过改革电视新闻生产方式,调整竞争策略,不断扩大受众群体,掌握了未来电视的话语权,成为传统电视媒体转型发展的全球楷模。对于有线电视新闻网来说,视频是其起家的基础,视频、图片信息、现场报道是其传统优势。几十年深耕电视新闻领域为有线电视新闻网带来了源源不断的高质量新闻视频素材。因此,有线电视新闻网的转型与其说是新视频内容的生产,不如说是视频内容的互联网"再生产"。

所谓"再生产",指的是有线电视新闻网的视频生产与传播与互联网时代传播技术和受众接受习惯的结合,具体来说就是凸显视频传播的移动性。早在 1992 年,有线电视新闻网率先建立了专门通过移动设备向世界各地提供新闻和信息服务的 CNN Mobile，还不断开发新版软件应用以适应不同操作系统和硬件平台，从早期 WAP、JAVA 软件到 iPhone、iPad 软件做到了全覆盖。在智能手机成为人们使用互联网的主要手段时，有线电视新闻网的移动客户端（CNN 客户端）也成为其视频发布的主要平台。使用 CNN 客户端的用户可以免费收看有线电视新闻网的新闻视频短片，还可以通过有线电视或卫星电视提供商的认证收看个人感兴趣的有线电视新闻网节目直播。据统计，有线电视新闻网新媒体 60% 的流量来自包括移动网页和客户端在内的移动平台[①]。2014 年 9 月，有线电视新闻网又推出全新客户端——"CNN go"，向用户提供在线新闻报道和过去 24 小时内分段新闻重播，还能点播最近的有线电视新闻网热点新闻和电影。用户可以通过 CNN go 了解与正在收看的视频新闻相关的背景信息和评论。阅读和收看这些关联信息时，CNN go 还会提醒用户电视直播正在播出的节目，以吸引用户继续收看直播。这样，CNN go 就打破了传统电视新闻客户端的线性收看模式，即使用户能够对直播内容形成全面深入的了解，又确保了用户对电视直播的关注热度。在视频生产方面，有线电视新闻网的网络视频团队也事先考虑了移动端的特殊需求，比如字幕会短，且字体大，时长一般控制在 2 分半以内，以方便手机收看[②]。有线电视新闻网的移动战略激发了受众参与新闻报道的热情，成为"公民新闻"的经典案例。CNN 客户端依托 iReport 功能，通过大数据技术与全球用户接轨，将用户发布的图片、音视频数据加以整合利用，不仅扩大了报道信源，也为有线电视新闻网储备了充足的新闻素材与资料。2014 年 5 月，有线电视新闻网在新推出的谷歌眼镜版客户端中嵌入 iReport 功能，用户能将自己的所见所闻提供给 iReport。这种通过谷歌眼镜的第一视角拍摄下的视频，将为人们提供完全不一样的观看视角。

　　为了更好地在移动视频领域开疆拓土，有线电视新闻网将目光对准受众，针对受众进行了专门的研究。有线电视新闻网认为，在移动视频时代，仅仅知道有多少人收看是不够的，还要掌握人们在什么时间收看，什么时间停

[①]　杜毓斌：《美国有线电视新闻网（CNN）的新媒体转型之路》，《南方电视学刊》，2016（04）：第23—26 页。

[②]　杜毓斌：《美国有线电视新闻网（CNN）的新媒体转型之路》，《南方电视学刊》，2016（04）：第23—26 页。

止收看,又有多少人分享转发了视频,有多少人针对视频进行了交流讨论。为此,有线电视新闻网于 2016 年组建受众发展团队（Audience Development Team）。该项目负责人克里斯·赫伯特表示:"我们说'受众发展',就是指通过数据分析,培养下一代用户的新闻习惯,并且更好地实现内容变现。尽管有线电视新闻网的体量已经很大,拥有受众的数量也很惊人,但是我们对用户的了解还远远不够。所以,我们现在正从过度倚重受众数量规模,向更加重视受众参与度、日活跃用户和视频观看时长转变。"[①] 有线电视新闻网这种从重视用户数量到提高用户质量的转变,反映了社交网络对传统视频媒体的冲击,也是传统媒体应对挑战的必然选择。此外, 2016 年底,有线电视新闻网还收购了面向年轻人的视频分享应用 Beme,并利用 Beme 团队开展新媒体视频业务。Beme 作为美国当红社交应用程序,向用户提供了一种介于流媒体直播和优兔（YouTube）精剪视频之间的视频分享方式。创作者无需剪辑就可以在 Beme 平台上分享快速、剪短的视频片段。此举被业内人士认为是有线电视新闻网为获得视频人才并针对年轻人进行的内容上的重要调整。此外,有线电视新闻网还与 2013 年联手 BuzzFeed,在优兔上开设一个专门的 "CNN BuzzFeed" 频道,专注于有影响力的视频[②]。我们认为,这些都可以被认为是有线电视新闻网在推进视频新媒体战略过程中"顺道"进行的形象重塑。以往人们对有线电视新闻网的印象更多是及时严肃的电视新闻媒体,是电视领域的"严肃报道者",而在社交媒体席卷互联网的时代,有线电视新闻网也必须"放下身段",向热衷于视频分享交流的年轻人敞开怀抱。当然,电视仍将作为人们感知世界、了解社会的传播工具继续存在,此前那个人们一有大事发生就打开电视收看的有线电视新闻网,也仍然保有极高的社会公信力和美誉度,只是在视频移动化的时代里,有线电视新闻网的转型更像是一种"适者生存"的手段。

（二）优兔:UGC 的升级

如果说有线电视新闻网的网络视频业务是在原电视业务基础上的"移

---

① 腾讯网:《CNN15 人团队的 "数据 + 变现" 之路》, 2017-04-28, http://news.qq.com/original/dujiabianyi/cnn.html,检索时间:2017-07-15。

② 腾讯传媒研究院:《众媒时代——文字、图像与声音的新世界秩序》,北京:中信出版集团, 2016 年,第 215 页。

植嫁接",那么优兔(YouTube)则是"原生态"的视频分享网站。作为全球第一家视频分享网站,自 2005 年上线运行以来,优兔在全球月均用户已经达到 10 亿,成为全球视频传播"巨头"。

优兔模式的优势在于,依靠 UGC(user generated content 用户生成内容)起家,用户不再只是视频的消费者,还是视频的生产者和传播者。用户可以自己制作视频上传到优兔网站,还可以通过转发、留言扩大视频影响力,表达自己的观点。大量用户的观看、转发、留言带来了巨大的流量,进而带来了广告收入,形成了优兔的流量经济、关注度经济。优兔这种"靠量取胜"的模式契合了早期互联网思维,培养了坚实的收看习惯,积累了深厚的用户基础,在创造经济效益的同时还促进了社会民主的进步,带来了舆论意见的多元化、个性化发展。这些都已成为现代社会的重要标志。除了 UGC 以外,优兔还是网络视频直播的探索者之一。优兔用户可以通过智能手机等移动终端随时直播新闻事件或自己正在经历的社会、私人活动。这一服务被普遍认为是对传统电视直播的直接挑战,而现今网络移动直播得以盛行,而且从组织机构"下沉"到个人也恰恰验证了这一点。经历了 10 余年的发展,如今的优兔已经拥有超过 10 亿的用户人群,每分钟上传的视频时长达到 300 小时,相当于 200 部电影的时长。同时,优兔在移动端也建树颇丰,其播放的视频50% 来自于手机和平板电脑[①]。

亮眼的数据并没有消除优兔发展的隐忧。与全球众多视频分享网站一样,优兔也面临着流量变现的难题。实际上,人们对优兔如此热衷的最重要的因素同样也是互联网本身的核心元素:开放。全球任何用户都可以随时登录网站或 App 观看视频,有数据显示,优兔视频上传后 60% 的观众来自美国以外的国家[②]。但开放对用户来说也意味着免费,而免费与盈利是相悖的。视频网站的选择还是老法子:广告。但网络用户对于视频广告的接受程度显然与电视观众对电视广告的接受程度无法同日而语。优兔对此深知,因此于2015 年 10 月推出了名为"YouTube Red"的付费服务。该服务用户在交纳

---

① 199IT 网:《YouTube 十年数据解读——信息图》,2015-04-27,http://www.199it.com/archives/343022.html,检索时间:2017-07-15。

② 199IT 网:《YouTube 十年数据解读——信息图》,2015-04-27,http://www.199it.com/archives/343022.html,检索时间:2017-07-15。

每月 9.99 美元的费用后,可以体验免广告视频观看、视频免费下载、后台播放,以及优兔自制的音乐服务等便利。数据显示,尽管全球每月有 10 亿用户收看优兔,却只有 150 万用户愿意花钱购买 YouTube Red 服务[①]。折算之后只有约 1500 万美元的收入,这与优兔动辄几十亿的年收入是不相称的。这种反差与付费服务的吸引力有关,也与优兔视频内容本身性质有关。有分析认为,优兔付费服务的核心在于免广告,而优兔免费视频的广告原本就较为人性化,具有 5 秒后关闭的功能,因此许多人认为没有必要为了 5 秒的等待而每月花费 10 美元[②]。此外,以 UGC 为主的优兔视频内容虽然来自草根,拉近了与用户的距离,但其吸引力与高质量的原创视频内容、影视剧还是存在差距。原创视频、影视剧的吸引力具有持久性,而 UGC 视频终归属于热点内容,一旦热度下降,或者追随热点的门槛提高,用户就会选择新的热点。就如同,人们可以花钱进电影院去观看《神奇女侠》的电影,但路边草根对神奇女侠的 cosplay 却很难说服人们花钱去观看。因此,优兔的付费尝试并不能称为成功。

因此,优兔也开始探索转型,把目光瞄准原创视频。2011 年优兔宣布将投资 1 亿美元打造 100 个原创频道。最后这项计划不仅如期实现,规模还扩展成了 2 亿美元、130 个原创频道[③]。优兔旗下频道纷纷签约明星,打造网红,自制高质量的娱乐秀、影视剧等视频节目。曾经充斥着鱼龙混杂、质量不一的视频的优兔正在成为追求精良制作的"另一个好莱坞"。原创视频既绕开了视频版权费用的高壁垒,又能充分利用平台原有视频资源。对于优兔来说,原创视频计划与原有的视频分享模式叠加,构成了一套 UGC+PGC（professional generated content 专业生成内容）的新模式,实现了从量到质的思维转变。在盈利方面,原创节目还保证广告主的产品能够在安全可控的环境中投放,并且通过视频内容为其提供更多利润丰厚且聚焦精准受众的广告

　　① 　中国网:《为什么 YouTube 的付费会员卖不出去?》, 2016－11－07, http://ec.china.com/eczcym/11176569/20161107/30032611.html,检索时间:2017－07－15。

　　② 　中国网:《为什么 YouTube 的付费会员卖不出去?》, 2016－11－07, http://ec.china.com/eczcym/11176569/20161107/30032611.html,检索时间:2017－07－15。

　　③ 　199IT 网:《YouTube 十年数据解读——信息图》, 2015－04－27, http://www.199it.com/archives/343022.html,检索时间:2017－07－15。

产品①。有媒体形象地将视频比作"叫外卖",是否合口味很难把控,而量身定制的原创视频则为新的广告方式和衍生产业链带来更多的可能性②。

（三）奈飞：版权＋原创＝品质制胜

优兔（YouTube）在经历了十年发展后才推出自己的原创视频计划,意图完成从草根视频到精品视频的转变。这一尝试实际上还是比精品视频的起源落后了几个年头。所谓精品,是相对于未经加工处理的用户原生视频而言的,它有着完整的制作流程、健全的制作团队,最终形成了拥有完备版权的高质量视频内容。实际上,专注于此的集大成者是奈飞（Netflix）,以及稍后跟进的互录网（Hulu）、亚马逊等。它们不仅自己制作视频内容,还把目光集中在具有正式版权的各类节目和影视剧上,形成了版权视频＋原创视频的模式。

奈飞成立于1997年,最早经营正版影碟的在线租赁业务。用户通过交纳月费,可以在网上订碟观看。奈飞没有实体店面,影碟由奈飞邮寄到户,租赁到期前再由用户寄回奈飞。后来奈飞还通过会员制取消了原本用户承担的影碟邮费以及租赁行业普遍流行的逾期费。这种原始的互联网经营通过灵活多变的商业模式,用了几年的时间击垮了当时的美国影碟租赁连锁店巨头Blockbuster。2006年,奈飞进入流媒体时代,正版视频在线观看与下载开始取代原来的实体影碟租赁。用户费用持续下降,视频内容更加丰富,清晰度越来越高,终端平台多样化发展使奈飞在流媒体时代备受瞩目。据统计,奈飞的付费订阅用户数在2017年第一季度已经达到9436万人,未来可轻松达到1亿③,而在流媒体订阅之前的2005年这一数据只有420万④。奈飞一跃成为全球版权视频网络巨头。当然,用户数量的剧增并非版权视频"一人之功",奈飞还努力打造高端自制视频,而且出手即是大制作。2013年,奈飞出品的美剧《纸牌屋》在全球掀起一股观看热潮。在随后的几年中,奈飞又凭

---

①　腾讯网:《脸书（Facebook）/ 苹果 /Snapchat 扎堆布局原创视频》,2017-05-23,http://news.qq.com/original/dujiabianyi/yuanchaungshipin.html,检索时间:2017-07-15。

②　腾讯网:《脸书（Facebook）/ 苹果 /Snapchat 扎堆布局原创视频》,2017-05-23,http://news.qq.com/original/dujiabianyi/yuanchaungshipin.html,检索时间:2017-07-15。

③　199IT 网:《视频网站 Netflix 付费用户规模过亿》,2017-04-20,http://www.199it.com/archives/584185.html,检索时间:2017-07-15。

④　雷锋网:《读懂 Netflix:从崛起走向辉煌之后进入了何种困局？》,2016-08-12,https://www.leiphone.com/news/201608/hTA7i5CXc3lihX8N.html,检索时间:2017-07-15。

借《马可波罗》《女子监狱》，以及《纸牌屋》后续剧季赚足了眼球，成为堪与 HBO、FOX 等知名电视网匹敌的角色。精良的产品为奈飞带来了用户的拥趸。根据国外研究机构 Centris 2014 年统计，当年第三季度有 72% 的奈飞订户观看了奈飞上面的原创视频内容，且在各个年龄段都有大幅提升[①]。

后来者的成就同样引人注目。由美国国家广播环球公司和福克斯共同注册成立的互录网（Hulu）早在 2007 年就开始进军正版视频，借助持股公司的自有视频资源优势，成为传统电视媒体与互联网接轨的又一成功案例。就连电商巨头亚马逊都开始涉足视频领域，制作了多档时尚、美妆类节目，特别是在大银幕方面，由亚马逊影业出品的影片《海边的曼彻斯特》还一举拿下第 89 届奥斯卡金像奖最佳原创剧本和最佳男主角两项大奖。不过，尽管后来者的发展势头迅猛有加，但尚不足以撼动奈飞在正版视频领域的"老大"地位。

奈飞成功的秘诀在于专注于内容，而非渠道。如果说优兔（YouTube）的模式是"我来搭台，你来唱戏"，那么奈飞就是"我有戏唱，不愁没台"。这样就把视频内容的话语权牢牢地掌握在自己手中。2012 年奈飞在内容上的投入大约 20 亿美元，2015 年投入 30 亿美元，2016 年更是高达 60 亿美元，占了 2016 年预计营收的四分之三[②]。如此高额的内容大部分用在了视频版权交易上，以满足用户对优质视频的需求[③]。当内容质量不逊于传统影视制作行业，又省去了视频制作、发行、公映等各个环节的多项成本，奈飞的竞争力就不言而喻了。因此有人发出这样的担忧：如果人们都在视频网站上迎接新片上映和新剧开播，那么将来还会有人去电影院吗？"电视剧"也将彻底被"网剧"取代。

奈飞网站上的视频是没有广告的，因此其盈利完全依靠会员付费。但是，每月并不算低廉的会员费用并没有阻碍人们对奈飞的趋之若鹜。首先，全球上亿的规模的付费会员虽不及优兔（YouTube），但都是肯为收看视频花钱的"铁粉"。相反优兔的付费用户规模完全无法与之相比。那么，奈飞

---

① 199IT 网：《Centris：Netflix 原创视频给力 7 成订户观看原创内容》，2014-12-01，http://www.199it.com/archives/297911.html，检索时间：2017-07-15。

② 雷锋网：《读懂 Netflix：从崛起走向辉煌之后进入了何种困局？》，2016-08-12，https://www.leiphone.com/news/201608/hTA7i5CXc3lihX8N.html，检索时间：2017-07-15。

③ 陈蒙蒙：《Netflix 付费流媒体视频网站的突围策略》，《传媒》，2013（08）：第 60—62 页。

是如何说服习惯于免费使用网络资源的用户心甘情愿付费收看的呢？最关键的当然是奈飞视频高超的质量水准，毕竟用户购买的是产品。其次，奈飞的视频供应充分体现了用户友好。比如，奈飞出品的美剧一改陈规，变"边拍边播，每周一集"为"全集一次性供应"，让厌倦了每周苦等的剧迷们不再望穿秋水。又如，奈飞建立了完善的视频推荐机制，通过对用户收看历史、收看习惯等收看行为进行大数据分析，随时把握用户需求，精准推送视频，最终培养了用户对网站的依赖性。凡此种种都体现了奈飞用户至上的理念。当然，尽可能细致地了解消费者也是一个商品销售者必备的素质。最后，奈飞上亿规模的付费用户与其国际扩张取得成效密不可分。据统计，截至2017年第一季度，奈飞海外付费用户规模达到4499万，几乎逼近美国国内4938万订阅用户。从付费会员的增长速度来看，海外付费用户的增速显著高于美国本土用户的增长[①]。目前，奈飞视频业务已经拓展到全球130个国家和地区。相比优兔等视频分享网站在内容上的不可控性，奈飞以原创视频为核心的业务更容易把控，因此在跨越海外市场门槛方面也更具竞争力。正因为如此，我们可以说以奈飞为代表的原创视频网站更符合传播全球化2.0时代的需求和特征。

从有线电视新闻网到优兔，再到奈飞，我们可以看到这些成功案例鲜明的个性。有线电视新闻网代表着传统电视媒体向新兴互联网媒体的某种"妥协"，优兔以其分享为标签，奈飞则在原创视频道路上走得最远。个性上的分别有多方面原因。首先，视频网站创办者或投资方的定位直接影响了网站的发展路径。奈飞的版权＋原创的发展道路与其早期经营的影碟租赁业务有关。互录网（Hulu）在正版视频方面较为成功，但在原创视频方面相对滞后，部分原因在于其投资方为美国全国广播公司（NBC）、福克斯（FOX）等传统影视制作巨头，受益于传统视频制作模式而对新兴的网络自制视频需求不大。其次，同一商业模式中呈现出一家独大的现象。后来者在模仿复制的同时尽管努力创新，但创新程度并不大，难以对该模式下居于领跑地位的企业发起颠覆性挑战。因此，在优兔成立12年后的今天，仍然是视频分享网站的领头羊，互录网（Hulu）、亚马逊在原创视频领域也难以望奈飞之项背。

① 199IT 网：《视频网站 Netflix 付费用户规模过亿》，2017-04-20，http://www.199it.com/archives/584185.html，检索时间：2017-07-15。

极具个性的成功不仅为网站自身带来了全球性影响力和巨大的经济利益,还从经营模式、媒体形态上不断引领、启发着后来者。而这些后来者也不仅局限在欧美等传统媒体强国。比如:中央电视台新闻报道和新媒体发展向有线电视新闻网的借鉴;在作为国内最早的视频分享网站优酷网身上,可以看到优兔的影子;而爱奇艺、乐视网则明显学习了奈飞的经营模式。2016 年爱奇艺出品的《老九门》《盗墓笔记》、腾讯视频制作的《九州天空城》都是网制剧的代表之作,而且几部剧均反输至卫视台播出,增强剧集播出效果的同时还进一步扩大了网站自身的影响力。

　　在鲜明的个性之下,我们还可以看到视频网站发展中的共性。首先,用户为中心。无论是全球性的奈飞、优兔,还是国内的爱奇艺、优酷,都根据用户需求和习惯调整自己的传播策略。奈飞借助云计算工具,每天分析 3000万次播放动作、注册用户的 400 万次评级、300 万次搜索,借以把握用户观影的口味,进行准确的内容订购授权,从而不断地送出适合的内容以延长用户的在线时间[1]。其次,社交特征明显增强。视频直播的发展背后,是人们社交欲望的无限膨胀。无论是传统社交网站的视频化,还是新闻机构进军视频直播,都是看重了受众对于社交的巨大需求。2016 年 6 月,脸书(Facebook)副总裁门德尔松认为 5 年后脸书有可能变成纯视频网站[2]。有线电视新闻网对 Beme 的收购同样昭示着视频网站对社交功能的重视。再次,移动化趋势明显。在传播全球化 2.0 时代,智能手机正在取代 PC 成为互联网主角,越来越多的人选择用手机观看视频。据统计,72% 的智能手机用户会用手机浏览视频,美国人在移动设备上观看视频的比率超过了桌面设备,高达 50%[3]。移动和视频正在重塑用户消费和媒介生态,而媒体想要赢得未来,移动 + 视频的双向布局战略已经成为关键[4]。上文中提及的视频网站,无一例外地都选择了投放移动客户端的方式,同时还在社交网站上经营账号,借势传播。最

　　① 杨迪雅、刘旸:《以美国 Netflix 为例看大数据时代视频网站内容布局》,《现代传播》,2013(12):第 145—146 页。

　　② 转引自 Techweb 网:《脸书(Facebook):五年后有可能变成纯视频网站?》,凤凰科技,2016-06-17,http://www.techweb.com.cn/internet/2016-06-17/2348174.shtml,检索时间:2017-07-15。

　　③ 腾讯传媒研究院:《众媒时代——文字、图像与声音的新世界秩序》,北京:中信出版集团,2016年,第 9 页。

　　④ 腾讯传媒研究院:《众媒时代——文字、图像与声音的新世界秩序》,北京:中信出版集团,2016年,第 210 页。

后,视频传播的竞争归根到底还是内容的竞争。"内容为王"这句众多媒体的座右铭至今仍未过时。开放共享是互联网的本质特性,也从一定程度上说明了互联网媒体在传播渠道上的便利。那么在开放的环境中,用户为什么要选择一家网站的视频而不是另一家,就需要靠视频质量说话了。奈飞多年来专注于高端视频,屡出精品,即使不免费,仍然积聚了巨大的用户群。有线电视新闻网的新闻质量有口皆碑,也让人们愿意去下载有线电视新闻网推出的CNN 视频客户端。即使是在国内,一部制作精良的《盗墓笔记》可以为爱奇艺带来 500 万的付费客户。毕竟,用户购买的是产品,而不仅仅是渠道。

三、传播全球化 2.0 时代的展望

英国社会学家齐格蒙特·鲍曼曾说:"对某些人而言,全球化是幸福的源泉;对另一些人来说,全球化是悲惨的祸根。然而对每个人来说,全球化都是世界不可逃脱的命运,是无法逆转的过程。"[1] 在人类漫长的全球化进程中,传播始终贯穿其中并扮演着主要推进器的角色。全球化进程是大势所趋,传播全球化发展同样不可阻挡。传播全球化的时代变迁,经历了地理空间的扩大、心理空间的缩小、内涵和外延不断丰富的过程。因此,我们在此可以总结出传播全球化 2.0 时代未来发展的若干关键词:再边界化、多样性、人际化。

实际上,再边界化更是整个人类历史的关键词。在进入传播全球化 2.0时代之前,国家边界、宗族分别、宗教派别等种种界限就像一层层过滤网一样约束着、改造着人们的传播内容。传播主体相对非常单调,使得许多人对什么是传播没有认识。同时,相对匮乏的传播渠道也让有传播欲望的人们无从传播。进入 2.0 时代,尽管原有的边界本身仍然存在,但其对传播的阻滞已经大为削弱。传统边界正在被突破,同时也有新的边界在形成。在互联网主宰的传播全球化 2.0 时代,越来越多的国家集团、社会组织、兴趣团体让人类被再次分割成一个个群体,恰好印证了麦克卢汉关于"再部落化"的观点。随着传播全球化进程的深入,越来越多的原有边界被打破。而在面临新的边界时,人类不得不思索如何通过再次协商实现共生共存的问题,进而调和人与人之间越来越复杂的隔阂和矛盾。在这一过程中,相比原有的边界、传统

---

① (英)齐格蒙特·鲍曼著,郭国良、徐建华译:《全球化——人类的后果》,北京:商务印书馆,2001年,第 1 页。

的群体,新的边界更加松散,新的群体更加脆弱,由此带来的不稳定性使得人类历史的不可预测性变得空前强烈。然而,这样的多元和动态的环境,一方面正为传播全球化 2.0 的进一步深入提供了宽松有利的条件,另一方面也使得传播必须面临更加复杂的边界生态,成为未来传播全球化的挑战。

　　历史学家约翰·麦克尼尔说:"人类历史是一个由简单同质性向多样性,而后又朝着复杂同质性演进的过程。"① 更简单的表述正如中国的智慧语言所说,"久合必分,久分必合"。传播全球化的进程同样如此。在西方主导的全球传播体系中落后国家难以发声,全球话语权由大国掌握。比如在 20 世纪 90 年代以前,冷战思维使传播的生存不得不遵循非此即彼的简单策略。随着全球化进程的深入,人类的传播行为超出了国家界线,受其影响的群体必然扩大,无论是正向影响还是负向影响。这与经济学中的外部性原理异曲同工,而解决外部性的最佳方法就是让受到影响的群体参与其中。因此,更加畅通的传播渠道、更加旺盛的传播欲望使越来越多的新兴国家和媒体的声音,甚至是个人声音开始活跃在全球舞台。这种趋势的演进方向是利益更加多元、价值观差异更大。传播主体之间既激烈竞争,又相互合作;既相互矛盾,又频繁互动。这正是传播全球化 2.0 时代的突出表现。按照麦克尼尔的观点推断,传播全球化的未来应该是朝着复杂同质性发展。我们认为,所谓的同质性主要表现为传播主体能够相互理解,价值观念趋于一致,媒体模式复制借鉴越来越多,业务特征上的重合度升高。同时媒体融合更加深刻地带来复杂程度的加深,复杂性渐渐成为新的统一性。但是麦克尼尔认为,在人类历史的第三阶段多样性的程度会大幅降低。对此我们抱有怀疑,历史从来没有固定模式的终点,传播全球化也是一个既创造统一又创造多元的过程。但用复杂同质性的概念来形容传播全球化的未来,还是较为贴切的。

　　我们还看到,在传播全球化 2.0 时代,个人与个人之间的一对一传播地位再次提升。这主要是由于人们对于社交网络越来越高的使用率,特别是在移动互联网兴起后这种趋势更加明显。之所以说"再次"提升,是针对在专业化媒体出现之前,人类社会的信息传播主要依靠的是人际传播,只是在专业化媒体出现以后人们才产生了组织依赖性,人际传播的作用和地位不再明

---

① （美）约翰·R.麦克尼尔、（美）威廉·H.麦克尼尔著,王晋新等译:《麦克尼尔全球史:从史前到 21 世纪的人类网络》,北京:北京大学出版社, 2017 年,第 444 页。

显。互联网作为一种不同于传统媒介的"高维媒介",其最大的特点是改变以往以"机构"为基本单位的社会传播的格局,取而代之的是以"个人"为基本单位的社会传播,由此形成传播领域的种种"新常态"[①]。如果把全球化比作一个生命体的生长,那么传播就是这个生命体错综复杂的神经线。当移动互联网这一新的"神经线"出现后,原本由器官连接构成的生命体开始变为由每个细胞连接而成。而当细胞高速运转时,生命体也会进入快速生长期。因此我们可以说,传播全球化进入 2.0 时代,不仅是全球传播的新阶段,也推动人类历史进入了一个新阶段。尽管全球性人际传播的兴起从某种程度上消解着国家对社会的控制,各国政府在网络空间管理方面也都有着各自的成熟经验,但是很显然,想要实现对实体社会空间那样的控制力度是不可能的。这或许是传播全球化在未来不得不面对的难题。

第四节　中国视频国际传播的新挑战

当代中国已经成为世界上最重要的国家之一,"中国"这一主题越来越成为世界瞩目的焦点。我们需要让世界认识一个什么样的中国?我们又希望进入一个什么样的世界?这些都是我们不得不面对的重要问题。在这个极具特色的历史时期,中国的对外传播既承担着艰巨的任务,也面临着更多的挑战。特别是视频传播以其在传播全球化中的突出地位,扮演着对外传播主力军的角色。因此,中国视频媒体在对外传播中应如何发挥作用,在海外布局过程中面临着哪些挑战,又该从哪些方面着力改进,都是需要我们梳理和分析的重要内容。我们认为,建体系、强内容、增效果,是其中最为重要的三个方面。

一、搭建和完善视频传播的全球体系

积极地参与到传播全球化进程当中,是当前中国视频对外传播工作面临的思维性、理念性挑战。这主要包括了掌握对外传播国际话语权和积极构建视频传播全球体系的双重含义。

---

① 喻国明等:《"个人被激活"的时代:互联网逻辑下传播生态的重构——关于"互联网是一种高维媒介"观点的延伸探讨》,《现代传播》, 2015（05）:第 1—4 页。

首先,全球传播体系的不平衡发展,导致中国视频媒体身处的视频传播全球体系也呈现不平衡态势。米歇尔·福柯指出,话语即权力。现代媒体发展起源于西方,西方媒体在理念、内容、技术以及全球影响力等多方面都处于领先位置,并在全球传播过程中裹挟了自身价值观念、文化意识和生活方式,使之能够被其他国家潜移默化地接受。西方牢牢地掌握了全球传播领域的话语权,并通过其使在全球的影响范围不断增强。进入互联网时代以后,西方技术优势仍在,而且互联网技术本身也更适合巩固其话语权力。特别是在视频传播领域,视频包含了语言文字、声音、图像等多重感官因素,能够容纳更加丰富的思想内容,传递更加复杂的情感信息,因此也更能被受众接受认同。在视频传播领域,西方媒体依旧是领跑者。以有线电视新闻网、英国广播公司为代表的电视媒体早已率先寻求转型发展并收到成效,优兔(YouTube)的横空出世为全球视频分享网站树立了旗帜,奈飞(Netflix)、互录网(Hulu)等原创视频和版权视频网站也已经成为全球同类媒体的效仿对象。从整体来看,西方视频媒体从媒体类型到经营模式,从传播渠道到产品内容都已经构成全球视频传播的基本格局。不仅如此,西方视频媒体在各个层面上的创新不断重新界定着视频传播全球体系的新疆域。

其次,中国视频媒体的国际参与度不高,导致了在视频传播全球新体系建构过程中发挥的作用有限。在国际视频媒体市场中,国家媒体基本代表了中国面孔,辅之以部分地方电视台和极少数民营电视台,而鲜见商业媒体的身影。

中央电视台是中国视频媒体进军国际市场的主力。这种模式的优势在于,可以高效可控的方式掌握对外传播的方向和内容,以较快的速度实现国际传播的广度,保证对外传播的现实功能性。如2009年启动的央视网海外传输覆盖项目,经过多年建设、优化和运维,建成了以新媒体集成播控平台、统一信源和生产平台、统一运营支撑平台、统一分发和传输平台、核心源站云平台为主要组成的全球网络视频分发体系,成为国内唯一拥有大规模全球视频传播能力的多语种内容分发体系,访问速度和效果已经达到有线电视新闻网、英国广播公司等发达国家一流媒体的访问水平。除此之外,从2004年到2012年,国内还有9家地方电视台开设了国际频道,另有20多家省市电视台开始了专业国际传播节目,有些还使用对象国的语言播出,开始了国际传播专业化的努力①。但从整体效果看远未形成较大影响力,尤其在互联网视频领域更是如此。

随着传播全球化的不断深入,中国视频媒体必须解决从追求"覆盖广度"到追求"覆盖深度"的转变,变"走出去"为"走进去"②,而这就不是一家或几家媒体能够完全承担的了。中国商业化视频媒体,如腾讯、优酷、爱奇艺等,几乎无一例外地都把业务重心放在了国内市场,对于对外传播的关注度还远远不够。这与国家媒体管理政策有关,也与媒体企业发展战略有关。有线电视新闻网(CNN)、优兔(YouTube)、奈飞(Netflix)等海外知名视频媒体用户总量中,海外用户几乎占据了半壁江山,不仅为媒体自身的全球化发展奠定了坚实基础,而且成为美国对外传播的中坚力量。国内商业视频媒体起步虽然相对较晚,发展至今也已颇具规模,根据艾瑞2016年12月最新的网络视频行业统计模型核算,从2011年在线视频作为一个估值只有63亿规模的小市场,到2016年网络视频市场达到了609亿的大规模市场,增长达到了惊人的百分之一千③。包括电视、网络视频、户外视频用户在内,"至少21亿视频媒体用户令国人视频消费量至少爆炸性增长50%—70%;逐渐进入以视觉为主要传播方式的社会;海量视频消费已经成为全民生活方式"④。在如此雄厚的规模基础上,国内视频媒体海外市场的相对缺失是阶段性的,而它们开发海外市场的动力除了靠自身实力为基础外,还需要国家政策方面予以支持和鼓励,需要国家媒体在对外传播方面予以引导与合作。如果把国家媒体比喻成对外传播的航空母舰,那么商业化媒体的存在就是护航舰只。两者合作才能组成具有更强战斗力的航母编队,在传播全球化时代提高对外传播的效率。

在商业视频媒体参与对外传播过程中,还需要注意提高创新原创能力。如上文所说,中国视频媒体虽然各有特色,但从模式上看仍没有跳出西方视频

---

①　刘笑盈:《扩渠道、增内容、强效果——2012年电视国际传播综述》,《电视研究》,2013(04):第13—15页。

②　刘滢:《从"走出去"到"走进去"——中国媒体国际传播"本土化"的问题与对策》,《对外传播》,2013(08):第15—17页。

③　关玉贞:《浅谈中国在线视频近年的发展格局及未来发展趋势》,《现代经济信息》,2017(02):第346—347页。

④　张海潮、郑维东等:《大视频时代:中国视频媒体生态考察报告(2014~2015)》,北京:中国民主法制出版社,2014年,第15页。

媒体建构的框架,这就使作为后来者的中国视频媒体处于不利的竞争地位。特别是在知识产权不断受到各国重视与保护的时代,简单的模仿复制早已不再适用,从内容到形式,再到经营理念和盈利模式的全方位创新已成为中国视频媒体参与全球视频市场、参与建构视频传播全球新体系的必由之路。

　　需要指出的是,参与全球视频传播体系建设的不只限于视频媒体,报刊、通讯社等传统媒体也必须积极参与其中。这是传统媒体转型发展、谋求生存的必然选择,也是传播全球化发展的时代要求。国内媒体在这一方面做出诸多努力,也取得了一定的效果。如新华网创办新华视频栏目,依托自身强大的传播能力和权威性,形成了非常丰富的视频信息,包括新闻、娱乐、财经、体育、军事以及文化艺术、历史等领域,逐渐在国内网络视频领域中占据重要一席之地。2010 年 3 月人民网旗下视频服务"人民电视"正式开播,以新闻视频节目为主,辅以文化娱乐、社会生活等综合内容。特别是人民电视网还开办了"人民微视频",成为传统纸媒接轨 UGC 视频内容的有益尝试。

二、丰富和完善视频传播内容

　　渠道与内容如同传播硬币的两面。只有渠道没有内容,渠道的拓展毫无意义;只有内容没有渠道,内容无法传递出去,同样也没有意义[1]。中国视频媒体参与搭建视频传播全球体系,不仅要从渠道上建设"全球传播网",还要在传播内容上加以丰富和完善。以当前中国视频媒体对外传播来看,整体呈现出以下两种态势:

　　首先是主打新闻产品、文化产品相对弱势,对外传播内容内涵不够丰富。构成中国视频对外传播"第一梯队"的国家媒体,如中央电视台《人民日报》、新华社、中国国际广播电台等都是新闻媒体,已经形成了从新闻报道、新闻分析到新闻评论,从政治经济到社会文化的多种节目类型。我们看到,无论是叙利亚危机还是非洲寨卡病毒蔓延,无论是英国脱欧还是美国总统大选,2016 年国际大事都以丰富的节目内容出现在中国对外传播的荧屏中。客观来讲,以新闻为主打产品的对外传播具有两面性:一方面新闻的客观性特点使其在受众接受方面有着先天优势,而另一方面新闻内容不可避免地具

---

　　① 刘笑盈:《扩渠道、增内容、强效果——2012 年电视国际传播综述》,《电视研究》, 2013 (04):第 13—15 页。

有特定主体带来的倾向色彩,在面对其他国家的受众时极易产生隔阂和抵触。因此,尽管我国视频媒体已经打造出一套丰富多样的新闻产品体系,但单纯依靠新闻产品的对外传播显然是不够的,还需要文化产品的支撑。

相对于新闻强调客观性,文化产品具有较为明显的主观性色彩,因此也更容易通过软性产品表达出来。中央电视台于 2012 年和 2014 年相继推出两季《舌尖上的中国》,通过一个个生动真实的人物故事将中国饮食文化娓娓道来,在国际国内都产生了较大反响,成为当年一个重要的文化现象。实际上,对于对外传播来说,新闻产品更重传播过程,而文化产品更重传播效果,两者缺一不可。对外传播面向的是国外受众,因此必然在内容背后蕴含着传播者的某种期许,或传递中国价值观念,或塑造中国国家形象。从这一层面来看,软性的文化产品内涵更加丰富,表现形式更加多元,传播语态更加生动轻松,更能实现"细水长流""润物细无声"的传播效果。熊猫频道融合了大熊猫、美景、中国传统文化等多种元素,通过多个互联网平台,又以"直播 + 点播"的形式呈现,恰到好处地实现了文化产品的对外传播功能。此外,由于没有时效性的严格要求,文化产品还可以在对外传播的时机上起到意想不到的效果。2016 年,南海形势变得愈加复杂,为做好舆论引导工作,央视网适时地推出了 9 集原创系列短片《全息南海》。该片根据互联网特点及社交平台受众属性定制内容,从历史、现状、情感、考古、法理、答疑等不同切入点进行剖析,采用了小动画、讲故事、实地采访的视频加图文等多种表现形式,从不同角度全面解析南海问题,形成了一个"全息影像看南海"的有机整体。在"菲律宾南海仲裁案"结果公布前夕,央视网把握时机,以海外社交平台作为《全息南海》系列短片的首发平台,在脸书(Facebook)、优兔(YouTube)上利用中央电视台系列账号及熊猫频道系列账号进行同步宣推,引起 26 家境外媒体进行转发和报道,央视网海外社交平台《全息南海》多语种帖文总浏览量超过 1.11 亿次,独立浏览用户超过 2755 万人,总互动人次近 57 万,视频浏览总次数超过 116 万次。

尽管我国对外传播在文化产品的打造方面已经取得一定成果,但其发展规模与速度与新闻产品仍然存在不小的差距。由于长期受传统观念约束,无论是新闻产品还是文化产品,目前中国的对外传播从传播主体到传播内容都呈现出宏观态势。从传播主体看,中国视频对外传播梯队结构中,中央电视台等国家媒体自身实力雄厚,推出产品多,传播渠道广,影响范围大,居于主导地位,而地方媒体和民营媒体发展则相对弱势,梯队结构呈现头大尾小的特点。从传播内容看,正面形象宣传的大型节目"鸿篇巨制"占据了对外视频传播产品的大部分,像《舌尖上的中国》此类短小精悍的"小制作"则为数不多。后者之所以更广为人知,是因为它深度挖掘中国文化的一个方面来打造贴近大众生活的精品节目。

互联网时代的来临,特别是社交网络的兴起使视频传播的人际化趋势更加明显。第一,因为收看网络视频的用户往往都带有一定目的性,形成了需求群体;第二,互联网本质上是一种人人共享的社会资源,可以聚少成多形成庞大的社会传播动力;第三,图片和视频内容比文字更加真实可信,有图有真相,所以图片和视频正在取代文字占据脸书、微博等社交网络空间;第四,也是最重要的,对外传播的终极目的是直达人心,而人际传播才是实现这一目的的最佳途径。中国视频对外传播想要在传播全球化时代占得先机,必须以互联网思维顺应时代要求,以人际传播打开对外传播的突破口。在这方面,熊猫频道可以说树立了成功的范例,不仅"借船出海",通过脸书、推特等海外社交媒体招徕粉丝,扩大影响,而且注重时效性,及时更新视频内容,为节目聚集一批庞大而固定的人群,长期留住高黏性受众。此外,熊猫频道还通过社交网络召集粉丝参加线下活动,让粉丝身临其境地感受大熊猫以及熊猫文化,将人际传播做到了极致。对外传播是全球历史叙事的一部分,对于习惯了宏大历史叙事模式的中国来说,调转目光,在细分内容中精耕细作也能够取得更佳的传播效果。

三、增强和扩散传播效果

中国视频对外传播还面临着增强和扩散传播效果的挑战。北京大学教授程曼丽指出,对外传播的效果有短期效果和长期效果的区别。短期效果是指在短的时间内发生的重大事件中,传播活动所产生的效果。长期效果是指传播主体就某一主题或某项事业所进行的长期传播所产生的积累效果[1]。对外传播的传播效果是短期效果和长期效果的结合。顾名思义,短期效果可以

---

① 程曼丽:《国际传播学教程》,北京:北京大学出版社,2006年,第209—210页。

在短时间内形成较为强劲的影响力,但这种影响力缺乏持久性;而长期效果则更能在受众中形成效果沉淀,一旦形成就难以改变,缺点是见效慢,受传播环境影响大。多年以来,我国对外传播长于就单一事件传播定向内容,追求短期效果,而短于常态化传播。上文提及的《全息南海》就是典型的事件型传播,对于在事件发生时解释原委、澄清真相是有帮助的,但在劝服更多海外受众理解中国在南海的主权地位方面却收效甚微。如果做一个比喻,那么对外传播如同治疗沉疴,短期效果则只是治标之药,长期效果才是治本之途,而痼疾的痊愈是需要标本兼治的。熊猫频道采取的"7×24 小时"的全天候直播形式本身就是在播出时间上强化长期效果,让受众可以随时感受大熊猫生活和熊猫文化;对于大熊猫出差、交配、产仔等特殊事件的直播,则可以在短期内达到一定的收视高潮。因此,我们可以说,熊猫频道完美解决了视频对外传播中标本兼治的问题。

产生效果的前提,一方面是能否搭建起各种与受众见面的有效平台,另一方面是能否大量有效地传递出受众能够并且愿意接受的各种信息,从而影响到受众的观念与行为[①]。在网络普及率日益提高的今天,内容不再稀缺,人们对网络信息的选择越来越挑剔,互联网内容已经由"卖方市场"变成了"买方市场"。因此,传统对外传播观念中对内容大众化的追求急需转变为靠小众化精品吸引受众,从"大而全"进入"小而精"的时代。实际上,"大众化"与"小众化"两者并不矛盾。所谓"小众化"是在单一的个人和社会大众之间形成具有共同兴趣爱好和相似价值追求的次级群体,或者可以理解为"圈子"。这些"圈子"再将"小众"的力量汇聚到"大众"力量之中,实现以小(传播单位)博大(传播单位)和以小聚大的战略目的[②]。对外传播最终是要让大众群体理解和接受己方价值和行为,但是在互联网时代,却要通过小众化途径来实现。这是互联网时代受众主动意识的觉醒,也是互联网从一种媒介形态向公共资源发展的必然趋势。海外网络视频媒体纷纷依据用户习惯和需求制作精良原创视频,就说明了这一点。

他山之石,可以攻玉。对外传播效果的提升还有赖于国际合作,应该说

---

① 刘笑盈:《扩渠道、增内容、强效果——2012 年电视国际传播综述》,《电视研究》,2013(04):第 13—15 页。

② 郜书楷:《论视频国际话语权的媒介建构》,《现代视听》,2009(11):第 13—16 页。

在这一方面中国视频媒体起步很早。中央电视台早在 2001 年就与有线电视新闻网达成了新闻节目交换协议。在传播全球化大潮中,中国视频媒体开始与海外媒体同台献技,包括国际频道建设、内容互购互转、海外分站点落地、节目合作制作等多种形式。通过合作,国内媒体得到了对外传播的历练,经历了跨文化传播的实践,提升了自身的竞争力。这种"阵地前移"的方略也是包括美国有线电视新闻网、英国广播公司在内众多海外电视媒体的选择,

此外,在打造国际品牌方面,我国视频媒体也还存在着不小的差距。2014 年 10 月 16 日,习近平主席在主持召开全国文艺工作座谈会时指出:"在文艺创作方面,存在着有数量缺质量、有'高原'缺'高峰'的现象。"在对外传播领域,我国媒体同样存在着这样的问题。一方面中央电视台、新华社等媒体的海外战略有序展开,取得了丰硕的成果;另一方面我国仍缺乏在国际上数得上、叫得响的媒体品牌。中央电视台在 2008 年就提出了"全力打造'中央电视台'品牌,迈进国际电视品牌第一方阵"的品牌战略。2005 年中央电视台首次入选世界品牌实验室评出的世界品牌 500 强,名列第 341 位;2008 年跃升到第 65 位,在全球传媒品牌中排第 22 位;2012 年又上升到第 45 位[①]。2016 年 12 月 31 日,中央电视台将原英语新闻频道改版,推出全新的中国国际电视台(又称中国环球电视网)品牌,使用 CGTN 金色 Logo 代替原来的 CCTV-NEWS。此举被美联社评为"国际化推动下,中国国有广播电视公司重塑品牌"。此外,新华社也围绕向世界报道中国等外宣口号打造自身品牌。商业化媒体在品牌化方面走得更远,这与其媒体性质有着直接关系。中国视频媒体的品牌化增强了媒体核心竞争力,使我国在国际视频传播话语权的争夺中更加游刃有余。

尽管成绩卓著,在品牌化方面我国视频媒体仍然面临挑战。2017 年初美国跨平台视频智能解决方案与分析团队 Tubular 实验室发布了一份制作视频播放量最大的内容团队、娱乐公司、品牌商和视频团队榜单[②]。排在前 10 位全是海外公司,内容涵盖幽默、体育、美食、美妆等年轻人热衷的领域。新闻

---

① 刘笑盈:《渠道、增内容、强效果——2012 年电视国际传播综述》,《电视研究》,2013(04):第13—15 页。

② 搜狐网:《最新发布:全球在线视频排行榜前十名》,2017-03-14,http://www.sohu.com/a/128764759_394375,检索时间:2017-07-15。

资讯类仅占三席,且只有一家传统媒体:英国《每日邮报》。这些媒体都具有强烈的品牌意识。许多视频内容方有着十分具有标识性的标识,始终以角标的形式贴在视频中,巩固受众对品牌的记忆。榜单第一名 Unilad 则始终标榜"青年文化"的态度和品牌文化,因此能在批量化的网络搞笑视频中跳出来,成为一大标杆品牌①。我国视频媒体所打造的品牌效果,立意很高,但在"贴地气"方面差强人意。优秀的品牌靠的是口口相传的口碑,因此打造品牌最终还是要依靠鲜活的受众。或者可以说,目前中国视频媒体正在努力"打造"品牌,而为了提升传播效果,未来要在"培育"品牌上下大功夫。

第五节　未来发展趋势前瞻

2013 年 8 月 6 日,熊猫频道开播,从形式、内容到传播方式,都为中国视频媒体发展带来全新的尝试,随后逐渐发展成为中国对外视频传播的一道亮丽的风景线。特别是 2016 年 1 月改版以后,熊猫频道在原有 24 小时大熊猫直播的基础上,扩展新的动物物种直播,增加了自然风光的全景直播和人文景观的事件性直播,将自然中国和人文中国完美结合,在全球掀起了一股中国风,为中国视频对外传播打开了新的窗口。

技术进步不会停止,理念创新不会暂停。熊猫频道如何在传播全球化 2.0 时代实现更长远的发展,如何在全球视频媒体市场中突出重围,达到更佳的传播效果,都是需要我们思考的问题。我们认为,未来熊猫频道发展的关键,在于媒介属性创新、平台化传播深化和新话语体系实践三个方面。

一、实现媒介属性的维度转化

2015 年,喻国明教授提出高维媒介的概念,即互联网是一种高维媒介,"比传统媒介都多出一个维度,生长出一个新的社会空间、运作空间、价值空间"②。互联网激活了社会基本元素——个人,个人取代机构成为最活跃的传

①　搜狐网:《最新发布:全球在线视频排行榜前十名》,2017-03-14,http://www.sohu.com/a/128764759_394375,检索时间:2017-07-15。

②　喻国明:《互联网是一种"高维"媒介——兼论"平台型媒体"是未来媒介发展的主流模式》,《新闻与写作》,2015(02):第41—44页。

播主体。所谓"高维",是相对于传统媒介的"低维"而言的。从文字,到声音,再到"声音+画面"的视频,传统媒介的发展只是媒介形式的转变,没有跳出"点对面、面对面"的线性传播模式,因而从维度的角度来说是单一的。而在作为高维媒介的互联网中,不仅"点对点"的社交性人际传播成为主流,"人人、时时、处处传播"也成为常见的现象,传播的时空结构都发生了变化。在这种趋势下,甚至连传统媒体也在追求精选内容向更细分受众的精确传播,如若不然,将陷于被淘汰的境地。在这种传播模式中,复杂的传播链条织成繁杂的传播网,呈现出"多主体、多渠道、多内容、多受众"的高维形态。高维媒介的诞生,是一次由技术驱动的媒介生态革命。这一大变革的影响以极快的速度扩展至全球,凡是互联网技术所到之处,没有任何人可以摆脱它的影响。而网络视频是互联网技术的聚焦点,大量新技术新理念被应用在这一领域,因此也成为高维媒介的天然"试验田"。基于高维媒介概念,处于蓬勃发展期的熊猫频道应该为未来发展做出前瞻性的维度转化,关键是需要做到以下几点:

首先,顺应互联网时代要求,坚持"互联网+"思维。互联网所谓"高维",本质上是因为互联网技术的开放性、共享性。任何个体、机构都可以使用互联网资源,任何社会领域都可以纳入互联网连接。互联网不再是"第四媒介",而是在传统媒介的顶端开辟了新的媒介领域,成为"第一媒介"。在互联网发展初期,传统媒体主要通过开办网页、开发 App 等方式与互联网结合。网络只是传统媒介的工具性附属。时至今日,没有一种媒介形态,没有一家媒体可以不依靠互联网而独立生存。做一个比喻:对于媒体来说,早期互联网就像某种营养素,不吃它还有其他替代品;而现在的互联网已经成为媒体的水和空气,弃之即亡。因此,互联网的媒介地位被空前提高,从"+互联网"发展成"互联网+"。喻国明教授指出:"'高维'媒介不可能用传统媒介的运作和管理方式去管理和运作,因为用'低维'的方式去管'高维'是没有用的。"① 熊猫频道发展至今,得益于其对互联网技术的充分运用,更重要的是对"互联网+"思维的坚持。熊猫频道 24 小时展示原生态的熊猫形象与生活,在传统电视媒体中是无法实现的,只能通过互联网平台。无论

---

① 喻国明:《互联网是一种"高维"媒介——兼论"平台型媒体"是未来媒介发展的主流模式》,《新闻与写作》,2015(02):第41—44页。

是线上线下与粉丝的频繁互动,还是不断增加直播内容,都从互联网技术本身出发,从网络受众的实际需求和接受习惯出发,在培养了庞大的熊猫粉丝群的同时,也塑造了一群喜爱中国文化,愿意传播中国正面形象的群体。这些都是熊猫频道在今后发展过程中必须坚持的。

其次,不断扩展媒体维度,打造真正的高维媒体。根据高等物理学理论,人类能够感知到的维度最高为思维空间,宇宙中确实存在的维度达到十一维。互联网实际上是一种无限空间,因而其维度也是无限的。互联网媒体谋求长远发展,有赖于营造或者发现更多的新维度,使自己成为名副其实的"高维"媒体。传统媒体的内容生产与传播,是与传统工业化时代相联系的。其基本模式是媒体制作和发布内容,从而吸引受众群体关注。至此媒体的工作就完成了,不会与受众发生过多联系。互联网媒体不再只关注内容生产,而是把更多重心放在了内容发布后的一系列工作中,包括收集和反馈受众意见、与受众互动、营造受众之间互动的环境等。因此有的学者将传统媒体比作制造业,将互联网媒体比作服务业 ①,这恰到好处地表现了两者之间的区别,也道出了互联网媒体对于多维度的强烈需求。高维就是消除壁垒,做到真正的开放和连接,营造新维度,最关键的是让更多元素参与进来,再由它们之间的互动形成媒体发展的动力。在互联网时代,人类个体享有的话语权几乎达到了顶峰,因而每个人都可以成为新维度的原点。熊猫频道目前的新维度营造工作主要表现为直播内容的扩展,应该说形式还是比较单一的。2016年底熊猫频道在全球海选熊猫粉丝,组织了"熊猫走世界·美丽中国"系列活动,打造了线上线下互动的成功案例。未来熊猫频道还可以从受众互动形式上寻找突破口,在规模化的受众群体中增加社交元素,让受众不再只是传播的终点,而是成为中国文化和中国形象的传播者,在高维的网络空间中无限扩大传播效果。

当人类个体作为维度原点进入媒介生态时,媒介在社会中渗透的程度也达到了极限。互联网时代对个体价值的强调使媒体不得不面临这样一个难题:能否大胆地将个体作为一切媒体活动的出发点和落脚点。我们看到,脸书(Facebook)、推特(Twitter)等海外社交媒体将社交做到极致而大获成功,

---

① 王立君等:《低维媒介向高维媒介的转化之路》,《新媒体研究》,2016(02):第109—110页。

当年优兔（YouTube）对视频共享模式的执着也造就了它今天在国际视频市场中的地位。熊猫频道的创办者是央视网,仍然脱胎于传统电视媒体——中央电视台,因此能否在发展过程中坚持互联网媒体经营运作的特殊规律,从经营内容转型为经营受众,成为熊猫频道立足国际视频市场、强化对外传播效果的重中之重。

二、打造平台型媒体

作为高维媒介的互联网带来了媒介生态的革命,同时也呼吁着与之相匹配的媒体形态。如果说"高维媒体"的说法更偏重于描述未来媒体发展的内涵,那么"平台型媒体"的概念则恰如其分地体现了互联网时代媒体的外在形态。最早对平台型媒体的准确定义来自一位叫 Digiday 的撰稿人。他在 2014 年 8 月提出:平台型媒体是指既拥有媒体的专业编辑权威性,又拥有面向用户平台所特有开放性的数字内容实体[①]。我们认为,平台型媒体本身不是内容生产者和传播者,而是搭建一个开放性平台,无论个人还是机构,都可以在平台上自由选择所需要的资源,从事内容的生产和传播活动,并通过相互之间的多重互动实现比单凭媒体自身传播大得多的传播效果。简言之,平台型媒体就是将内容生产和传播的权利下放,从生产者转型为服务者。因此,平台型媒体的传受关系不再是"传播者——接受者",而是"服务者——参与者"。传统意义上的传播行为被打碎,渗透到众多参与者之间的互动过程中。平台型媒体的核心特征有二:一是开放,二是连接。前者是互联网媒介的开放性在媒体形态上的投射,后者则体现了参与者互动的重要性。在个人的传播价值空前提高的时代,个人成为平台型媒体中最有价值的参与者。今天的人们不仅需要信息,也需要表达和交换信息;不但要了解和解释这个世界,也要参与和分享这个世界;不但要把传播作为一种自身修炼的"教科书",更要把传播当成一个自身融入这个世界的方式[②]。喻国明教授认为,在平台型媒体中,每个人主观上都为自己奋斗,客观上又造福于整个社会。实

---

① 喻国明、焦建、张鑫:《"平台型媒体"的缘起、理论与操作关键》,《中国人民大学学报》,2015（06）:第 120—127 页。

② 喻国明:《互联网是一种"高维"媒介——兼论"平台型媒体"是未来媒介发展的主流模式》,《新闻与写作》,2015（02）:第 41—44 页。

际上这种思想不只是互联网媒介生态中个人的工作理念,更是人与社会理性互动的价值观念。因此,致力于激活个人价值、依靠个人传播的媒体更适应互联网时代的发展要求。

为什么要打造平台型媒体?除了互联网逻辑的必然选择,还因为平台型媒体更适应对外传播工作的需求。从熊猫频道的发展脉络来看,它并不是一个严格意义上的平台型媒体,原因在于熊猫频道仍是以内容生产和传播为主要业务的视频媒体。但这并不妨碍它的平台化建设,熊猫频道是对外传播媒体,是中国与世界交流沟通、展示自身文化的窗口,因此在搭建平台过程中首先要求以优质的内容吸引大量受众的关注,进而才能在受众群体中深耕细耘,有所作为。对外传播最终实现的是价值认同,而人际互动更能实现价值传播效果的最大化。此外平台型媒体还是国家经济模式转型的必然要求。近年来,分享经济在我国异军突起,为投资者所热衷,也创造了良好的经济和社会效益。平台型媒体受众的最主要传播行为就是包括分享、转发、评论等在内的信息分享,通过零散传播的聚集效应强化传播效果,创造价值空间。2016 年,分享经济被写入了《政府工作报告》,以分享经济、共享经济为代表的新互联网经济发展方式进入发展成长期。数据显示,2016 年我国分享经济市场交易额约为 34520 亿元,比上一年度增长 103%。在移动通信技术方面,我国 4G 用户数不断攀升,2017 年一季度末新总数达到 8.36 亿户。这直接推动了短视频和网络直播在过去一年的爆发式增长[①]。

具体来说,首先熊猫频道要对现有内容进行深加工、精加工。当前熊猫频道最能够吸引受众的内容当属熊猫直播,以及多档后期剪辑制作的熊猫微视频。前者从形式到内容都首开中国对外传播的先河,后者也的确利用国内国际社交媒体产生了良好的传播效果。但总的来说,目前熊猫频道的内容加工仍处在初级阶段,缺乏高端产品,更没有形成足够的品牌效应。我们可以做一个对比,2010 年美国动画电影《神偷奶爸 1》上映以后,影片中的"配角"小黄人异常夺人眼球,其热度甚至超过了戏分更重的多名主角。此后,与小黄人相关的周边产品受到全球热捧,该片制作方更是趁热打铁,于 2015年拍摄了电影《小黄人大眼萌》,小黄人从配角"荣升"主角。该片上映

---

① 中国社会科学网:《中国新媒体发展报告(2017)在京发布》,2017-06-26,http://ex.cssn.cn/zx/bwyc/201706/t20170626_3560419.shtml,检索时间:2017-06-26。

后,同样票房大热。熊猫频道手握大熊猫这一天然萌的核心资源,可以在开发形式上加以扩展,同时保证产品质量,这样不仅能增强传播效果,还能够树起自身品牌。其次,熊猫频道应在粉丝社交上加大力度。中国对外传播媒体的海外新媒体平台上,受众主要是各国记者、外交官、中国问题专家等专业人士,并没有引发国外普通民众的大范围、深度关注乃至兴趣。尽管熊猫频道创办至今只有 4 年,但依靠独特的熊猫内容在海外普通民众中形成了一定的影响,微博、微信、脸书(Facebook)、推特(Twitter)等社交媒体上的粉丝互动频繁。但总体来说,当前的粉丝并不是内容生产者,熊猫频道还是一家以 PGC 为主的视频媒体,未来可以扩展 UGC 内容,提高粉丝的参与程度。当前熊猫频道的粉丝互动主要是通过外部社交媒体,频道本身社交功能尚有欠缺,未来可以在这方面加以尝试。

三、立足话语体系建设,探索对外传播新思路

在 2013 年"8·19"讲话中,习近平主席提出"要精心做好对外宣传工作,创新对外宣传方式,着力打造融通中外的新概念、新范畴、新表述,讲好中国故事,传播好中国声音"的总要求,在随后的多次讲话中,又提出了话语体系建设的总体任务,为中国对外传播工作指明了方向。

近年来,中国对外传播从语态、内容、传播方式、传播体系建设等方面都取得了长足的进步,生动形象、平易近人的传播话语逐渐为业界广泛采用[①]。加强话语体系建设成为了我们的总体目标。可以说,熊猫频道的实践,也是国际传播的一种新尝试。首先,从传播主题看,打破了中国对外传播传统三大主题(成就报道、中外友谊、对国外不实言论的反击)的自我局限,证明了文化传播可以在对外传播中发挥更重要的作用。其次,熊猫频道对中国特有动物文化的呈现,不仅是一种对外传播实践,还是中国话语体系构建的一部分。以憨态可掬的大熊猫形象展示中国形象,本身就是在打造"新概念、新范畴、新表述";人类与动物的天性关联也有利于大熊猫形象的传播,这也是"融通中外"的具体体现。最后,传播理念从宣贯式转变为交流式,从"让世界了解中国"转变为"向世界说明真实的中国",又从"让世界读懂中国"

---

① 刘笑盈:《国际新闻传播》,北京:中国广播电视出版社,2013 年,第 235 页。

进一步扩展到"向世界说明世界"。这是中国对外传播的重大变化。

需要注意的是,我们在强调"讲好中国故事"和"讲好世界故事"的同时,还要学会"倾听世界故事"。交流式的对外传播不是单向传播,而是在多方互动中相互借鉴,共同发展。以熊猫频道为代表的文化内容传播,不仅要了解自己,更要了解对象国文化特点和受众需求,深度发掘双方文化的共通之处,并以此作为我们对外传播的焦点。

另外,熊猫频道还要注意防止受众对其内容的麻木与抗拒,不断地创新。这主要有两方面原因:一是人类生理上的神经餍足,二是人们对同质化内容的反向冲动 ①。熊猫直播也好,直播中国也好,在内容的丰富程度上是存在欠缺的。特别是在《直播中国》栏目中,固定镜头展示静态风景,很难使人产生更大的收看兴趣。即使是栏目组对熊猫直播内容后期制作的微视频,也难以脱开"可爱"的标签,无法找到新的亮点。同质化内容的堆积也会引起受众的餍足,届时受众就会探索更新的视觉体验。这是一个满足与被满足的循环。如何跳出循环,或许将成为熊猫频道未来发展的关键。

我们在本书的前言中曾经写到,人类不断发生的历史,就是不断从真实的现实中找出虚构的故事,通过"虚构的故事""想象的共同体"实现更大规模的社会合作。如果说古代的人类是在分散地讲故事,近代主要是讲西方的故事,那么我们现在需要讲来自东方的故事。目前,我们正在创造着当代既属于中国,也属于世界的故事,正在讲述着"一带一路"的故事、"人类命运共同体"的故事,我们希望熊猫频道所讲的大熊猫的故事,也能成为其中一个精彩的篇章。

---

① 周宪:《视觉文化的转向》,北京:北京大学出版社,2008 年,第 349 页。

结　语
讲好中国故事

　　进入 21 世纪以来,中国经历了经济的飞跃式增长,国际地位大幅提升,逐渐成为全球瞩目的焦点。硬实力的增强势必要求软实力的匹配。如何让中国话语在国际舞台上掷地有声,如何让海外受众理解接受中国理念,成为中国打造软实力的重中之重。2013 年 8 月 19 日,习近平总书记在全国宣传思想工作会议上指出,要精心做好对外宣传工作,创新对外宣传方式,着力打造融通中外的新概念、新范畴、新表述,讲好中国故事,传播好中国声音。简约的言辞中表达了习近平总书记对中国外宣工作的殷切期望。中国声音不是艰深晦涩的表达,中国理念也不是高深莫测的理论,中国故事更不是拒人于千里之外的冰冷说教。中国故事蕴藏在中国丰富多彩的文化背景中,来源于源远流长的历史传统,承载于通俗易懂的讲述方式。讲好中国故事,我们需要找到东西方文化的契合点,以"交流"为出发点,发现海外受众乐于接受的方式、易于理解的语言,使文化成为增信释疑、凝心聚力的桥梁纽带。为此,央视网熊猫频道无疑是一次有益的尝试。

一、回顾:讲好大熊猫故事从熊猫频道开始

　　客观来讲,讲好中国故事是一个宏大的命题,是一个由众多相互关联的叙事有机构成的中国历史叙事的总体。因此,如何在五千年中国文明中选取最容易为人接受,也最能够代表中国形象和中国理念的元素成为当前中国外宣工作必须完成的任务。龙、孔子、功夫、阴阳太极等都可以成为中国特色的名片,但是存在过于抽象的问题。相比之下,大熊猫获得外宣工作的青睐似

乎有着某种必然性。大熊猫是生动具体的、可观可感的、现实存在的,多年来大熊猫憨态可掬的可爱形象早已深入人心,关于熊猫的形象设计和文化产品也层出不穷,且都获得了海内外受众的喜爱。因此,选择大熊猫这一任何文化背景都能够接受和感知的元素作为中国故事的载体再合适不过。熊猫频道致力于讲好中国故事,从讲好大熊猫故事开始。

"工欲善其事,必先利其器。"在精准地找到外宣工作的发力点之后,技术水平的支持同样有力地推动了熊猫频道的发展。首先,熊猫频道从创办之初就坚定了以"24 小时熊猫直播"为核心的发展理念,融合传统电视与互联网直播技术的双重优势,在不影响大熊猫正常生活的前提下在多个熊猫园区架设数十路直播信号,为受众带来了一场不间断、原生态的大熊猫直播盛宴。其次,熊猫频道还不断提升直播画质,以高清的画面质量保证观众数量和收看黏性。熊猫频道在摄像设备的选择上,全部采用带遥控云台和变焦功能的高清摄像机,这样从技术上尽可能地保证通过人工干预,拍摄到大熊猫高清的特写画面,提升了收视体验。最后,熊猫频道还在直播技术上不断追求最新拍摄技术。如 VR 全景交互栏目《飞越中国 醉美春色》栏目结合了时下流行的 VR、无人机航拍和延时摄影等新兴技术,采用先进的影像采集设备和交互式视觉呈现手段,展示了中国 34 个地方的醉人春色。

优质的传播内容和先进的传播技术为熊猫频道讲述中国故事奠定了坚实的物质基础,而高效的推广则让中国故事广为人知。熊猫频道依托优兔(YouTube)、脸书(Facebook)、推特(Twitter)等海外社交平台,开设公众账号,实时更新推送熊猫精彩剪辑视频,在海外引起了广泛反响。截至2017 年 6 月,熊猫频道海外社交账号粉丝数超过 980 万,发布的原创视频被包括美国有线电视新闻网(CNN)、美国全国广播公司(NBC)、英国广播公司(BBC)等在内的 1144 家境外电视媒体机构使用超过 2 万余次。与线上推广同步展开的还有丰富多样的线下推广活动,2016 年底举办的"熊猫走世界·美丽中国"活动在全球招募粉丝,足见熊猫频道在海外受众中的影响力。

从 2013 年创办以来,熊猫频道经过几年的努力,已经成为中国文化的主力传播平台,大熊猫也通过直播深入人心,中国理念、中国故事也为更多的海外受众理解接受。熊猫频道已成为海外受众了解中国、对话中国的重要载体。

二、自省：讲好中国故事长路漫漫

中国故事的讲述者永远不是单一的个体，而是多元价值个体的有机整合。熊猫频道以其独特的内容和传播方式，为中国故事的讲述完成了一次成功的试验，生动呈现了中国在生态文明方面的成就以及对世界的贡献。然而，我们也应该清醒地认识到，讲好中国故事并非一日之功，也非一时之策。它是伴随在中国和平崛起、积极承担更大国际责任过程中的一条漫漫长路。尽管熊猫频道已经取得了一定的成绩，但仍然有着较大的提升空间。因此，我们必须秉持精益求精的态度，对熊猫频道的未来发展保持冷静理性的乐观。

互联网视频直播领域竞争激烈，猎豹全球智库与科技媒体 36kr 联合发布的《2016 中国 App 年度排行榜》显示，在视频直播类 App 中，熊猫频道 App 并未进入直播类移动客户端的前 20 位。与游戏、真人娱乐直播等视频直播领域的"主流内容"相比，熊猫频道主打的"熊猫直播"更为"小众化"，其引发的社会关注与泛娱乐的视频直播媒体相比仍然较小。如何用"小众化"的内容引发"大众化"的效应也许可以成为熊猫频道的努力方向。前文中我们谈及打造大熊猫 IP，当一个 IP 在特定领域崛起，并拓展到其他领域，二次、三次乃至 N 次的连续创意，从一个产品发展成产品矩阵，从一个 IP 发展成 IP 体系，从一个品牌发展成一个品牌集群时，便有机会打造成超级 IP，创造无限可能。具体来说，熊猫频道发源于熊猫直播，应以熊猫直播为原点，进一步做好"大熊猫＋"这篇文章，不断挖掘品牌的文化价值。从科学概念的"熊猫频道"拓展为科学概念与文化概念相结合的"熊猫频道"。同时，进一步完善熊猫频道的体制机制，理顺关系，建立熊猫 IP 开发者联盟，征集全球设计师合作伙伴，整合内部与外部资源，实现品牌集群建设的体系保证。此外，在品牌推广方面，熊猫频道也需要进一步实现推广策略的系统化，实现海外推广平台的多元化，形成内容和品牌推广矩阵，以期达到最佳推广效果。

机遇与挑战并存。熊猫频道之所以可以在严峻的内外部现实面前继续保持乐观积极的发展态度，是因为频道未来也将享受发展机遇的红利。熊猫频道面临的最大机遇就是中国国际地位的不断提高。国际话语权的获得与国家实力的强弱直接相关。只有拥有强大的国家作后盾,中国故事才"有人听""听得进""听得懂"。中国是世界上最大的发展中国家,其总体经济水平已跃居世界第二位。可以说,国力的大幅提升为外宣工作搭建了最坚固的舞台。当把大熊猫作为当今中国的文化符号时,大熊猫就成了真正的"大"熊猫,全球网民数量的持续扩大将为以互联网为媒介的熊猫频道提供充足的受众,而且会进一步成为中国故事的忠实听众和讲述者。

三、展望:扎根于新媒体的中国故事存在更大机遇和潜力

无数事实证明,新媒体往往产生比传统媒体更深刻的传播效果,这与新媒体的本质特征有关。关于新媒体的概念,业界学界都给出了不同的解释。我们可以将多种概念简化为两个特征:一是即时连接,二是去中心化。二者结合,则催生出一种新的媒体形式——社交媒体的勃兴。加拿大学者哈罗德·伊尼斯对口语传播的推崇让人们意识到人与人之间的口口相传才是最有效的传播手段,而基于互联网技术的社交媒体则完美实现了口语传播的现代形式。中国故事,无论以何种形式呈现,都是要由人来讲述的。因此,社交性就成了讲述中国故事绕不开的问题。在去中心化的社交平台上,人们可以在虚拟环境中做到面对面的交流,传播和分享他们的故事,其传播效果远比传统媒体单向说教灌输式的传播要好得多。因此,本身就是新媒体的熊猫频道想要实现传播效果上的突破,增强社交性应该成为一个必要的选择。

新媒体的视频化同样值得关注。视频中能够包含文字、声音、图像多种信息载体,天然适用于多元内容传播。在传播效果上,视频传播的直观与感性又同语言文字传播的间接与抽象形成鲜明对比。相比于"冷冰冰的"静态文字,人们显然更易于理解动态图像。中国故事不是文字的平铺直叙和价值概念的单调堆砌,而是一幅幅生动感人的画面,是一个个活灵活现的人物。从这层意义上讲,中国故事的传播,就不再是简单的"讲述",而应该是"播出"了。熊猫频道以视频为主打内容,又以 24 小时直播的形式增强其真实性,就更加凸显了视频新媒体平台在我国外宣工作中的重要作用。

由于互联网技术本身的开放性,新媒体从来都是多元个体活跃的舞台。每个人都有自己的观念,每个人都有自己的解释,每个人也有自己的故事。因此,新媒体也必然成为"新概念、新范畴、新表述"生长的肥沃土壤。截止

到 2018 年 9 月,熊猫频道全球活跃用户超过 2260 万人,全平台发布内容累计浏览量达 133 亿人次,视频累计播放量超过 20 亿人次,互动量超过 1.2 亿人次。特别值得一提的是,熊猫频道以大熊猫为载体,在脸谱平台上传播效果显著,脸谱平台提供数据显示,2018 年 4—8 月份,全球主流媒体账号互动率排名中熊猫频道位居第二位。大熊猫以可爱、和平的形象示以全球受众,而受众则依据个性化价值予以解读和再传播。这一过程中既传播了中国故事,又丰富了中国故事。这或许就是熊猫频道作为讲好中国故事新尝试所带来的新境界吧。

2018 年 4 月 19 日中央广播电视总台正式揭牌亮相,标志着中国广播电视事业站在一个新起点上,开启了"台网并重,先网后台"的新征程,这将给熊猫频道的发展带来更多机遇。祝愿熊猫频道越办越好!

参考书目

（美）阿瑟·阿萨·伯杰著，张蕊等译：《眼见为实——视觉传播导论》（第三版），南京：江苏美术出版社，2008年。

（美）阿瑟·史密斯著，鹤泉译：《中国人的性格》，北京：中国华侨出版社，2014年。

（美）艾瑞克·克莱默、刘杨著：《全球化语境下的跨文化传播》，北京：清华大学出版社，2015年。

（英）安东尼·吉登斯著，郭忠华编：《全球时代的民族国家：吉登斯讲演录》，南京：江苏人民出版社，2012年。

（美）本尼迪克特·安德森著，吴叡人译：《想象的共同体：民族主义的起源与散布》，上海：上海人民出版社，2005年。

（美）丹尼·罗德里克著，廖丽华译：《全球化的悖论》，北京：中国人民大学出版社，2011年。

（苏）弗·让·凯勒主编，陈文江等译：《文化的本质与历程》，杭州：浙江人民出版社，1989年。

（奥）弗洛伊德著，车文博主编，汪凤炎、郭本禹译：《弗洛伊德文集08：精神分析新论》，北京：九州出版社，2014年。

（美）克莱德·克鲁克洪等著，高佳等译：《文化与个人》，杭州：浙江人民出版社，1986年。

（美）马克·波斯特著，范静哗译：《第二媒介时代》，南京：南京大学出版社，2000年。

（英）齐格蒙特·鲍曼著，郭国良、徐建华译：《全球化 —— 人类的后果》，北京:商务印书馆，2001 年。

（法）让·波德里亚著,刘成富、全志钢译:《消费社会》,南京:南京大学出版社，2000 年。

（德）乌·贝克、（德）哈贝马斯等著,王学东、柴方国等译:《全球化与政治》,北京:中央编译出版社，2000 年。

（以）尤瓦尔·赫拉利著,林俊宏译:《人类简史:从动物到上帝》,北京:中信出版社，2014 年。

（德）于尔根·奥斯特哈默著,强朝晖、刘风译:《世界的演变:19 世纪史》,北京:社会科学文献出版社，2016 年。

（美）约翰·R. 麦克尼尔、（美）威廉·H. 麦克尼尔著,王晋新等译:《麦克尼尔全球史:从史前到 21 世纪的人类网络》,北京:北京大学出版社，2017 年。

Heywood VH (ed.): *Global Biodiversity Assessment*. United Nations Environment Program. Cambridge University Press, Cambridge, UK, 1995

李海明:《见证:我在央视三十五年》,北京:中国民主法制出版社，2013 年。

刘连喜:《新媒体论:CCTV.com 的第一个十年》,北京:中国国际广播出版社，2007 年。

刘笑盈:《国际新闻学:本体、方法和功能》,北京:中国广播电视出版社，2010 年。

唐世鼎主编:《传承文明 开拓创新——与时俱进的中央电视台》,北京:东方出版社，2003 年。

赵化勇主编:《中央电视台品牌战略》,北京:中国广播电视出版社，2008 年。

程曼丽:《国际传播学教程》,北京:北京大学出版社，2006 年。

尹鸿、李彬主编:《全球化与大众传媒:冲突·融合·互动》,北京:清华大学出版社，2002 年。

张海潮、郑维东等:《大视频时代:中国视频媒体生态考察报告（2014～2015）》,北京:中国民主法制出版社，2014 年。

赵化勇主编:《中央电视台发展史（1958～1997）》,北京:中国广播电视出版社，2008 年。

甘险峰:《中国对外新闻传播史》,福州:福建人民出版社,2004 年。

郭庆光:《传播学教程》,北京:中国人民大学出版社,2011 年。

唐世鼎主编:《中央电视台的第一与变迁:1958～2003》,北京:东方出版社,2003 年。

腾讯传媒研究院:《众媒时代——文字、图像与声音的新世界秩序》,北京:中信出版集团,2016 年。

汪民安主编:《文化研究关键词》,南京:江苏人民出版社,2007 年。

杨明刚:《品牌与策划》,上海:上海人民出版社,2016 年。

钟沛璋主编:《当代中国的新闻事业》,北京:当代中国出版社,1997 年。

周宪:《视觉文化的转向》,北京:北京大学出版社,2008 年。

杜毓斌:《美国有线电视新闻网（CNN）的新媒体转型之路》,《南方电视学刊》,2016（04）:第 23—26 页。

《大熊猫文化及其开发利用研究》课题组,王均、向自强:《大熊猫文化及其开发利用研究》,《天府新论》,2010（06）:第 124—127 页。

郜书楷:《论视频国际话语权的媒介建构》,《现代视听》,2009（11）:第 13—16 页。

喻国明、焦建、张鑫:《"平台型媒体"的缘起、理论与操作关键》,《中国人民大学学报》,2015（06）:第 120—127 页。

喻国明:《互联网是一种"高维"媒介 —— 兼论"平台型媒体"是未来媒介发展的主流模式》,《新闻与写作》,2015（02）:第 41—44 页。

喻国明等:《"个人被激活"的时代:互联网逻辑下传播生态的重构 —— 关于"互联网是一种高维媒介"观点的延伸探讨》,《现代传播》,2015（05）:第 1—4 页。

吕植等:《中国自然观察 2014:一份关于中国生物多样性保护的独立报告》,《生物多样性》,2015（05）:第 570—574 页。

刘笑盈:《用中国特色的新闻影响世界——兼论我国国际传播能力的提升途径》,《对外传播》,2012（04）:第 37—39 页。

刘滢:《从"走出去"到"走进去"—— 中国媒体国际传播"本土化"的问题与对策》,《对外传播》,2013（08）:第 15—17 页。

莫继严:《免费化 平台化 无纸化"机器媒介传播时代"的纸媒转型路径

探析》,《新闻与写作》, 2014（08）:第 32—34 页。

　　杨瑞明:《空间与关系的转换:在多维话语中理解"传播全球化"》,《新闻与传播研究》, 2014（12）:第 107—111 页。

　　凤凰网:《2016 年移动报告》, 2017-05-15, http://wemedia.ifeng.com/15631617/wemedia.shtml,检索时间:2017-07-15。

　　互联网世界统计资料:http://www.internetworldstats.com/stats3.htm,检索时间:2017-05-02。

　　WWF: 50 Years of Environmental Conservation, http://wwf.panda.org/who_we_are/history/,检索时间:2017-5-8。

后　记

　　本书是对熊猫频道从无到有、从小到大的历程的回溯和展望,既是亲历者的倾力之作,也是集体的智慧结晶,同时还是学界和业界反复讨论和紧密配合的成果,是国际传播战略理论与熊猫频道实践的有效融合。关于此书编撰,感谢央视网罗琴、刘平、衣炜、朱启良、郭亚南和熊猫频道等同事们给予的无私帮助;感谢中央电视台发展研究中心的同事苏晓春、周滢、姜洁、盛情、裴京花、白羽的参与,特别是周滢事无巨细;感谢中国传媒大学刘笑盈教授、康秋洁、杜海滨、李新宇、赵鹏丽、刘心宁、胡秀芳、李弘宇、陈曼菲等对本书的辛勤付出。同时还要感谢中国移动的刘昕、颜忠伟、朱泓、廖智勇、王斌、廖宇、王寒英以及致力于熊猫文化传播的张云晖、刘树魁等,他们的很多创意和想法极大地丰富了本书的内容。感谢武汉大学计算机学院博士生导师唐存琛教授的指导。最后,感谢中华书局及责任编辑高天,谢谢他们的耐心和细致。没有大家的贡献和帮助,就没有这本书,特别要感谢中国大熊猫保护中心和成都大熊猫繁育研究基地等机构在其中做出的贡献。

2018 年 10 月 8 日

iPanda 熊猫频道
官方 APP

iPanda 熊猫频道
官方微博

iPanda 熊猫频道
官方微信公众号

《精彩一刻》

精彩内容：

1. 你怎么能
这么对我

2. 奇一：人家
想和你玩嘛

3. 滚滚的耙耳朵

4. 还是桶里最安全

集锦：

1. 抱大腿是求
抱抱，要举高高

2. 你这是要上天啊！

3. 秋季大丰收

4. 突如其来的"马杀
鸡"，洗掉所有偶像包袱

5. 我都觉得疼

6. 我使尽浑身力气，
你却对我视而不见

7. 新生代"压
路机"来了

8. 熊孩子又帮
妈妈"刷碗"了

9. 熊生总有上
不完的当

10. 这个小奶音酥化了

11. 这是兄弟的日常

12. 桩子不稳能
怪谁？

13. 我洗干净等你

14. "下一秒我是谁"

15. 来个"汤圆"吧

16. "neinei"才
是我的心头爱

《瞧你内熊样》

精彩内容：

1. 我只看看我不吃

2. 熊猫界的神同步

3. 奶爸和熊孩子不得不说的二三事

4. 奔跑吧,熊孩子!

5. 普通的痒痒普通地挠

6. 多吃苹果更平安

7. 我们都是"救火"英雄

8. 熊生有些枯燥,奶爸才是解药!

9. 没别的,就是有点馋

10. 这是一个励志的故事

11. 左腿右腿都给你,请冲我来!

12. 斗智斗勇斗不过亲妈

13. 我长大后想这样……

14. 团子君和木马君的日常

15. 我胆子小你别吓我

《熊勒个猫》

精彩内容：

1. 静止吧！世界！   2."越狱"喜登达人秀   3. 甘拜吓疯

《熊猫百科全说》

精彩内容：

1. 造熊 我们是认真的   2. 好想好想谈恋爱   3. 我有一个好妈妈

4. 宝贝的守护者   5. 白水江野外大熊猫   6. 熊家熊家要长大

7. 胖达的小餐桌（上集）   8. 胖达的小餐桌（下集）   9. 我是功夫胖达

《熊猫档案》

精彩内容:

1. 甜美的窜天猴

2. 国际范"雅竹"

3. 坐拥 20 亿流量的短腿女王

4. 失传已久的认猫秘籍

5. 大侠奇好方

6. 体操公主雅韵

7. 熊猫界窜天猴

8. 有一种爱叫做"奉黄传奇"

9. "文文"演绎"双面男神"

10. "养猪"的奥秘——用爱陪伴你长胖

11. 一位靠睡觉就能赢得万千宠爱的网红主播

12. 你要的 freestyle 这里都有

13. 教你以正确的姿势品鉴梅菜扣肉

14. 是他,把众鲜肉秒帅成渣

《熊猫那些事儿》

精彩内容：

1. 国际网红
——不服来战！

2. 你猜大熊猫一天的
生活费是多少？

3. 孩子 TA 爸，快来
管管你家娃

4. 高考考好，玩具玩早

5. 萌团 KTV 之
儿歌串烧

6. 他们的熊设智商
比你的高

7. 我家有澡堂
子，你家有水吗？

8. 哦！好刺激的
相爱相杀

9. 听说 iPanda 知名
女星"奇福"改行了

10. 官方辟谣：哪
有大熊猫叫铁柱的

11. 绝望！我怎么会爱
上一只不回家的滚滚

12. 做人不能像
大熊猫那么"怂"

13. 看着我眼睛说
话，以示尊重

14. 来自野外
大熊猫的声音